吴越国通史

上

李志庭　徐吉军　著

吴越历史文化丛书
基础研究

杭州出版社

图书在版编目（CIP）数据

吴越国通史 ： 上下册 / 李志庭， 徐吉军著． -- 杭州 ： 杭州出版社， 2024.9（2026.3 重印）
（吴越历史文化丛书）
ISBN 978-7-5565-2419-8

Ⅰ．①吴… Ⅱ．①李… ②徐… Ⅲ．①中国历史－研究－吴越 Ⅳ．① K243.207

中国国家版本馆 CIP 数据核字（2024）第 063364 号

WUYUEGUO TONGSHI

吴越国通史

李志庭　徐吉军　著

策划编辑　杨清华
责任编辑　王妍丹　徐玲梅
封面设计　蔡海东
美术编辑　章雨洁
责任校对　陈铭杰
责任印务　姚　霖
出版发行　杭州出版社（杭州市西湖文化广场32号6楼）
电话：0571—87997719　邮编：310014
网址：www.hzcbs.com
印　　刷　三河市悦鑫印务有限公司
经　　销　新华书店
开　　本　710mm × 1000mm　1/16
印　　张　32
字　　数　456千
版 印 次　2024年9月第1版　2026年3月第2次印刷
书　　号　ISBN 978-7-5565-2419-8
定　　价　98.00元（上下册）

“吴越历史文化丛书”编纂指导委员会

“吴越历史文化丛书·基础研究”编辑委员会

“基础研究”丛书审订：杜文玉

"吴越历史文化丛书"总序

文化是一个国家、一个民族的灵魂。文化兴，国运兴；文化强，民族强。城市历史文化遗存是前人智慧的积淀，是城市内涵、品质、特色的重要标志。

临安，西揽黄山云雾，东接天堂风韵，山水秀美，积淀丰厚，吴越文化特色尤为鲜明。唐末五代之际，出生于临安、发迹于临安的吴越国王、"上有天堂，下有苏杭"的缔造者——钱镠，布衣起家，以雄才大略和仁心善政，创造了吴越国数十年繁华，成就了后世江浙苏杭坚实的经济文化基础，为中华的强盛作出了不可磨灭的历史贡献，给后世留下了一笔宝贵的文化遗产。北宋著名诗人苏轼曾高度评价吴越钱氏治理吴越国的成绩："其民至于老死，不识兵革，四时嬉游歌鼓之声相闻，至于今不废，其有德于斯民甚厚。"此后千年，江南经济富庶、文化繁荣，经久不息。

日月恒升，山高水长。自公元893年至今，吴越国已影响后世千余年。它下佑了宋的高贵，成全了元的融合，点亮了明代文化科技的璀璨，增添了清代康乾的盛世荣光。个中力量，绵延不绝。

吴越国形成的"保境安民、纳土归宋、家国天下"的文化特质，在中华文明的发展长河中具有重要的历史文化价值和现实意义。秉承优良的钱氏家风，吴越钱氏后世人才辈出，群星闪耀，千余年间，载入史册的钱姓名家不胜枚举。吴越文化根脉相承、生生不息，始终涵养着天目儿女的精神家园，滋养着"钱王故里"的人文风物，也为文化发展提供了肥沃土壤和动力源泉。

临安这座城市不但拥有优渥的自然生态资源，还有着特殊的历史文化魅力。吴越文化不但是临安城市发展和文化形象的一张金名片，还是临安的"根"和"脉"。一直以来，临安历届党委、政府高度重视吴越文化的研究、传承和弘扬，做了大量卓有成效的工作。进入新时代，临安努力把吴越文化融入到城市肌理之中，妥善处理好文物保护与城市建设、经济发展之间的关系，在城市规划建设层面更加突出文脉传承，让历史文化和自然生态永续利用、同现代化建设交相辉映；深入探索吴越文化的当代价值，有效推动吴越文化活在当下、服务当代，用吴越文化浸润百姓心田，以现代文明点亮幸福城市……

“东南乐土，吴越家山”，让生活在这座城市的人能够从厚重的岁月积淀中汲取文化自信的养分。我们要以文化为魂，加快建设“吴越名城”，使临安在“两个先行”时代征程中打造出独具魅力的幸福之城。我们必须把这种精神发扬光大，牢牢把握“文脉之力”，以文塑城、以文育人、以文铸魂，激发城市文化发展的内在活力，让文化成为现代城市发展的不竭动力。为此，区委宣传部牵头，专门组织省内外有关专家学者对吴越历史文化梳理文脉、提炼精华，进行深入全面系统整理研究，从文献集成、基础研究、通识读物、应用研究四个方面进行学术攻坚，深入发掘吴越文化背后的人文、历史、哲学、艺术等价值，挖掘当代价值与内涵，编辑出版“吴越历史文化丛书”，并全力推动吴越文化纳入“浙江文化研究工程”。

我们出版该套丛书的思路，以晚唐—五代十国—两宋为纵横，以吴越历史文化为主题，对吴越国的发展史和吴越钱氏家族史进行全景式研究，深入挖掘并提炼吴越文化的当代价值。在此，衷心感谢为这一丛书撰稿的作家、学者，用生花妙笔书写了吴越文化的锦绣华章，从而以更细的颗粒度还原出吴越文化一幕幕真实的历史瞬间。

“吴越历史文化丛书”作为首套关于临安历史文化的大型丛书，具有里程碑式的意义。丛书融知识性、文学性和可读性为一体，兼具科学性、地域性和系统性。丛书的编纂出版，无疑向社会开启了一扇触摸历史、感知文明、认识人文临安的窗口，对提升临安对外形象将起到积极的推动作用。当然，因条件所限，在编纂过程中挂一漏万或者疏误之处在所难免，我们衷心希望得到学术界及其他社会各界的批评指正，以期今人及后人对临安历史和吴越文化的研究进一步深入，取得更大的成果。编纂“吴越历史文化丛书”是我区吴越文化研究领域的一种尝试，我们希望通过文化建设，进一步提升全社会的凝聚力和向心力，使之成为建设“吴越名城”的文化支撑和精神动力。

当前，打造浙江新时代文化高地的号角已经吹响。临安作为吴越文化的发祥地，文化自信是我们实现高质量发展的人文基因和精神密码，也是临安未来发展最基本、最深沉、最持久的力量。我们将继续努力挖掘和弘扬吴越文化，以文化的软实力推动经济社会发展，不断增强临安高质量发展的文化自信。

带着泥土的芬芳，踩着时代的鼓点，让我们蹚进历史的长河，寻觅吴越文化的星光灿烂；让我们跨上文化的航船，驶向“吴越名城·幸福临安”的繁华盛景。

“吴越历史文化丛书”编纂指导委员会
2023 年 4 月 21 日

“吴越历史文化丛书·基础研究”序

吴越国为五代十国时期占据于今浙江的一个地方政权，建立于公元893年，即唐昭宗景福二年，这一年唐廷授钱镠镇海节度使之职，国内历史学界遂以这一年为吴越国建立的时间。宋太宗太平兴国三年，即公元978年，吴越国王钱弘俶举国归宋，吴越国共历五主，86年时间，为十国中立国时间最长的一个政权。作为一个地域不广，仅仅拥有十三州之地，人口不算多，入宋时全国户口为550684户的地方性政权，有什么特别之处，竟然能维持如此之长的统治时间，自立于群雄之列？这本身就是一个值得探讨的历史问题。

从经济的角度看，吴越国时期发展很快，无论是农业、手工业还是商业均取得了极大的发展成就。有一个明显的事例，据《唐国史补》卷下载：“初，越人不工机杼，薛兼训为江东节制，乃募军中未有室者，厚给货币，密令北地娶织妇以归，岁得数百人。由是越俗大化，竞添花样，绫纱妙称江左矣。”薛兼训是生活于唐代中期的大臣、将领，曾担任浙东观察使，时在唐代宗宝应元年（762）至大历五年（770）期间。从这段记载我们不难看出，在薛兼训到任河东节度使之前，浙东地区的丝织业水平实际上还是不高的。但自此以后，直到吴越国统治时期，这里的丝织业都是走在全国的前列，其基础就建立在这一时期。在吴越国统治时期有三种产业的优势很大，即制瓷业、水利与对外贸易。前者以越窑生产的青瓷最为著名，水利方面以太湖与钱塘江治理最为著名，后者则以数量众多的外贸口岸著称，有杭州、明州、台州、温州等港口，在沿海诸国中数量最多，对外贸易区域最广。

从文化的角度看，吴越国拥有一批著名的学者与诗人，如罗隐、皮光业、钱易、杜建徽等，就连国王钱镠、钱弘俶都有作品传世。尤为重要的是，吴越国在宗教文化方面成就甚为突出，当时的杭州成为五代十国时期全国的佛教中心，佛寺数量居全国之首。天台宗有较大的发展，出现了中兴的态势，天台名僧相继涌现，并派人赴日本、高丽寻求已在中国散失的天台宗经典教籍，天台宗经典由是大备。吴越高僧延寿有感于当时禅宗只重直观而忽略经典的流弊，编集了《宗镜录》100卷，这是中国佛教史上具有集大成性质的著作，在佛教史乃至思想史领域有极大影响。

在政治上，吴越国推行“事大”政策，在唐末坚决拥戴唐朝廷，获得了唐廷赐予的免死铁券。进入五代以后，不管中原王朝如何改朝换代，吴越皆向其称臣，贡奉不断，因此主政者官爵不断提升。唐天复二年（902），封越王；天祐元年（904），改封吴王。后梁开平元年（907），封吴越王。龙德三年（923），又册封钱镠为吴越国王。到后唐时期，除了授钱镠天下兵马都元帅、尚父、尚书令，续封吴越国王外，还赐给玉册金印，以示宠渥。北宋取代后周，吴越延续了这一政策，十分恭顺，凡中原王朝发动的军事行动，吴越都积极配合。如后周进攻淮南，吴越出兵攻击南唐；北宋讨伐李重进之叛，吴越遣将进击润州以配合；北宋出兵灭南唐时，吴越进攻常州以呈夹击之势。吴越的这一国策，不仅保证了其统治的稳固，后来和平统一于北宋，也使两浙地区免遭战火的摧残，有利于这一地区经济、文化的持续发展。

还有一点需要指出，即吴越执行了一条睦邻政策。早年因与杨行密争夺江浙地区，吴越长期与吴国处于战争状态，但南唐建立后，双方和睦相处，保持数十年的和平局面。这一局面的出现，有利于两国人民生产与生活的稳定，同时为发展文化创造了有利的社会条件，我们通常所说的中国古代经济、文化重心南移，实际上始于这一时期，吴越国在其中的贡献是不可忽视的。

然而，从目前情况看，对吴越国史的研究还很不理想，仅有极少的著作和为数不多的论文，这种状况与吴越国所处的历史地位极不相称。为了改变这种状况，中共杭州市临安区委宣传部、杭州市临安区社会科学界联合会实施了“吴越文化研究工程”，推出“吴越历史文化丛书”，包括文献集成、基础研究、通识读物、应用研究四大部分，本套丛书为其中的基础研究部分。

这套基础研究丛书基本囊括了吴越国历史文化的方方面面，将其历史、政治、制度、经济、文物、宗教、文学、艺术以及民间信仰全都包括进去了，从而极大地推进了吴越国史研究的全面深入发展，从更大的方面看，对整个五代十国史的研究亦有极大的促进意义。

总的来看，这套丛书具有一些明显的特点：（一）较强的学术性。既然是吴越国历史文化的基础研究，学术性是首先要保证的。要做到这一点，必须保证资料的丰富性与可靠性，这是学术研究的基础。其次，要做到研究结论的科学性，观点要具有新颖性，要经得住科学的检验。为此我们制定了一整套规范要求和严格的书稿审查制度，以保证书稿的学术质量。（二）系统性。即列入基础研究的著作都必须做到各自内容的系统性与完整性，这些著作每部都能单独成书，又与其他著作紧密地联系在一起。因此，读者可以根据各自的兴趣选读其中一部，而不必担心内容的缺环。（三）图文并茂。在书稿撰写之初，就要求每部书必须提供一定数量的图幅，做到图文并茂，这是这套丛书与别的书籍不同的一个显著特点。（四）作者队伍的专业性。这套丛书的作者都是在研究机构或高等院校工作的专业研究人员和教师，具有学历高、年富力强的特点，有些人甚至有国外留学的经历，且都是相关领域内的卓有成绩者。这是保证这套丛书质量的一个基本条件，也是对读者负责的一种体现。

通过这套丛书的研究与撰写不难看出，地方党委和政府对传统文化的支持十分重要，没有其主导和保障，这项文化工程是不可能完成的。在此，对杭州市临安区挖掘地方历史文化的远见卓识表示钦佩，并希望这套丛书能在弘扬我国优秀传统文化中发挥积极的作用。

杜文玉

2024年3月

（杜文玉　陕西师范大学历史文化学院教授、博士生导师，中国唐史学会名誉会长）

目录

第二章 吴越国社会经济

第三章 吴越国文化

第四章 吴越国城市建设

第五章 吴越国社会生活

第六章 与境外文化交流及其对宋代的影响

钱镠像

前　言

五代十国是唐宋之间一段分裂割据的历史时期。所谓五代，指割据于中原的五个王朝，即后梁、后唐、后晋、后汉、后周，从公元907年后梁代替唐朝始，至公元960年北宋取代后周止，共计53年。所谓十国，指割据于南方的吴越、吴、南唐、前蜀、后蜀、南汉、楚、闽、南平等国以及割据于今山西的北汉，共十个政权。这种说法始于北宋著名史学家欧阳修，其实是不准确的，并不能概括这一历史时期的全部政治局面，没有把同时存在的归义军、定难军、西州回鹘、甘州回鹘、大理国、辽朝等政权包括在内。十国的历史也要长于五代，早在公元891年，前蜀就已经建立了，次年吴国建立，至公元979年北汉被北宋灭亡，前后持续了88年时间。

当时的中原王朝统治者以正统自居，但政权却不巩固，频繁地改朝换代，加之与北方的契丹时常爆发战争，中国北方社会经济遭到严重破坏。暴君独夫横行无忌，贪官酷吏欺压人民，无所不用其极。原来繁华的长安，已是“荆棘满城，狐兔纵横”[①]。洛阳、扬州也都曾化为废墟。后晋石敬瑭不惜勾结契丹，割让燕云十六州，造成了“自涿州至幽州百里，人迹断绝”[②]。连续不断的天灾人祸，使一度先进的中原文明趋于崩溃，所谓“礼乐崩坏，文献俱亡”[③]。宋人刘敞说：

---

① 〔宋〕司马光：《资治通鉴》卷二五六，唐僖宗光启元年三月丁卯，中华书局1956年版，第8320页。

② 〔宋〕欧阳修：《新五代史》卷七二《四夷附录第一》，中华书局1974年版，第892页。

③ 〔宋〕马令：《南唐书》卷一三《儒者传上》，傅璇琮、徐海荣、徐吉军主编：《五代史书汇编》，杭州出版社2004年版，第5347页。

“齐、鲁虽皆称贵文学、尚礼义之国”，然自“五代之乱，儒术废绝”。[①]

在中原地区文化停滞不前的同时，南唐、吴越等南方诸国的文化却有了较大的发展，从而导致中国文化重心南移。在经济方面，随着大量北方劳动力的南迁，加之南方诸国采取了一些有利于社会经济发展的措施，如劝课农桑、兴修水利、招徕客商等，南方各地的经济无论在深度还是广度上都获得了长足的发展，经济富庶，社会安定，其繁荣程度大大超过了北方。元代著名史学家马端临评价说："宋兴而吴、蜀、江南、荆湖、南粤皆号富强。"[②] 这为以后的中国经济格局奠定了坚实的基础。

客观地评价，五代十国也有一些可取之处，主要表现在如下几方面：在政治上已经出现了统一的趋势。后梁的建立以及对中原地区的控制，相对于唐末军阀割据、连年混乱的局面而言，实现了局部地区的统一，至后唐、后周时期则实现了更大范围的统一。南方地区亦是如此，从唐末无地不藩的局面，到实现了数个局部相对统一的政治实体，从而为全国的大统一奠定了基础。在经济上，北方地区已实现了一定程度的恢复，比如张全义治理下的洛阳地区、韩建的华州、成汭的荆南等。后唐明宗统治时期，是史学界公认的北方“小康”时期。尤其后周建立以后，采取了各种措施，大力恢复经济，发展生产，已经使北方的社会经济发展水平超过了唐朝末期，至于南方各国所取得的经济成就更令人瞩目。其经济特点是：（一）农业商品化进一步扩大。（二）地方性小市场扩大，使当地农副产品、手工业品有了集散之地，促进了当地商品经济的发展。（三）

① 〔宋〕刘敞：《王沂公祠堂记》，〔宋〕吕祖谦编：《宋文鉴》卷七九，中华书局 1992 年版，第 1133 页。

② 〔元〕马端临：《文献通考》卷二四《国用考二·历代国用》，中华书局 2011 年版，第 699 页。

海上交通和对外贸易有所发展。（四）五代十国的统治者比较重视商品经济的发展，观念上比之以往已有了较大的变化。在文化方面，这一时期在文学、绘画、书法、佛教等方面都取得了不小的成就，并且深刻地影响了两宋文化。在社会与思想观念方面，商人、农民与奴婢等社会阶层的地位有所提高。唐代这种士族与庶族合流而形成的势官阶层受到了沉重的打击，五代十国时期的统治阶级完全是从社会下层走上来的新一代势官地主。在思想观念上也发生了巨大变化，婚姻不尚阀阅，“礼乐崩坏，三纲五常之道绝”[①]。故五代十国时期在政治、经济、文化等各个方面都具有承上启下的重要地位，保持了中国古代社会的持续发展，在中国古代史上占有比较重要的地位，应给予积极的评价。

吴越国是十国之一，由杭州临安人（今杭州市临安区）钱镠（852—932）建立，都城杭州。其先后尊后梁、后唐、后晋、后汉、后周和北宋等中原王朝为正朔，并接受其册封。强盛时拥有十三州疆域，大致为现今浙江省全境、江苏省东南部（苏州）、上海市和福建省东北部（福州）一带。历钱镠、钱元瓘、钱弘佐、钱弘倧、钱弘俶三世五王。自唐昭宗景福二年（893）九月钱镠任镇海军节度使起，至北宋太平兴国三年（978）五月，钱俶（避赵匡胤之父赵弘殷讳而改名）“纳土归宋”止，吴越国前后共存续 86 年时间。

身为一国之主，钱镠立下家训：“子孙善事中国，勿以易姓废事大之礼。”[②]这个家训，也是国策。“事大”，即尊奉中原大国为“正朔”，他和继任者们均臣服于后梁、后唐、后晋、后汉、后周等中原各朝廷。他们一面进贡，一面接受封王的称号。其目的就是“保境安民”。钱镠还用小圆木为枕，上面缀有小铃，熟睡后枕动则铃响，由是而醒，

① 《新五代史》卷一七《晋家人传》，第 188 页。

② 〔宋〕司马光：《资治通鉴》卷二七七，后唐明宗长兴三年二月，第 9066 页。

取名曰“警枕”，时人称他为“浙中不睡龙”。[①]

在当时的诸国中，以吴越钱氏诸王最为开明贤达，这与其遵守家训、不置内宠、身居桑梓之地更关心民情有关。他们保据两浙，关注民生，奖励垦殖，颇得民心。仅以粮食生产为例，钱镠说吴越国“斗米十文”，“岁岁自得丰盈”[②]；范仲淹说吴越国“民间钱五十文粜白米一石”[③]。国家粮食丰盈，吴越百姓得以安居乐业。钱镠直到临终前，还告诫子孙“十四州百姓，系吴越根本”[④]；“十四州百姓，须用敬信节爱，使民之道，善为抚辑”[⑤]。

这一时期吴越国境内各个领域的发展都取得了显著成绩。这些成就的取得，主要离不开当时全社会各阶层人民的辛勤付出，但和吴越国钱氏三世五王所推行的一系列善政措施也是分不开的。

一、政治层面

这个问题可以分为两个方面：对内方面，吴越国长期保持政治稳定，这一点与南方其他诸国内乱迭生的情况形成了鲜明对照。对外方面，钱镠在创建吴越前后，曾与吴国的杨行密争夺江南诸州，双方斗争十分激烈，互有胜负。南唐建立以后，双方虽然在政治上仍然对峙，但在军事上却比较缓和，除了援闽一役规模较大外，大规模的军事冲突基本停止了，吴越国与诸国总体上保持了和平的

① 〔宋〕钱俨：《吴越备史》卷一《武肃王》，《五代史书汇编》，杭州出版社2004年版，第6218页。

② 钱文选:《钱氏家乘》卷六《武肃王八训》,上海书店出版社1996年版,第140页。

③ 〔宋〕范仲淹：《答手诏条陈十事》，李勇先、王蓉贵校点：《范仲淹全集》，四川大学出版社2002年版，中册，第534页。

④ 《钱氏家乘》卷六《武肃王遗训》，第141页。

⑤ 《钱氏家乘》卷五《年表》，第126页。

局面。

在与中原王朝的关系上，吴越国自钱镠时就已确立了“善事中国”、奉为正朔的立国之策，并且长期坚守，从不改变。这个国策的确立，是一个小国期冀保持长治久安的国情所决定的。吴越国北有中原霸主，南与吴（南唐）等强国毗邻，钱镠虽为“十三州主”，却三面受敌，故时刻警惕，不与他国争利。钱镠的父亲钱宽曾郑重地告诫过他：“吾家世田渔为事，未尝有贵达如此，尔今为十三州主，三面受敌，与人争利，恐祸及吾家，所以不忍见汝。”[①]这对钱镠的政治思想产生很大影响。他在《遗训》中说：“余固心存唐室，惟以顺天而不敢违者，实恐生民涂炭，因负不臣之名，而恭顺新朝，此余之隐痛也。”[②]虽然感到“隐痛”，但为了生民不致涂炭，最终还是“恭顺新朝”，继续维持中原王朝之下割据两浙的局面。钱镠不仅自己“尊奉中原”，而且一再以此告诫子孙后代。后唐长兴三年（932），钱镠弥留之际，还嘱咐其子钱元瓘：“凡中国之君，虽易异姓，宜善事之。”[③]这反映了钱镠变通务实的精神境界。

吴越国历代国王对人才的选拔任用都甚为重视。钱镠在世时，就名其居叫“握发殿”，表示自己要像周公一样“礼贤下士”。[④]事实上，钱镠和后代钱王在网罗人才方面的确都不遗余力。罗隐虽为“江东才子”，但因性格等原因，与多个地方实力派龃龉不合，落落寡欢，得不到重用。回到杭州后，钱镠却很赏识他，并授其钱塘县令等官职。罗隐擅长文学，当时吴越国向中原王朝呈送书檄，多出其手。

① 〔宋〕薛居正：《旧五代史》卷一三三《钱镠传》，中华书局 1976 年版，第 1768 页。

② 《钱氏家乘》卷六《家训·武肃王遗训》，第 141 页。

③ 《钱氏家乘》卷六《家训·武肃王遗训》，第 141 页。

④ 〔清〕吴任臣：《十国春秋》卷七八《武肃王世家下》，中华书局 1983 年版，第 1115 页。

其诗歌闻名海内，钱镠经常同他唱和，同时还能倾听采纳罗隐的正确意见和主张。最著名的是罗隐在《磻溪垂钓图》上曾题诗一首："吕望当年展庙谟，也是须供使宅鱼。"[①]钱镠看了后认为很有道理，就免去了西湖附近百姓的"使宅鱼"之制。

为了网罗人才，钱镠还派画工数十人常居淞江（今属上海），叫做"鸾手校尉"，凡北方战乱流徙到吴越国的人，画其容貌，选择清俊的加以任用。由于钱镠和历代钱王求贤若渴，所以吴越国庙堂之上出现了"猛将如林、谋士如云"的壮观阵容，武将如顾全武、吴公约、陆仁章，文臣如罗隐、林鼎、沈崧、皮光业等，当时一批来自五湖四海的名将、名士都在吴越国得到重用。

二、经济方面

在经济上，经过钱氏三世五王八十余年的治理，吴越国国强民富，不仅成为唐宋之际中国经济最发达、商贸最繁华、外贸最频繁的地区之一，也为今后吴越地区的持久稳定繁荣奠定了基础。

吴越国经济成就甚大，主要表现在如下方面：

兴修水利，发展农业。吴越国时期最大的水利工程，当属杭州"钱氏捍海塘"。捍海塘的建成，保障了杭州的城市安全，防止土地盐碱化，有利于发展农业生产，而且也保障了近在咫尺的大运河的安全。在西湖和太湖，吴越国设立"撩浅军"，负责经常性的修治和疏浚工作，保护农田水利工程的完好使用，这对当时的农业生产发生良好的作用。[②]从钱塘江两岸到太湖周围的江南水乡，河渠港汊、

① 《十国春秋》卷八四《罗隐传》，第1219页。

② 郭文韬等：《中国农业科技发展史略》，中国科学技术出版社1988年版，第252—253页。

湖泊池塘犬牙交错，纵横密布。钱镠在全面调查研究的基础上，组织大批人力疏浚河堤湖塘，又为阻遏江湖入河冲地，防咸蓄淡，或引水拒涝，或广置堰闸。后人誉称曰："五代钱氏，不废汉唐治水之法，自今之嘉兴松江，沿海而东，至于太仓、常熟、江阴、武进，凡一河一浦，皆有堰闸，使蓄泄以时。"[①]这些措施对农业生产起到了很好的作用。吴越国还鼓励垦荒，大力发展圩田，近人丁文江在《历史人物与地理的关系》一文中作出高度评价："在唐以前，钱塘江同扬子江之间，沿海都是盐塘，同现在江北开盐垦的地方差不多。直等到钱镠筑了海塘，沿海的田地，渐渐地成熟，南北运河一通，丝米都可以出口，江浙两省才成了全国最富庶的地方。"[②]这里成为重要的农业生产基地，后人称颂"钱氏百年间，岁岁丰稔"[③]，不愧为鱼米之乡。

扩城兴市，富甲东南。两浙地区的中心城市原是越州，镇海军的治所原为润州，光化元年（898）钱镠将其治所移至杭州，从而极大地促进了杭州的发展。唐代贞观年间，杭州人口有三万五千零七十一户，开元时增加到八万六千二百五十八户，商业已经比较繁荣。但杭州在经济地位上的重要性，实始于吴越国时期。史载：钱镠"悉起台榭，广郡郭周三十里，邑屋之繁会，江山之雕丽，实江南之胜概也"[④]。钱镠在《罗城记》中说："千百年后，知我者以此城，罪

① 〔清〕钱泳：《履园丛话》，上海古籍出版社2012年版，第64页。

② 丁文江：《历史人物与地理的关系》，《傅斯年全集》第1卷，湖南教育出版社2003年版，第435页。

③ 〔宋〕范成大：《吴郡志》卷一九《水利下》，江苏古籍出版社1996年版，第281页。

④ 〔宋〕薛居正等：《旧五代史》卷一三三《钱镠传》，第1771页。

我者亦以此城，苟得之于人而损之己者，吾无愧欤！”[①]在吴越国时期，杭州城遂形成以城南凤凰山为制高点，以贯穿南北的盐桥河及与之平行的主干道为中轴线，控揽（钱塘）江、（西）湖，“南宫北城”“前朝后市”的运河走廊型城市格局，从而奠定了古代杭州城市的基本规制，也为提升杭州作为两浙的政治、经济、文化和交通中心地位奠定了基础。宋代王明清《玉照新志》说：“杭州在唐，繁雄不及会稽、姑苏二郡，因钱氏建国始盛。”[②]彼时杭州城内商铺林立，手工业在短时间内实现极度繁荣，出现“骈樯二千里，开肆三万室”[③]的盛况。同时，吴越国对境内越州、苏州、明州、秀州等重要城市也进行了大幅度的扩（改）建，这一城市格局的重构乃至定型影响至今，极大地促进了都市经济的发展。

海上贸易，互通中外。吴越国利用滨海的有利条件，大力发展海外贸易。吴越国与朝鲜半岛开展贸易主要是通过北方的登州港作为中转港口，并在这里及莱州设置两浙回易务，负责经营管理南北方之间以及与朝鲜半岛的海上贸易事务。双方也有直接贸易，其商船频繁往来于明州、杭州。吴越输往朝鲜半岛的商品主要是丝绸、瓷器、药材、茶叶以及香料等，其中香料是中国得自海外诸国后，再辗转输出以求厚利；朝鲜半岛输入中国的商品为铜器、药材、人参以及其他珍宝。吴越国制瓷业称雄于世，越窑生产的秘色瓷，制作精美，纹饰多样，极具新意，在中国陶瓷文化史上具有举足轻重的地位。其生产技术对北方中原王朝及海外的日本、高丽的瓷器生

① 〔五代〕钱镠：《罗城记》，〔清〕董诰等编：《全唐文》卷一三〇，中华书局1983年版，第1303页。

② 〔宋〕王明清：《玉照新志》卷五，《宋元笔记小说大观》，上海古籍出版社2001年版，第3968页。

③ 〔唐〕李华：《杭州刺史厅壁记》，见〔清〕董诰等编：《全唐文》卷三一六，第3205页。

产都产生过较大影响。此外，吴越国还与东南亚、南亚以及中东地区进行贸易，贸易商品主要为瓷器。日本自唐文宗开成三年（838）最后一次派遣唐使以后，遂实行了闭关锁国政策，不再与唐朝发展官方关系，然民间贸易仍在继续进行。吴越国由于地理上的便利条件，与日本的民间贸易最为兴盛，双方之间继续维持了经济、文化交流。中国商船到达日本，常常受到广泛的欢迎。吴越输出的商品主要有香药、锦绮、瓷器、经卷、佛像、佛画、佛具、书籍、药材等；日本输出的主要是沙金、木材、水银、锡、绵、绢等物。

吴越的对外贸易收获颇丰，史谓“航海所入，岁贡百万”①。由于对外贸易所需，吴越国的造船业亦十分发达，在杭州、明州等地皆有造船业的存在。其中杭州的钱塘江边，舟楫辐辏，望之不见首尾。北宋开国至钱俶纳土归宋这短短的 18 年中，吴越国就向宋王朝进献了银装花舫、画舫、龙舟计 200 余艘。其造船技术非常高超，北宋科学家钱塘人沈括在《梦溪笔谈·补笔谈》记载说：“国初，两浙献龙船，长二十余丈，上为宫室层楼，设御榻，以备游幸。”②

三、文化方面

社会长期稳定，经济繁荣，促进了吴越国文化的发展，所谓“浙右富庶登丰之久，上下无事，惟以文艺相高”③。在文学上，吴越国拥有一批著名诗人，如罗隐、皮光业、杜建徽、钱昭度、钱鹗等，

① 〔宋〕薛居正：《旧五代史》卷一三三《钱弘佐传》，第 1774 页。

② 〔宋〕沈括：《梦溪笔谈·补笔谈》卷二《权智》，胡道静：《新校正梦溪笔谈》，中华书局香港分局 1975 年版，第 313 页。

③ 《宣和书谱》卷一九《草书七》“钱俶”条，《丛书集成初编》本。

其中以罗隐为执牛耳者，在当时诗坛上影响甚大。书法、绘画、音乐、歌舞等艺术也取得了一定的成就，艺术风格、美学特点、历史价值等对后世也产生过一定的影响。石窟造像虽不及北方的云冈、龙门石窟影响之大，但正好起到了承上启下的作用，使得中国石窟造像的历史不至于中断。科学技术成就突出，主要体现在天文、建筑、制瓷、医学和水利等方面。吴越国的天文星图在我国已发现的古代石刻天文图中，不但时间最早，准确度也最高。如钱元瓘夫人马氏墓所刻星象位置，写实准确，并刻有基本坐标线，这是目前已发现的世界上最早的一块写实石刻星象图，具有很高的科学价值，说明吴越国的天文学成就颇高。建筑方面，喻皓是吴越国时期一位既有丰富的实践经验，又有建筑学理论的杰出建筑科学家，其所著的《木经》，是中国历史上重要的建筑学专著。医学方面，吴越国时期明州（今宁波）人日华子精通医学，洞察药性，收集诸家本草及应用药物，撰成《大明本草》（又作《日华诸家本草》）20卷，以药物寒温、性味、华实、虫兽为分类，自成一家，对医学的发展作出了重要贡献。水利方面，丘光庭通过进一步悉心观察，潜心研究，在前人的潮汐理论基础上，“辄以管见自立一家之言”，写出了《潮汐十论》。其关于潮汐、钱江潮的论述，有许多都与当前的科学测定和观察相符合。制瓷方面，吴越国的技术相当高超，特别是越窑秘色瓷制作之巧妙精美，已远远超过了唐朝，以至于时人将秘色瓷直接断定为钱氏吴越国的特种瓷品。

吴越国的佛、道二教亦有很大的发展，其中佛教成就尤为突出。吴越国时期仅杭州就拥有佛教寺院461处，其寺院数量之多，远远超过了唐代的全国佛教中心——长安。[①] 吴越诸王悉心奉佛，招揽佛

① 杜文玉：《吴越国杭州佛寺考——以〈咸淳临安志〉为中心》，《唐史论丛》第二十六辑，三秦出版社2018年版，第232—255页。

教精英，如德韶、羲寂、延寿等。延寿搜集流散的天台教籍，吴越王多次遣使持宝往朝鲜、日本求取，使天台教籍复归中土。延寿有感于当时禅宗只重直观而忽略经典的流弊，编集《宗镜录》100 卷，为中国佛教史上具有集大成性质的著作，在佛教史乃至思想史领域都有极大影响。故宋人吴自牧在《梦粱录》中说："释老之教遍天下，而杭郡为甚。"①

在道教方面，钱镠早年就与道教接触，尤其是与著名道士闾丘方远关系密切。闾丘方远居住在临安大涤洞，钱镠重建天柱宫以居之，同时奏请唐朝赐紫，赐号"玄同先生"，使之成为吴越的道教领袖。不仅钱镠支持道教，其他诸王以及钱氏宗室等亦非常支持。一些吴越国有名的士大夫，如皮光业、林昇、罗隐等，或隐或仕，与韩必、吴崧、何肃、吴珙、吴顼等道士同隐长城（今浙江长兴）八座山，号"八友"，关系密切。吴越钱氏还对道教经典的整理作出了贡献，如钱俶曾资助道士朱霄外编成金银字《道藏》200 函，藏于天台桐柏宫。宋人夏竦所撰《重建道藏经记》记载了其事，他说："五代相竞，中原多事。吴越忠懿王得为道士朱霄外新之，遂筑室于上清阁西北，藏金录字经二百函，勤其事也。"此时的天台山玉霄宫还有上清派道士叶藏质募造的道经一藏，号《玉霄藏》，合并桐柏宫的金银字道经 200 函，达千余卷，为当时全国两大道藏之一。②对于此举，日本学者窪德忠给予了很高的评价，认为："这为北宋真宗时编辑《道藏》打下了部分基础。"③

---

① 〔宋〕吴自牧：《梦粱录》卷一五《城内外诸宫观》，浙江人民出版社 1984 年版，第 135 页。

② 曾国富：《道教与五代吴越国历史》，《宗教学研究》2008 年第 2 期，第 38 页。

③ ［日］窪德忠：《道教史》，萧坤华译，上海译文出版社 1987 年版，第 183 页。

四、钱氏家训

后梁乾化二年（912），钱镠亲手制定《武肃王八训》，教谕子孙“化家为国，自善其身”。后唐长兴三年（932）钱镠临终时，又留有《武肃王遗训》十条，叮咛子孙赓续家风，宣明礼教，善事中国，保境安民，将多年的人生经验和智慧留给后世子孙，成为吴越钱氏家族的立世之道。北宋太平兴国三年（978），钱俶谨遵钱镠临终时“如遇真主，宜速归附”的遗训，顺应时势“纳土归宋”，使国家免受干戈，使百姓免遭战火，为长久的繁荣增添保障。

《武肃王遗训》和《武肃王八训》被钱氏后人整理成文本，以格言的方式呈现出来，成了现在家喻户晓的《钱氏家训》。目前常见的《钱氏家训》全文532字，分个人、家庭、社会、国家四篇。家训篇幅虽短，却字字珠玑，字数虽少，但是道理绵长，对于子孙后代的“家国天下”殷殷叮嘱，让钱氏家族在历史长河中长盛不衰、人才辈出，延及宋、元、明、清，每代中进士、任高官者甚多；对于学术、艺术或医术卓有成效者，史不绝书。据统计，宋朝一代共擢钱氏进士320人。①

综上所述，可知五代十国时期的吴越国，是江浙地区历史发展进程中一个非常重要的阶段。这一时期的吴越文化，是中国南方独具特色的文化类型。吴越国的建立和发展，见证了杭州、浙江及江南地区社会、经济、文化的繁荣，见证了中国古代海上丝绸之路的繁荣，为宋代江南地区的发展争得了先机，特别是为南宋定都杭州打下了坚实的基础，从而为中华文明的存续作出了自己的独特贡献。吴越文化是后来宋韵

① 邹小芃、邹身城、刘伟文：《两浙第一世家：吴越钱氏》，中国文史出版社2006年版，第2页。

文化的重要源头，它们水乳交融，别样精彩，有力促进了两宋文化高峰的形成，是后来浙江和杭州文脉的“根”与“脉”，并持续影响今天的浙江和整个江南地区，值得我们后人倍加珍视。

第一章

吴越国建立及其兴衰

唐朝后期，宦官操持军政大权。宦官与宦官、宦官与朝官之间的争夺愈演愈烈，朝官不同派别之间的所谓“朋党”纷争层出不穷，唐朝中央与地方藩镇之间的战争也频频发生,封建统治阶级的内部矛盾和斗争一发而不可收。与此同时，唐王朝为解决财政的窘迫和满足自己奢侈的生活，对广大人民的剥削压迫愈益加重，社会生产遭到严重破坏，统治阶级与被统治阶级的矛盾日益尖锐，农民不得不起来反抗，或举义旗，或为“盗贼”。正如杜牧在《上李太尉论江贼书》所说：不仅濠、亳、徐、泗、汴、宋、许、蔡、申、光等州，“更有江南土人，相为表里，校其多少，十居其半。盖以倚淮介江，兵戈之地，为郡守者，罕得文吏，村乡聚落，皆有兵仗，公然作贼，十家九亲，江淮所由，屹不敢入其间。所能捉获，又是沿江架船之徒，村落负担之类，临时胁去，分得涓毫，雄健聚啸之徒，尽不能获。为江湖之公害，作乡闾之大残”[①]。为了镇压起义，缉捕“盗贼”，唐朝政府一方面调集藩镇兵力，一方面下令各道征兵讨伐，由此进一步助长了藩镇势力的发展。最后，到唐末最大的农民起义即黄巢起义被镇压下去的时候，“李昌符据凤翔，王重荣据蒲、陕，诸葛爽据河阳、洛阳，孟方立据邢、洺，李克用据太原、上党，朱全忠据汴、滑，秦宗权据许、蔡，时溥据徐、泗，朱瑄据郓、齐、曹、濮，王敬武据淄、青，高骈据淮南八州，秦彦据宣、歙，刘汉宏据浙东，皆自擅兵赋，迭相吞噬，朝廷不能制。江淮转运路绝，两河、江淮赋不上供，但岁时献奉而已。国命所能制者，河西、山南、剑南、岭南西道数十州。大约郡将自擅，常赋殆绝，藩侯废置，不自朝廷，王业于是荡然”[②]。而农民的反抗斗争依然如故。统治阶级与被统治阶级的矛盾，以及中央与藩镇、藩镇与藩镇之间的矛盾，形成了一种恶性循环，愈演愈烈。钱镠正是在这样的形势下崛起的，吴越国也正是在这样的形势下建立的。

① 〔清〕董诰等编：《全唐文》卷七五一，上海古籍出版社 1990 年版，第 3451—3452 页。
② 〔后晋〕刘昫等：《旧唐书》卷一九下《僖宗纪》，中华书局 1975 年版，第 720 页。

第一节　钱镠弃农从戎及其初建功业

一、弃农从戎

钱镠（852—932），字具美，杭州临安人，出身于石镜乡临水里（今属杭州市临安区锦南街道）一个“世田渔为事”的家庭。[①]据说钱镠降生之时，其家“后舍闻甲马之声甚众”，“复有红光满室”，其父钱宽“颇怪之”，欲弃之于井，唯其祖母“知非常人”，坚持不允，才得以留养了下来，所以钱镠又有小字曰“婆留”。[②]

临安婆留井（引自《杭州文物精萃》）

钱镠“自幼常与群儿聚戏于树阴、石上，或伐薪，必使群儿聚以供己，随多少而赏罚焉”[③]。总角之年，似乎已经表现出一种领导才干。钱镠 7 岁从师读书，16 岁贩盐谋生，17 岁习武，20 岁习弩，21 岁从军，22 岁习剑戟。钱镠自己也说过：“七岁修文”，“束发以来，少贫苦，肩贩负米以养亲。稍有余暇，温理《春秋》，兼读《武经》。十七而习兵法”。[④]其为文，粗通笔墨。《宣和书谱》卷五称钱镠“喜作正书，

① 钱镠生日是二月十六日，参见阮元《两浙金石志》卷四《吴越投龙简文》、吴任臣《十国春秋》卷七七《武肃王世家上》及钱文选《钱氏家乘》卷五《武肃王年表》。《钱氏家乘》卷一二《吴越钱氏庆系谱世系》作二月二十六日生，误。又，其邑里或作“勋贵里”，此乃钱镠贵后所改里名。

② 〔宋〕钱俨：《吴越备史》卷一《武肃王》，傅璇琮、徐海荣、徐吉军主编：《五代史书汇编》，李最欣校点，杭州出版社 2004 年版，第 6171 页。

③ 《吴越备史》卷一《武肃王》，《五代史书汇编》，第 6171 页。

④ 《钱氏家乘》卷六《家训・武肃王八训》《武肃王遗训》，第 139—141 页。

好吟咏，通图纬学。……所书复刚劲结密，似非出用武手”，《图绘宝鉴》卷二称钱镠“善墨竹”。其为武，所贩盐“每担盐斤有二百余，行走甚捷”，行军作战“骁勇绝伦”，“善射与槊”，[①]马术也相当精湛。所有这些，为钱镠以后的戎马生涯打下了一个良好的基础。

二、初建功业

唐懿宗咸通十三年（872），“江南多事，溪洞猖獗”，诸色乡兵土团所在皆起。钱镠亦弃农从戎，“大散家财，广招勇士”，“训父子以为军”，“训练义师，助州县平溪洞”，[②]从此踏上了军旅之路。是年，钱镠21岁。

唐僖宗乾符二年（875）四月，浙西狼山（今江苏南通南）镇遏使王郢举兵反唐，唐僖宗敕本道征兵讨伐。石镜镇将董昌以捍卫乡里为名，募集土团，并以副职召钱镠参加其土团。钱镠应召，任偏将，并“击郢破之”[③]。其后，钱镠即参与了镇压朱直、孙端，抵御入浙黄巢起义军等战争。平定朱直、孙端，被皮光业《吴越国武肃王庙碑铭》称作为钱镠之“初功”。其文曰：

> 其始者，王仙芝结衅中土，首构祸阶……自此丛祠乌合，草泽蜂飞。轻薄者固自披攘，谨厚者亦为慓悍。江南则朱直叛乱于唐山，孙端寇孽于安吉，西侵宛水，东患苕溪，郡县则终日登陴，生民则长时伏莽。王（钱镠）时郊居葛圃，嘉遁茅山，方当枕石漱泉，尚是褒衣博带，睹兹多事，慨然宛怀，顾谓朋友曰：“丈夫须当拨乱平奸，岂可怀安

① 《钱氏家乘》卷五《年表》；《吴越备史》卷一《武肃王》，《五代史书汇编》，第6172页；〔宋〕欧阳修：《新五代史》卷六七《吴越世家》，中华书局1974年版，第836页。

② 《钱氏家乘》卷六《家训·武肃王八训》，第139页；〔五代〕皮光业：《吴越国武肃王庙碑铭》，《全唐文》卷八九八，第4155页；〔五代〕李琪：《梁启圣匡运同德功臣淮南镇海镇东等军节度使淮南浙江东西等道观察处置营田招讨安抚兼盐铁制置发运等使开府仪同三司尚父守尚书令扬杭越等州大都督府长史上柱国吴越王钱公生祠堂碑》，《全唐文》卷八四七，第3947页。

③ 《新五代史》卷六七《吴越世家》，第836页。

端坐？”是日乃奋兹戎服，挂彼儒冠，大散家财，广招勇士。申令才举，行伍肃然。手仗义旗，身当勍敌。一月之内，二寇殄平，靖千里之山川，救两郡之涂炭。是王之初功也。

朱直，据《吴越备史》记载为“山贼”，亦即东汉六朝时期“山越”的残余。孙端未详。唐山即今临安昌化，安吉即今安吉，宛溪在今安徽宣城南，苕溪即今苕溪，其主要在杭州余杭郡和湖州吴兴郡界上天目山区。所以皮光业形容钱镠平朱直为“靖千里之山川，救两郡之涂炭”，这是钱镠从戎以后初显身手。

大约乾符五年（878），杭州各地在与朱直等“山贼”的战争中起来的乡兵土团，在镇海节度使裴璩的协调下组建了一个组织松散的军事联盟——八都兵。按《新唐书·周宝传》，杭州八都为：“石镜都，董昌主之；清平都，陈晟主之；於潜都，吴文举主之；盐官都，徐及主之；新登都，杜稜主之；

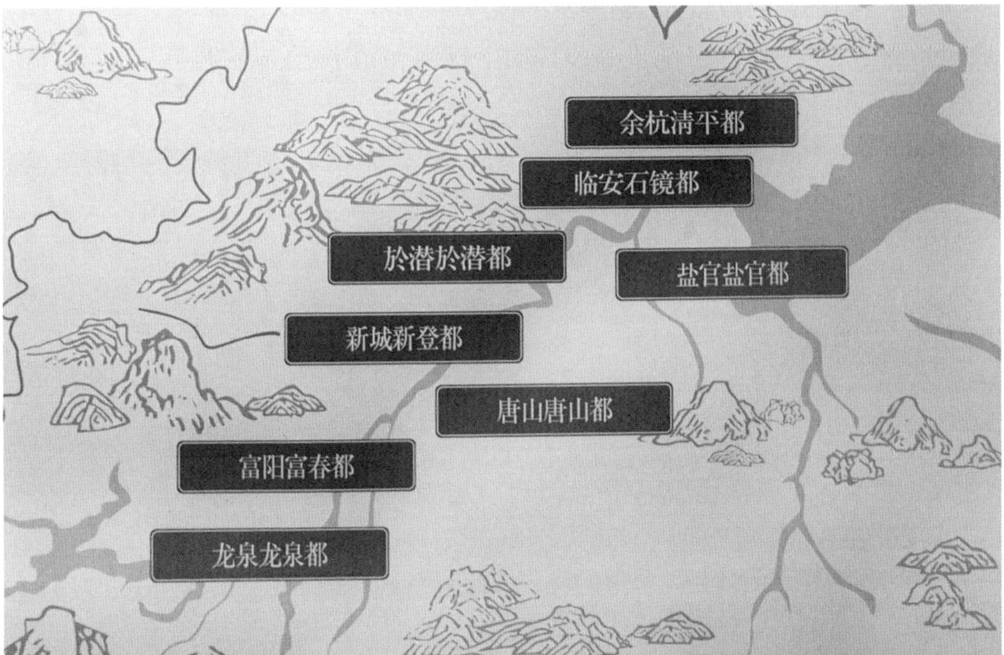

八都兵分布示意图

唐山都，饶京主之；富春都，文禹主之；龙泉都，凌文举主之。”《吴越备史》依次作临安县、余杭县、於潜县、盐官县、新登县、唐山县、富春县和龙泉县[①]，实即一县一都，“各聚众千人，以卫乡里”。大概因为董昌、钱镠的实力最强，并在平定朱直等人的军事行动中有所建树，所以八都兵建立之初，以董昌为首，又以钱镠为都指挥使。[②]

钱镠在广明元年（880）六月抵御入浙黄巢起义军。其时，黄巢起义军一支偏师将至石镜镇，钱镠谓董昌曰：“黄巢以数万之众，逾越山谷，旗鼓相远，首尾不应。宜以伏兵袭之，或可少却耳。”黄巢偏师前军二千余众果然走崎岖山路而来，钱镠率领二十骑埋伏于草莽之中。黄巢起义军小将单骑先行，钱镠用箭射他，小将应弦而死，伏兵一拥而起攻打起义军，起义军大败。钱镠又曰：“此术止可一举耳。大军必至，则众寡不敌矣。宜乘胜张虚声以慑之。”遂又进军屯驻一处名为八百里的地方。途中遇到一个老婆婆，钱镠告诫老婆婆：“后有兵至，当言‘临安兵屯八百里’。”不久，起义军大队果然至此，听说“临安兵屯八百里”，以为重兵在守，遂绕道而行。钱镠“伺其后军，杀获人马而还”。[③]这一战进一步提高了钱镠在军事上的声望。

① 龙泉县治所在今杭州余杭区仓前街道。参见李志庭：《“龙井”未尝名“龙泉”》，《历史地理》第18辑，上海人民出版社2002年版，第353—355页。

② 关于“八都兵”的建都时间、创建人氏、各都名称、都将人员以及由八都到十三都的发展等，记载多有歧义，学术界意见也不一致。参见何勇强《钱氏吴越国史论稿》第二章《八都兵》，浙江大学出版社2002年版，第53—74页。

③ 《吴越备史》卷一《武肃王》，《五代史书汇编》，第6172—6173页。时间各书记载不同。广明元年六月，系按《新唐书》卷八《僖宗纪》及《资治通鉴》卷二五三“广明元年六月”黄巢别将先后陷睦州、婺州和宣州之说推论。

第二节　钱镠统一两浙暨吴越国疆域的形成

一、东征刘汉宏而独据浙西

钱镠统一两浙暨开创吴越国疆域实始于东征刘汉宏。刘汉宏，本为唐朝兖州小吏，随从唐军攻打王仙芝时劫辎重叛唐。后又为唐朝都统王铎收降，并表为宿州刺史。其时，浙东观察使柳瑫以贿赂得罪，其他官员“皆耻代之”，于是改授刘汉宏为浙东观察使。[①] 唐僖宗因黄巢攻陷洛阳、长安而逃难蜀中期间，刘汉宏“贡输踵驿”有功，[②] 又被授为义胜军节度使，领浙东七州。刘汉宏既有越、明、台、温、处、婺、衢等浙东七州，野心渐大。

唐僖宗中和二年（882）秋七月，刘汉宏遣其弟刘汉宥屯兵西陵，谋攻杭州，不久为董昌所败。接着又遣兵7万沿江而屯，董昌遣钱镠渡江击破之。中和三年（883），刘汉宏屯兵黄岭（萧山西南楼塔境内，为萧山、富阳分界岭），“发洞獠同攻（董）昌”。钱镠自富阳出兵击破之。刘汉宏仍不甘心，“悉军十万列舰西陵，谋宵济袭（董）昌”，但初战即为钱镠所败。第二天复战，钱镠斩其弟刘汉容及部将辛约。刘汉宏于是令温州刺史朱褒“治大舰习战，以史惠、施坚实、韩公汶将其军”，

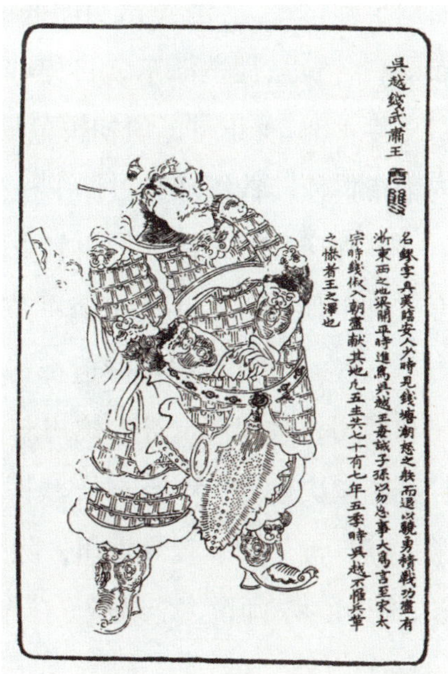

《无双谱》中的吴越国王钱镠像

① 《吴越备史》卷一《武肃王》，《五代史书汇编》，第6175页。

② 〔宋〕欧阳修、宋祁：《新唐书》卷一九〇《刘汉宏传》，中华书局1975年版，第5488页。

伺机与董昌、钱镠决战。[①]

唐僖宗得知杭州董昌、钱镠与越州刘汉宏连连争战，遣中人焦居璠“持节诏通好”，要求董昌与刘汉宏罢兵修好，但是双方“皆不奉诏”。光启二年（886），钱镠率军向刘汉宏发起进攻，于曹娥埭攻破韩公汶，并烧毁朱褒战舰，屯兵丰山（绍兴东北30公里），施坚实投降。刘汉宏率麾下600人逃往台州，钱镠斩其母、妻、弟、侄及党羽史惠、史侃等于越州军门。台州刺史杜雄见刘汉宏大势已去,乘飨军之际灌醉了刘汉宏及麾下全部将士,“执(刘)汉宏以见董昌”。董昌令钱镠斩杀刘汉宏。至此，历时5年的杭越之战以刘汉宏的彻底失败而告终，浙东七州从此为董昌所控制。[②]

钱镠消灭刘汉宏，为董昌争得了浙东，也为自己争得了杭州乃至浙西。还在出征刘汉宏之前，钱镠曾建议董昌：“除恶务去本根，不尔，当为后患，愿以全师讨之。”[③]董昌当即许诺：“汝能取越州，吾以杭州授汝。”[④]刘汉宏既亡，董昌徙镇浙东，自称“知浙东军府事”，并践诺以杭州委钱镠。光启三年（887）正月，唐朝授董昌为威胜军节度使，钱镠为杭州刺史、杭越管内都指挥使。钱镠从此占据了杭州。

就在唐朝授钱镠为杭州刺史的光启三年（887）三月，镇海军部将刘浩与度支催勘使薛朗起兵反镇海军节度使周宝（驻润州），周宝逃奔常州，依刺史丁从实。五月，钱镠派遣都将杜稜、阮结、成及等讨伐薛朗，后攻占了润州和常州，并迎周宝进入杭州。光启四年（888）九月，钱镠又命从弟钱球攻打苏州刺史徐约。次年三月，钱镠攻克苏州，徐约赴海而死。至此，浙江西道润、常、苏、杭、湖、睦等六州，除睦州于中和四年（884）为余杭都将陈晟所占领，湖州为李师悦、李继徽（一作李彦徽）父子所掌握外，钱镠占据了润、常、

① 《新唐书》卷一九〇《刘汉宏传》，第5488—5489页。

② 《新唐书》卷一九〇《刘汉宏传》，第5489页；《吴越备史》卷一《武肃王》，《五代史书汇编》，第6175页。

③ 《吴越备史》卷一《武肃王》，《五代史书汇编》，第6175页。

④ 《资治通鉴》卷二五六，唐僖宗光启二年十月，第8339页。

苏、杭等四州，统一了浙西的大部分地区，直接与淮南杨行密相对阵。

二、击退孙儒南下，与杨行密分领浙西

正当钱镠连克润州、常州和苏州，在浙西战场节节胜利的时候，北人孙儒忽然挥师南下。孙儒（？—892），河南（治今河南洛阳）人。初为忠武军小校，后为秦宗权（原为唐朝奉国军节度使，中和三年投降黄巢，黄巢死后自称帝）都将，率军攻东都，陷河阳（治今河南孟州南），为秦宗权所重。光启三年（887），秦宗权为朱温（全忠）所败，孙儒遂杀秦宗权弟秦宗衡，合兵数万，号“土团白条军”，于文德元年（888）攻取扬州，自为淮南节度使，“谋定江南，乃北争天下”。[①] 于是，孙儒、钱镠与起兵于庐州并伺机东进的杨行密，三方在宣州、润州、常州和苏州间展开了争战。

龙纪元年（889）冬，杨行密攻取钱镠常州，孙儒攻取钱镠润州，又从杨行密手中攻取了常州。大顺元年（890），杨行密从孙儒手中夺取常、润二州。不久，孙儒从杨行密手中夺回常、润二州。杨行密夺取钱镠苏州，旋即亦为孙儒所得，孙儒乘胜准备进围杭州。大顺二年（891），钱镠出水师设防，孙儒打消南进的念头，在烧掠了苏州、常州以后，引兵宣州，旌旗辎重亘百里，兵号称五十万，直逼杨行密。杨行密向钱镠求救。钱镠一方面乘机收复苏州，另一方面以甲兵、粮粮资助杨行密。

景福元年（892），钱镠又出兵宣州，联合杨行密共击孙儒。孙儒军中粮尽，疫病流行，孙儒自己亦染疟疾。杨行密乘机纵兵相攻，俄而大雨如注，大水暴作，孙军一片混乱，终于为杨军所败。孙儒自身亦被杨行密部将田颙擒而斩之，传首长安，朝廷为之颁《平孙儒德音》，赦免浙西等道诸色逋悬（拖欠的租税）。

是年八月，唐以杨行密为淮南节度使、同平章事。

景福二年（893）九月，唐授钱镠为镇海军节度使、浙江西道观察处置使、

① 《新唐书》卷一八八《孙儒传》，第5466—5467页。

润州刺史。《旧五代史·钱镠传》记载此事云：

> 唐景福中，朝廷以李铤为浙江西道镇海军节度使。时孙儒、杨行密交乱，淮海烟尘数千里，镠常率师以为防捍，孙儒据宣州，不敢侵江、浙，由是镠勋名日著。久之，李铤终不至治所，朝廷以镠为镇海军节度使……

杨行密和钱镠对孙儒的胜利，给五代十国时期的东南地区带来了深刻的影响，一方面有效地阻止了"北人南下"亦即中原藩镇势力对东南地区的影响，另一方面促成了东南地区吴、吴越两大割据势力的正式形成以及双方对浙西地区的再分割。孙儒南下之前，钱镠曾经先后占有了润州、常州和苏州，将势力一度扩张到长江南岸。孙儒南下以后，三方激烈争夺润、常、苏三州。最后孙儒兵败身亡，润、常二州为杨行密所得，苏州仍为钱镠所有。乾宁四年（897），湖州刺史李继徽（一作李彦徽）准备以州归杨行密，遭到牙将沈攸等人的反对，沈攸等人以湖州归附钱镠，湖州遂为钱镠所占据。乾宁五年（898），钱镠放弃常州、润州，并请示朝廷获准将镇海军治所从润州迁到了杭州。自此，东南地区逐渐形成了以杭州为中心的钱镠和以扬州为中心的杨行密两大势力。

三、平定董昌，统一浙东

杨行密、钱镠消灭孙儒不久，威胜军节度使董昌又在乾宁二年（895）据越州（今绍兴）起兵反唐。

董昌（846—896），杭州临安人。乾符二年（875），在讨伐反唐的王郢期间，以捍卫乡里为名，募集土团，被补为石镜镇将。后又因抗击朱直、孙端等地方小股起义军有功，被授为石镜镇都知兵马使。杭州八都兵建立时，董昌以石镜都将身份总领八都（钱镠时为都指挥使）。董昌既总领八都，遂由临安领兵进入杭州。其时，朝廷新任命杭州刺史路审中虽已成行，但尚未到任。路审中行至嘉兴，得悉董昌已先入杭州，不敢再进。董昌遂自称杭州都押牙、知州事。唐朝政府亦不得不承认既成事实，诏授董昌为杭州刺史，授钱镠为都知兵马使、太子宾客。中和二年（882），浙东义胜军节度使刘汉宏图谋兼并浙西，董昌命钱镠率兵征讨。光启二年（886），刘汉宏败亡，董昌徙镇越州，自称“知浙东军府事”。不久，唐朝政府正式授董昌为威胜军节度使、检校尚书右仆射。

董昌初入越州时，“为治廉平，人颇安之”，又“罢榷盐以悦人”，对唐朝朝廷亦贡赋有加。“当是时，天下贡输不入，独昌赋外献常参倍，旬一遣，以五百人为率，人给一刀，后期即诛，朝廷赖其入。”因其竭力效忠于朝廷，朝廷为此亦“累拜检校太尉、同中书门下平章事，爵陇西郡王”。[①]

但是面对当时堪称富庶的浙东七州和日益发展的割据局面，董昌自恃贡奉有功，遂“浸自侈大”，于境内渐行峻法，并“建生祠于越州，制度悉如禹庙”，还要求唐朝廷立自己为越王，但是朝廷却始终未封其为越王。董昌对此大为不满，曰：“朝廷欲负我矣，我累年贡献无算而惜越王邪！”[②]他遂于乾宁二年（895）二月二日披衮冕登越州子城门楼即皇帝位，称其国为大越罗平国，改元顺天，署城楼曰天册之楼，署寝曰明光殿，亭曰黄龙殿，令群下称其为“圣人”。以之前的杭州刺史李邈、婺州刺史蒋瑰、两浙盐铁副使杜郢、屯田郎中李瑜为相，又以吴瑶等为翰林学士，以李畅之等为大将军，并移书钱镠，委钱镠为两浙都指挥使。

钱镠接书后，回信劝董昌：“与其闭门作天子，与九族、百姓俱陷涂炭，岂若开门作节度使，终身富贵邪！及今悛悔，尚可及也！”董昌不听。钱镠又将兵三万至越州城下，实行兵谏，曰：“大王位兼将相，奈何舍安就危！镠将兵此来，以俟大王改过耳。纵大王不自惜，乡里士民何罪，随大王族灭乎？”董昌终于接受了钱镠的劝告，一方面给钱镠二百万缗钱以犒军，一方

① 《新唐书》卷二二五下《董昌传》，第6466—6467页。

② 《资治通鉴》卷二五九，唐昭宗乾宁元年，第8460—8461页。

面执首谋者吴瑶等人送钱镠，并表示自己以“待罪”之身，听由天子处置。“朝廷以董昌有贡输之勤，今日所为，类得心疾，诏释其罪，纵归田里。”[①]

但到了乾宁二年（895）五月，朝廷“诏削董昌官爵，委钱镠讨之”。[②]于是钱镠与董昌之间的浙西、浙东之战就爆发了。

乾宁二年（895）六月，钱镠奉诏出师征讨董昌。董昌在应战的同时，又求援于淮南节度使、弘农郡王杨行密。杨行密心存争夺钱镠浙西之意，董昌存在于浙东，显然对其有利，所以还在钱镠上表请讨董昌之时，即遣使劝说钱镠“董昌已改过，宜释之”。待钱镠出兵征讨董昌，杨行密立即作出反应，于是年九月派遣泗州防御使台濛进攻苏州，以牵制钱镠兵力，达到救援董昌的目的；同时上表朝廷，要求准许董昌自责，允其重修职贡，恢复其官职；再次写信给钱镠说：“昌狂疾自立，已畏兵谏，执送同恶，不当复伐之。”杨行密的要求当然不可能为钱镠所接受。于是，是年十月，杨行密遣宁国节度使田頵、润州团练使安仁义进攻杭州西部诸镇，以救董昌。董昌自己也联络湖州将徐淑，会同淮南将魏约共围嘉兴。钱镠不得不遣武勇都指挥使顾全武救嘉兴，以应付浙西战事。不久，淮南将柯原破苏州水栅，杭州西部紫溪、窜堡、火口、建宁诸镇也纷纷为田頵、安仁义所下。然而钱镠守住了杭州西部要寨东安镇（今富阳新登），顾全武又打败了乌墩（今湖州乌镇）、光福（今苏州西南，近太湖）二寨之敌，挫败了杨行密南下杭州的意图。

乾宁三年（896），钱镠开始反攻，并将战线推向浙东。是年正月，钱镠遣顾全武、许再思等守西陵，阻止安仁义等渡江接应董昌。董昌遣徐珣、李元宾等屯兵肃清四封九乡之地。顾全武等出兵进攻，徐珣等率众投降。董昌又遣其将汤臼守石城（今绍兴东北），袁邠守余姚。二月，顾全武、许再思又败汤臼于石城。

其时，唐朝朝廷采纳杨行密之请，赦免董昌，复其官爵。但在当时的情势下，钱镠不得不继续用兵董昌。尽管杨行密在浙西皇天荡（又作黄天荡，

① 《资治通鉴》卷二六〇，唐昭宗乾宁二年二月、四月，第8464—8465、8467页。

② 《资治通鉴》卷二六〇，唐昭宗乾宁二年五月，第8468—8469页。

在今江苏苏州东南）败钱镠兵，又进围苏州。顾全武、许再思在浙东却没有停止军事行动，并且攻下余姚，进兵越州城下。五月初一，董昌去帝号，复为节度使。五月初三，浙西苏州为杨行密所得。当钱镠得悉苏州被陷时，急召顾全武至西陵，以备杨行密渡江浙东。顾全武觉得越州已唾手可得，弃之可惜，曰："越州贼之根本，奈何垂克弃之！请先取越州，后复苏州。"他要求暂置苏州于一边，继续攻打越州，并于十四日夜急攻越州城。十五日攻克外郭。十八日，钱镠遣董昌旧将骆团向董昌传旨曰："奉诏，令大王致仕归临安。"董昌于是放弃抵抗，送上牌印，出居清道坊。

钱镠与董昌之战，以钱镠大获全胜而告终。

浙江东道自贞元三年（787）睦州改属浙江西道以后，向领越、明、台、温、处、婺、衢等七州。乾宁三年（896），钱镠虽然消灭了董昌，接替为镇东军节度使，但七州之中仅越州、明州、台州等三州为钱镠所占据，婺州、衢州若即若离，温州、处州则拥兵自立，与钱镠相对抗，但随后均为钱镠所降服。兹将各州情况略述如下：

越州为威胜军节度使、越州刺史治所，亦为董昌登帝位之地。钱镠既灭董昌，越州自为其据。乾宁四年（897），钱镠特赴越州受镇东军节钺。

明州在唐末为杨僎、钟季文、黄晟所据。黄晟因协助董昌打败侵犯越州的余姚镇将相嘉，被委为明州刺史。董昌称帝，黄晟曾致书规劝，钱镠举兵征讨，黄晟率众响应，实际上已转而归附钱镠。

台州在唐末为本州杨梅镇人杜雄所据。此人原为"草寇"，因擒获刘汉宏之功，董昌奏授为德化军使。董昌灭亡后一年即乾宁四年（897），杜雄疾卒，地属钱镠。《新唐书·昭宗纪》作乾宁四年十一月丙子，"钱镠陷台州"。

婺州在刘汉宏以后为钱镠支持的浦阳镇将蒋瑰所掌握。后孙儒部将王坛赶走蒋瑰，以刺史据地自守，但与钱镠关系密切，曾派兵响应钱镠征讨董昌，钱镠也一再增援婺州抗击淮南。乾宁五年（898），王坛发兵攻打东阳镇将王永，钱镠劝谕其罢兵息民，王坛不听，乃遣将讨伐。光化三年（900），王坛投奔宣州田颓，婺州遂为钱镠所有。

衢州自光启三年（887）以来，一直为黄巢余部陈儒所占据。陈儒去世，弟陈岌继任。陈岌贰于钱镠而阴附杨行密。光化元年（898），钱镠遣顾全武率兵征讨。至光化三年（900），陈岌以州降钱镠。

温州自中和元年至天复二年（881—902）一直为永嘉人朱敖、朱褒兄弟所控制。天复二年（902），温州将领丁章赶走朱敖，占据温州，并与宣州田頵相交通。天复三年（903），丁章为木工所杀，裨将张惠遂据温州。天祐二年（905），处州刺史卢约使其弟卢佶攻陷温州。天祐四年（907）四月，钱元瓘等破温州，斩卢佶。温州至此才为钱镠所占据。

处州于中和元年（881）为卢约所据。天祐四年（907），破温州、斩卢佶后，钱元璙受命乘胜移兵攻打处州卢约。是年五月，卢约以处州降钱镠。

钱镠从乾宁三年（896）消灭董昌，到天祐四年（907）夺取温州、处州，前后经过十余年，才基本占据了浙东地区，从而也基本统一了两浙，完成了吴越国疆域的开拓。

四、平定徐绾、陈璋之变，巩固在两浙的统治

天复二年（902）五月，唐昭宗敕钱镠以彭城郡王进爵越王，加食邑一千户，实封一百户。七月，钱镠春风得意，衣锦还乡，命武勇右都指挥使徐绾率众治沟洫。

徐绾，原为孙儒旧将。景福元年（892），孙儒败死，徐绾率其所部投奔钱镠。钱镠爱其骁勇，以其所部为中军，号武勇都，并以徐绾为右都指挥使。当时行军司马杜稜有所察觉，规劝钱镠曰："狼子野心，他日必为深患，请以土人代之。"但是没有为钱镠所采纳。[①] 此次钱镠衣锦还乡，命徐绾率领士卒兴修水利，士卒颇有怨言。镇海节度副使成及因此请钱镠停止施工，钱镠不听，徐绾反叛之心遂定。八月丙戌（十三日），钱镠因将还杭州而亲犒将校，

① 《资治通鉴》卷二六三，唐昭宗天复二年八月乙亥，第8578页。

徐绾图谋于席间刺杀钱镠未果，佯称有疾先出，钱镠由此而怀疑徐绾，命徐绾即日率所部先回杭州。第二天，钱镠也从衣锦城出发返回杭州。徐绾率兵一到州城，即焚掠郛郭以叛。武勇左都指挥使许再思以兵迎接徐绾并与之同叛。叛军兵至内城，王子钱元瑛与三城都指挥使马绰、牙将陈为等闭门以拒。在牙将潘长的打击之下，徐绾退屯龙兴寺[①]。钱镠回军到达龙泉（今余杭仓前），即有快马来报徐绾之叛。钱镠疾驰而至城北，已经无法入城，遂令成及打着钱镠的旗号与徐绾接战，自己则乘夜色“微服”至德胜门，悄然登上牙将周肃为之准备的船只，沿江至内城东北登城而进入城内，亲自指挥守城平叛：命令都监使吴璋、三城指挥使马绰守北门，内城指挥使王荣、武安都指挥使杜建徽守南门。徐绾久攻内城不下，遂派人招引宁国节度使田頵南下杭州。钱镠于是又派遣顾全武与王子钱元璙一起至广陵（今江苏扬州）游说杨行密曰：“使田頵得志，必为王（杨行密）患。王召頵还，钱王请以子传璙（即钱元璙）为质，且求婚。”“行密许之，以女妻传璙。”[②]九月，田頵果然应徐绾之邀举师前来杭州，屯兵于杭州城北，十一月，又以舟楫渡江至西陵。钱镠出兵西陵打败田頵之师，粉碎了田頵包围杭州的意图。十二月，杨行密的使者抵达杭州田頵军营，警告田頵：“尔不还师，我当以宣城授他人矣。”[③]田頵闻此，遂向钱镠索得犒军钱 20 万和质子钱元瓘（欲嫁女为钱元瓘妻）以后，罢兵返回。徐绾、许再思无法支撑，也随田頵一起去了宣城（今属安徽）。徐绾之变至此告终。

陈璋之变发生在天复四年（904）。

陈璋与徐绾一样，原为孙儒部下，兵败而降钱镠。因从征董昌有功，遂被重用。光化四年（901），迁为衢州制置使。天复二年（902），徐绾背叛钱镠，宣州田頵应徐绾之请，在杭州城北筑垒攻城。陈璋出城奋战，以破垒

---

① 龙兴寺在杭州城内北部，今市区凤起路以北、延安路以西地区多在其中。唐所建龙兴寺经幢犹存。

② 《资治通鉴》卷二六三，唐昭宗天复二年八月癸亥，第 8584 页。

③ 《吴越备史》卷一《武肃王》，《五代史书汇编》，第 6195 页。

夺地之功，擢为衢州刺史，赴州之时，钱镠亲至江干饯行。陈璋至衢州以后，渐图不轨。其时，越州客军（客军亦孙儒散卒）指挥使张洪以徐绾之党自疑，率步兵三百奔衢州，陈璋竟然将其接纳；温州将丁章逐刺史朱敖自据，田頵派使者取道衢州进行招纳，陈璋亦听其往返。钱镠因而怨恨陈璋，于天祐元年（904）十二月，密令衢州罗城指挥使叶让刺杀陈璋。不料风声走漏，陈璋乃杀叶让以叛，归降杨行密。而早此之前的天复三年（903），睦州陈询已经以州降杨行密，而此时正被钱镠所遣钱镒、顾全武、王球等所围困。同时，陈璋又来投降，杨行密大为振奋，遂于天祐二年（905）正月以歙州刺史陶雅为西南招讨使，兵临睦州，大败钱镠军，俘获钱镒、王球。接着，陶雅、陈询、陈璋等又攻下婺州、东阳、暨阳。一时间，浙西南几乎全成了淮南杨行密的天下。钱镠于是又遣方永珍前往收复。正当战争激烈展开的时候，十一月庚辰（二十六日），杨行密去世。陈询无心恋战，先自于天祐二年十二月逃奔淮南。次年正月，陶雅也引归歙州，陈璋则自婺州退屯衢州。方永珍趁机收复婺州，进围衢州。陈璋向淮南告急，淮南新主杨渥遣左厢马步都虞候周本将兵迎陈璋。周本至衢州，方永珍网开一面，听陈璋、周本离去，而后直取衢州。陈璋之变就此收场。

经过徐绾、陈璋之变，钱镠在两浙的统治得到了进一步巩固。

五、福州之战与吴越国晚期疆域的扩展

福建闽国自王审知去世以后，继立者王延翰、王鏻（延钧）、王昶（继鹏）、王曦（延羲）等皆遭弑身亡，政局一直动荡不定。后晋天福八年（943）二月，王审知第十一子王延政在建州称帝，泉州、漳州、汀州皆归属。开运二年（945）三月，福州将李仁达（弘义、弘达、达）以福州叛王延政，遂形成以建州为中心的王延政和以福州为中心的李仁达两股势力对峙的局面。而之前的天福九年（944）正月，王延政曾与南唐交恶。开运元年（944）十二月，南唐枢密副使查文徽率师攻建州。开运二年（945）七月，王延政向吴越

国求救，但在八月，建州即被攻克，王延政出降南唐。李仁达则入贡于后晋，交好于吴越，称藩于南唐。南唐因而授为威武军节度使、同平章事，还因同为姓李而编之属籍，赐名“弘义”。南唐既克建州，第二年即开运三年（946）八月，又开始进攻福州。福州垂危，李仁达向吴越求救。吴越国遣统军使张筠、赵承泰将兵3万救援，十一月潜入福州城，但不意陷入南唐的包围。四个月后的天福十二年（947）三月，钱弘佐又派遣余安自海道救福州，终获大胜。南唐兵死者2万余人，损失军资器械数十万。为了保卫福州城，钱弘佐遣东南面安抚使鲍修让将兵戍福州，以李仁达为威武节度使，复任福州。不久，李因与鲍不和，图谋袭鲍，又以福州降南唐，但很快为鲍修让所镇压。新继位的吴越国国王钱弘倧以吴程知威武节度事。后汉乾祐三年（950）二月甲申（十六日），南唐派出剑州刺史陈诲攻福州，并俘获了吴越守将马先进等。庚寅（二十二日），南唐永安军留后查文徽又至福州。见此情形，吴越知威武军吴程、指挥使潘审燔密令福州闽人诈降，南唐军果然中计，吴越乘机俘获查文徽等30余人，斩馘万计，大获全胜。

是年（后汉乾祐三年，950）六月，钱弘俶以其兄、东府安抚使钱弘偡知福州威武军事。

第三节　吴越国的建立及其相关政治制度

一、吴越国的建立

钱镠自乾符二年（875）弃农投军以后，历经镇压朱直、孙端，抵御黄巢起义军，平定刘汉宏等征战，直到景福元年（892）孙儒灭亡，次年被授为镇海军节度使、浙江西道观察处置使，才在唐末割据的局面中于浙西站稳了脚跟，接着开始向浙东发展。

乾宁三年（896）董昌灭亡以后，唐朝廷很快任命门下侍郎、同平章事王抟为同平章事，充威胜节度使（先时已升浙东观察使为义胜节度使，后改威胜军）。但是钱镠既已消灭了董昌，事实上已经占据了浙东越州、明州等地，当然不愿意再让浙东落入他人之手，于是再次上书朝廷，要求自己兼领浙东。

朝廷不得已而改王抟为吏部尚书、同平章事，于乾宁三年（896）十月，任命钱镠为镇海、镇东（改威胜军为镇东军）两军节度使，满足了钱镠兼领两浙的愿望。

乾宁四年（897）八月，唐昭宗授钱镠为镇海、镇东军节度使，浙江东、西道观察处置等使，杭州、越州刺史，上柱国，彭城郡王，复赐钱镠铁券，恕其九死。铁券全文在《枫窗小牍》卷下里有载，现全文抄录于下：

> 余向从汴中得见钱武肃王铁券，其文曰："维乾宁四年，岁次丁巳，八月甲辰朔，四日丁未，皇帝若曰：咨尔镇海、镇东等军节度，浙江东、西等道观察处置营田招讨等使，兼两浙盐铁制置发运等使，开府仪同三司，检校太尉，兼中书令，持节润、越等州刺史，上柱国，彭城郡王，食邑五千户，实封一百户钱镠：朕闻铭邓骘之勋，言垂汉典；载孔悝之德，事美鲁经。则知褒德策勋，古今一致。顷者董昌僭伪，为昏镜水；狂谋恶迹，渐染齐人。尔能披攘凶渠，荡定江表，忠以卫社稷，惠以福生灵。其机也氛祲清，其化也疲羸泰。拯永粤于涂炭之上，师无私焉；保余杭于金汤之固，政有经矣。志奖王室，绩冠侯藩。溢于旂常，流在丹素。虽钟繇刊五熟之釜，窦宪勒燕然之山，未足显功，抑有异数。是用锡其金板，申以誓词。长河有似带之期，泰华有如拳之日。惟我念功之旨，永将延祚子孙。使卿长袭宠荣，克保富贵。卿恕九死，子孙三死，或犯常刑，有司不得加责。承我信誓，往惟钦哉。宜付史馆，颁于天下。"赍券中使，则焦楚锽也。[①]

① 〔宋〕袁褧、袁颐：《枫窗小牍》卷下，《宋元笔记小说大观》，第 4776 页。

乾宁五年（898）二月，钱镠上表朝廷，请将镇海军治所由润州移于杭州，朝廷允准。

光化三年（900）五月，唐昭宗诏封钱镠为南康王。是岁，唐太子德王李裕僭立，遣使封钱镠为东安王。然而，钱镠未及受命而昭宗复位。

光化四年（901）五月，唐昭宗封钱镠为彭城王。

天复二年（902）五月，唐昭宗封钱镠为越王。

但是钱镠并不满足，认为自己“绾阖闾之封略，统句践之山河”①，地兼吴、越，要求朝廷封自己为吴越王。朝廷没有同意。天祐元年（904）闰四月，尽管由朱温（全忠）说请，唐昭宗仍只改封钱镠为吴王，加食邑二千户，实封二百户。其时因为朝廷多事，未行册封之礼。直到天祐三年（906）正月，唐哀帝才命所司择日备礼册封，并于九月遣使至杭州授钱镠吴王竹册。

天祐四年（907）四月，朱温废唐自立，改国号为大梁，改元开平。五月，进封钱镠为吴越王，加食邑二千户，实封三百户，赐号“启圣匡运同德功臣”。这满足了钱镠先前向唐朝朝廷提出过的要求，钱镠终于实现了“吴越双封，一王理事”的夙愿。② 所以当时有人劝钱镠拒命，钱镠则说：“古人有言，屈身于陛下，是其略也。吾岂失为孙仲谋耶？”③ 欣然拜而受之。

后梁开平二年（908），钱镠改元天宝，执行自己的纪元。不久，他即自称“吴越国王”④。

后梁龙德三年（923）二月，末帝朱瑱遣兵部侍郎崔协（一作晔）、刑部员外郎夏侯昭至杭州，册封钱镠为吴越国王。⑤

① 〔五代〕钱镠：《天柱观记》，《全唐文》卷一三〇，第 573 页。

② 〔五代〕钱镠：《镇东军墙隍神庙记》，《全唐文》卷一三〇，第 574 页。

③ 《吴越备史》卷一《武肃王》，《五代史书汇编》，第 6200 页；〔宋〕文莹：《湘山野录》，中华书局 1984 年版，第 35 页。

④ 贞明二年（916），钱镠撰写钟廷翰摄安吉主簿牒文时犹署“吴越王”，而龙德元年（921）西湖天真寺后灵化洞石壁题名已称“吴越国王”。参见诸葛计、银玉珍：《吴越史事编年》，浙江古籍出版社 1989 年版，第 153、171 页。

⑤ 《十国春秋》卷七八《武肃王世家下》，第 1096 页。

二、军政合一的王国体制

（一）以国王为最高统治者的政治体制

吴越国王钱镠像

吴越国的体制是唐朝后期藩镇体制的延续，是集国王和元帅于一身，以国王为最高统治者的政治体制和以元帅为最高统帅的军事体制相结合的军政合一王国体制。[①]

吴越国的国王源于朝廷的册封，钱镠本人就先后被册封过南康王、彭城郡王、越王、吴王、吴越王、吴越国王。此后，后晋于天福二年（937）四月封钱元瓘为吴越国王，于天福八年（943）十月封钱弘佐为吴越国王；后汉于天福十二年（947）八月封钱弘倧为吴越王，于乾祐元年（948）八月封钱弘俶为吴越国王。而当后梁龙德三年（923）二月钱镠被封为吴越国王的时候，“仪卫名称多如天子之制，谓所居曰宫殿，府署曰朝廷，教令下统内曰制敕，将吏皆称臣……表疏称吴越国”[②]，完全具备国家朝廷的规制。

吴越国王也建立了自己的宗庙制度，在故乡临安建有太庙。钱镠、钱元瓘、钱弘佐各有太祖、世宗、成宗等庙号。钱弘倧因为即位不久即遭废黜，而钱俶最后纳土归了宋，所以没有庙号。

钱镠还自立天宝、宝大、宝正等年号（一说还有广初）。大约自钱元瓘开始，遵循“善事中国，勿以易姓废事大之礼”祖训，才又改用中原王朝所行年号。

① 欧阳修《新五代史·十国世家年谱》序云：“予闻于故老，谓吴越亦尝称帝改元，而求其事迹不可得，颇疑吴越后自讳之。及旁采闽、楚、南汉诸国之书，与吴越往来者多矣，皆无称帝之事。”（第873页）迄今有关吴越改元的资料陆续有所发现，唯独“称帝”之事，不见任何资料。

② 《资治通鉴》卷二七二，后唐庄宗同光元年二月，第8880页。

钱镠正式建吴越国，“置百官，有丞相、侍郎、郎中、员外郎、客省等使”[①]。如杜建徽在当时曾被委任为左丞相。不过右丞相为何许人，不得而知。此外，见于记载的钱镠朝丞相还有许明；钱元瓘朝丞相有沈崧、皮光业、曹仲达、林鼎、杨岩、鲍君福（右丞相）等；钱弘佐朝丞相吴程；钱弘倧朝丞相有元德昭；钱弘俶朝丞相有吴程、元德昭、钱弘儇、裴坚、沈虎子、崔仁冀等。

临安采集的吴越国“富贵团圆”玉方牌挂件（引自《五代吴越国康陵》）

除丞相外，吴越国还设有同参相府事及权知政事、摄政事等官职。同参相府事相当于副丞相，钱元瓘朝，陆仁章、仰仁诠曾任此职；钱弘佐朝，郭师从曾任此职；钱弘倧朝，钱弘俶曾任此职；钱弘俶朝，鲍修让曾任此职。权知政事、摄政事之职，见于记载的有曹仲达为钱元瓘朝“权知政事”，钱弘佐即位之初，曹仲达又为“摄政事”。

钱弘佐像

吴越国的侍郎、郎中、员外郎、客省使亦都沿袭唐制。侍郎为隋唐尚书省吏部、户部、礼部、兵部、刑部、工部等六部次官，参掌国家行政，中

① 《资治通鉴》卷二七二，后唐庄宗同光元年二月，第 8880 页。

唐以后实际主持各部事务。郎中为唐朝尚书省六部诸司长官，分曹处理政务。员外郎为隋唐尚书省六部诸司次官，协理司务。客省使，唐代宗时始置，为客省（唐代宗时设置，以处四方使者及奏计）长官，掌接待奏计及外族使者。

（二）以元帅为最高统帅的军事体制

钱镠及其继承者在吴越国，既是吴越王、吴越国王，也是吴越国的元帅、都元帅、大元帅，既是政治上的最高统治者，也是军事上的最高统帅，尽管在名义上都是由中原王朝所授予。如钱镠在贞明二年（916）七月被授予诸道兵马元帅，贞明三年（917）十月被授予天下兵马都元帅。钱元瓘在清泰三年（936）十二月被授为天下兵马副元帅，天福四年（939）八月为天下兵马元帅，天福五年（940）三月为天下兵马都元帅。钱弘佐在开运二年（945）十二月被授为东南面兵马都元帅，天福十二年（947）五月为诸道兵马都元帅。钱弘俶在乾祐元年（948）八月被授为东南面兵马都元帅，乾祐三年（950）十月为诸道兵马都元帅，广顺二年（952）二月为天下兵马元帅，显德元年（954）七月为天下兵马都元帅，建隆元年（960）四月为天下兵马大元帅。

黄岩灵石寺塔出土的五代吴越国铭文砖
（引自《吴越胜览：唐宋之间的东南乐国》）

元帅为总辖军务、职掌征伐的最高军事长官。吴越国历史上所有军务、征伐等事，无不令出钱镠、钱元瓘等“元帅”。

元帅设有元帅府，并置各级官吏。后梁于贞明三年（917）授钱镠各子官爵之后，即“诏诸道兵马元帅府开幕除吏，一同天策上将军府故事”[①]。所谓“一同天策上将军府故事”，即可以如天策上将军府那样“置长史、司马各一人，从事中郎二人，并掌通判府事。军谘祭酒二人，谋军事，赞相礼仪，应接宾客。典签四人，掌宣传导引之事。主簿二人，掌省覆教命。录事二人，记室参军事二人，掌书疏表启，宣行教命。功、仓、兵、骑、铠、士六曹参军各二人，参军事六人”[②]，是一个不小的机构。既然诏令诸道兵马元帅开府置官司“一同天策上将军府故事”，说明吴越国的元帅府可以或者已经设置了以上这些属官。此外，见于记载的元帅府属官还有元帅府判官（如皮光业、陈彦禧）、元帅府掌书记（如黄夷简）、元帅府都押衙（如王承益）、元帅府府库使（如王某）、元帅府典谒（如沈韬文）等。[③]

吴越国元帅开府置官，由此遂形成以元帅为首的军事体制。而作为最高军事长官的元帅同时又为国王，从而又使得军政合而为一。

三、地方政区制度

（一）州（府）、县地方政区制度

吴越国的地方政区以州统县。

县是吴越国地方政区的基层组织。县的长官为县令。

县下还有镇、戍，设有镇将、戍将。镇、戍虽为军事需要而设，但也管辖一方之地。

州是吴越国县以上一级地方政区，上隶王国而下领县。州的长官为刺史。唐朝末年，州还有制置使之设。制置使本为一州的军事统辖者，钱镠利用自

① 《吴越备史》卷一《武肃王》，《五代史书汇编》，第 6209 页。

② 《资治通鉴》卷一八九，唐高祖武德四年十月胡三省注，第 5931 页。

③ 何勇强：《钱氏吴越国史论稿》，第 184—198 页。

己杭越管内都指挥使的权力，因军事上的需要而临时任命部属担任州制置使，实际上成为各州真正的地方长官。进入五代以后，随着钱镠统治地位的确立，才以刺史为一州主要长官。

与州为同级的还有军、府。

军有安国衣锦军，名称源于后梁所赐安国县衣锦乡。因其地为钱镠发祥之地，所以虽仅一县之地，地位比之于州，设副指挥使或防遏都指挥使领之。

吴越国设府始于后梁开平二年（908），时升杭州、越州为大都督府。吴越国以杭州为国都，遂称西都、西府；以越州为陪都，遂称东都、东府（或会稽府）。杭州、越州系吴越国国都、陪都，又为大都督府治所，所以地位比一般州要高。后梁以钱镠为杭、越等州大都督府长史，则大都督府长史为府的实际长官。此外，嘉兴县有钱林村，"吴越钱王镠微时，有旧馆于此，后贵，改为祖祠"[①]，钱镠遂按唐朝故事，于吴越宝大元年（后唐同光二年，924）在嘉兴县置开元府，并割华亭、海盐二县属之。但开元府历时不长，后唐长兴三年（932）三月即为钱元瓘所罢，8年后的后晋天福五年（940）又置为秀州。

（二）州（镇）、道（镇）制度

随着割据形势的发展和军事上的需要，吴越国于后梁贞明三年（917）三月在苏州置中吴军节度使（宋开宝八年即975年改为平江军节度使），于后晋天福四年（939）五月在温州置静海军节度使，同年九月又在婺州置武胜军节度使。后汉天福十二年（947）十二月，福州归属吴越国，遂于其地置威武军节度使（后改威胜军，又改为彰武军）。后周显德六年（959）二月，在湖州置宣德军节度使（唐曾于湖州置忠国军，乾宁四年即897年九月归并钱氏后军废，此时复置军）。[②]此外，吴越国（钱镠时）还在明州置望海军（宋建隆二年即961年改为奉国军节度使），在台州置德化军节度使（唐光启二年

① 〔元〕徐硕：《至元嘉禾志》卷一一《寺院》"证圣院"条，《宋元方志丛刊》，中华书局1990年版，第4488页。

② 朱玉龙：《五代十国方镇年表》，中华书局1997年版，第479—536页。

吴越国境图（临安博物馆藏）

即886年或光启三年置，吴越国因之）。所有这些军节度使虽然始置时间有先有后，但都延续到太平兴国三年（978）吴越国“纳土归宋”之时，存在时间最长者达92年，最短者也有19年。也就是说，吴越国与其“中央”的军政合一王国体制相对应，在地方也建立军政合一的体制。

如果按唐朝惯例将这些军节度使称为藩镇的话，这些军也就成了州（镇）一级地方政区。

吴越国境内自唐朝后期以来，已经形成了以镇海军节度使和镇东军节度使分领浙江西道、浙江东道的行政区划，形成了道（镇）、州、县三级政区制度。唐末乾宁四年（897），唐昭宗授钱镠为镇海、镇东两军节度使。此后，五代朝廷依例以吴越国王为镇海、镇东两军节度使。按照唐制，节度使例兼辖区内驻地州（即治所所在地的州）刺史，并称该州为都府，他州为支郡。吴越国国王按例以自己镇杭州（镇海军节度使治所），以安抚、观察、节度副使治越州（镇东军节度使治所）。这一现象，就五代朝廷而言，吴越国境内仍以浙东、浙西分道而治，仍是道（镇）、州、县三级政区制度。但是因为安抚、观察、节度副使毕竟不是节度使正职，而担任正职的吴越国国王又是吴越国的最高统治者，所以就吴越国而言，其地方政区实为州（府、镇）、县两级政区制度。

吴越国政区表

道（节度使镇）名	府州名	领县	简况
镇海军	西府（西都），杭州大都督府，镇海、镇东军节度使治	钱塘	后晋天福七年改名钱江。后晋灭亡后别置钱塘县，以原钱塘、盐官二县各半置钱江县
		钱江	后梁龙德二年又以富春县长寿、安吉二乡入钱江县
		盐官	
		余杭	
		富春	原名富阳，开平二年（或四年）改富春
		桐庐	原属睦州，光化三年来隶
		於潜	
		新登	原名新城，开平元年改新登
		横山	原名唐山，开平二年八月改吴昌，三年（或四年）改金昌，后唐复改吴昌，后晋时改横山（今临安昌化）
		武康	原属湖州，开平元年来隶
		南新场	乾德五年置
	安国衣锦军	安国	开平二年，改临安县为安国县，太平兴国三年，复为临安县
	开元府，秀州（钱镠宝大元年置开元府，后唐长兴三年钱元瓘罢府，改隶苏州，后晋天福五年置秀州）	嘉兴	原隶苏州，唐末改隶杭州，宝大元年隶开元府，长兴三年复隶苏州，天福五年改隶秀州
		海盐	原隶苏州，唐末改隶杭州，宝大元年隶开元府，长兴三年复隶苏州，天福五年改隶秀州

续 表

<table>
<tr><th>道（节度使镇）名</th><th>府州名</th><th>领县</th><th>简况</th></tr>
<tr><td rowspan="17">镇海军</td><td rowspan="2">开元府，秀州（钱镠宝大元年置开元府，后唐长兴三年钱元瓘罢府，改隶苏州，后晋天福五年置秀州）</td><td>华亭</td><td>宝大元年隶开元府，长兴三年隶苏州，天福五年改隶秀州</td></tr>
<tr><td>崇德</td><td>天宝三年析嘉兴、海盐、华亭三县部分地置，隶苏州，天福五年改隶秀州</td></tr>
<tr><td rowspan="5">苏州，中吴军节度使治</td><td>吴县</td><td></td></tr>
<tr><td>长洲</td><td></td></tr>
<tr><td>昆山</td><td></td></tr>
<tr><td>常熟</td><td></td></tr>
<tr><td>吴江</td><td>开平三年闰八月析吴县南境及嘉兴北境部分地置</td></tr>
<tr><td rowspan="4">湖州，宣德军节度使治</td><td>乌程</td><td></td></tr>
<tr><td>德清</td><td></td></tr>
<tr><td>安吉</td><td></td></tr>
<tr><td>长兴</td><td>原长城县，开平二年改长兴</td></tr>
<tr><td rowspan="5">睦州</td><td>建德</td><td></td></tr>
<tr><td>寿昌</td><td></td></tr>
<tr><td>遂安</td><td></td></tr>
<tr><td>分水</td><td></td></tr>
<tr><td>青溪</td><td></td></tr>
<tr><td>镇东军</td><td>东府（东都），越州大都督府，镇海镇东节度副使、安抚使、观察使治</td><td></td><td></td></tr>
</table>

续　表

道（节度使镇）名	府州名	领县	简况
镇东军	东府（东都），越州大都督府，镇海、镇东节度副使、安抚使、观察使治	山阴	
		诸暨	唐末曾改名暨阳，后梁廾平二年（或四年）改诸暨
		赡县	原名剡县，天福五年改赡县
		余姚	
		萧山	
		上虞	
		新昌	天福五年析原剡县十二乡（或十三乡）置
	明州，奉国军节度使治	鄞县	原鄮县，开平三年改鄞县
		奉化	
		慈溪	
		象山	
		望海	后梁开平三年析鄞县海埂之地置，宋太平兴国初改定海
		（翁山）	此据《十国春秋·十国地理表》《吴越钱氏志》。《太平寰宇记》作大历六年因袁晁据此而废。《唐会要》作广德元年因袁晁据此而废
	台州，德化军节度使治	临海	
		黄岩	
		台兴	原名唐兴，开平二年改天台，三年改新兴，后唐时复名唐兴，天福七年改为台兴，建隆二年改曰天台

续 表

道（节度使镇）名	府州名	领县	简况
镇东军	台州，德化军节度使治	永安	原名乐安，五代时改永安
		宁海	
	温州，静海军节度使治	永嘉	
		瑞安	原名安固，唐末（或后梁）改瑞安
		平阳	原名横阳，后梁乾化时改平阳
		乐清	原名乐成，开平二年改乐清
	处州	丽水	
		龙泉	
		遂昌	
		缙云	
		青田	
		白龙	原名松阳，开平四年改长松，天福四年改白龙
	衢州	西安	
		龙游	
		江山	
		常山	
	婺州，武胜军节度使治	金华	
		东阳	
		义乌	

续　表

<table>
<tr><th>道（节度使镇）名</th><th>府州名</th><th>领县</th><th>简况</th></tr>
<tr><td rowspan="18">镇东军</td><td rowspan="4">婺州，武胜军节度使治</td><td>兰溪</td><td></td></tr>
<tr><td>永康</td><td></td></tr>
<tr><td>武义</td><td>原名武成，唐天祐末改武义</td></tr>
<tr><td>浦江</td><td>原名浦阳，开平四年（或贞明三年）改浦江</td></tr>
<tr><td rowspan="14">福州，彰武军节度使治</td><td>闽县</td><td></td></tr>
<tr><td>侯官</td><td></td></tr>
<tr><td>长溪</td><td></td></tr>
<tr><td>长乐</td><td></td></tr>
<tr><td>连江</td><td></td></tr>
<tr><td>永昌</td><td>旧为福唐，开平二年改永昌，同光元年改福唐，天福七年改南台，后改福清</td></tr>
<tr><td>古田</td><td></td></tr>
<tr><td>永泰</td><td></td></tr>
<tr><td>闽清</td><td></td></tr>
<tr><td>永贞</td><td></td></tr>
<tr><td>宁德</td><td></td></tr>
<tr><td>尤溪</td><td>《太平寰宇记》卷一〇〇南剑州尤溪县云：“属福州，伪唐保大六年割属剑州。”</td></tr>
<tr><td>德化</td><td>《太平寰宇记》卷一〇二泉州德化县云：“元属福州，伪命日置，庚戌年归属当州。”</td></tr>
</table>

第四节　吴越国治国策略

五代十国时期是一个分裂割据时期。各国割据势力一方面不断地互相争战攻伐，另一方面都在努力地保全发展自己，并由此而形成各自的治国策略。吴越国钱镠在多年的争战和治国实践中，也逐渐形成了一套治国策略。其主要内容可概括为：立足两浙，尊奉中原；远交近攻，对抗淮南；发展生产，保障国用；广建城池，加强防御。

一、立足两浙，尊奉中原

立足两浙，尊奉中原，是钱氏吴越国的立国宗旨。与唐末五代大多数割据者志在割据统治某个地区，并无统一整个中国宏愿一样，钱镠志在割据两浙，称王于吴、越，进而占有淮南，建立一个一统王朝的东南藩国。

钱镠真正的割据生涯始于唐僖宗光启三年（887），其时钱镠以平定刘汉宏功，被任命为杭州刺史、杭越管内都指挥使。但此时的杭州还只是一般的州城，两浙地区的政治、经济、文化中心仍在润、越两州。钱镠占有杭州以后，即于唐昭宗大顺元年（890）筑杭州夹城，景福二年（893）又筑杭州罗城。杭州地处钱塘江畔，北可以制苏州，东可以通越州，南可以下闽粤。正如罗隐代钱镠所作《杭州罗城记》所说："东眄巨浸，辏闽粤之舟橹；北倚郭邑，通商旅之宝货。……千百年后，知我者以此城，罪我者亦以此城。"其长远目的在于取代润、越二州，为割据两浙做准备。

唐昭宗乾宁二年（895），割据浙东的董昌在越州称帝，国号大越罗平，改元顺天。钱镠通过平定董昌之乱，占据了浙东，并被唐昭宗任命为镇海、镇东两军节度使，兼有了浙东、浙西两浙之地。钱镠在兼有两浙以后，自认为"绾阖闾之封略，统句践之山河"[①]，曾要求唐朝政府封自己为吴越王，但是没有如愿。

① 〔五代〕钱镠：《天柱观记》，《全唐文》卷一三〇，第573页。

天祐四年（907）四月，朱温（全忠）代唐建立后梁。五月，后梁遣使进封钱镠为吴越王，“客有劝王拒命者，王笑曰：‘吾岂失为孙仲谋邪！’遂受之。镇海节度判官罗隐亦劝王举兵讨梁，王心义之而不从”[①]。实际上“吴越王”之称乃是钱镠多年的夙愿，他在《镇东军墙隍神庙记》云：“今当吴越双封，一王理事，亦仗土地阴骘，冥力护持，神既助今日之光荣，予亦报幽灵之焕耀。”[②]喜形之色，跃然纸上。

钱镠直到临终之前，还告诫子孙“十四州百姓，须用敬信节爱，使民之道，善为抚辑”[③]。“十四州百姓，系吴越之根本”[④]，仍以两浙为限。

钱镠的继承者钱元瓘、钱弘佐，曾经先后有两次建州之役和两次福州之役。

第一次建州之役，发生在后唐长兴四年至清泰元年（933—934）。其时，闽国王延钧在位，国计使薛文杰图谋建州土豪吴光资财，吴光向吴国求援，吴国信州刺史蒋延徽发兵进攻建州，王延钧则向吴越求救。蒋延徽得悉闽国后援及吴越国救兵将至，引兵而退（实际上吴越国是否出兵及出兵情况不得而知）。第二次建州之役发生在后晋天福五年（940），此前王曦（延羲）即闽国王位。天福五年正月，其弟建州刺史王延政举兵反。王曦（延羲）出兵包围了建州，王延政遂向吴越国求救。吴越国丞相林鼎累次上疏，极力劝阻，钱元瓘不听，派仰仁诠、薛万忠率兵 4 万相救。救兵未至而王延政已经兵胜围解。吴越兵至建州，王氏兄弟担心吴越对建州有所图谋，反而联合攻打，吴越兵败而归。第一次福州之役发生在开运三年至天福十二年（946—947），其时南唐已入闽国。闽国李仁达（时更名达）据福州，并派遣徐仁宴、李廷谔出使吴越，奉表称臣，请求出兵。钱弘佐“召诸将计事，诸将皆不欲行，惟内牙都监使水丘昭券以为当救。王曰：‘唇亡齿寒，《春秋》明义。吾为

① 《十国春秋》卷七七《武肃王世家》，第 1077 页。

② 《全唐文》卷一三〇，第 574 页。

③ 《钱氏家乘》卷五《年表》，第 126 页。

④ 《钱氏家乘》卷六《家训·武肃王遗训》，第 141 页。

天下元帅，曾不能恤邻难，将安用之……’”[①] 十月派遣张筠、赵承泰统兵3万，水陆救福州。十一月潜入福州城，结果陷入南唐军队的包围之中。四个月后的天福十二年（947）三月，钱弘佐又派遣余安自海道救福州，大破南唐兵。之后遣东南安抚使鲍修让将兵戍福州。第二次福州之役发生在后汉乾祐三年（950）。是年春二月甲申（十六日），南唐剑州刺史陈诲攻打福州，俘吴越守将马先进等。庚寅，南唐永安军留后查文徽至福州，吴越知威武军吴程、指挥使潘审燔令福州闽人诈降，乘机俘获查文徽及南唐行军判官杨文宪等30余人，斩馘万计，陈诲败走，从而切实占据了福州。

上述两次建州之役和两次福州之役，均已超越两浙范围，似乎有悖祖训，但是实际上这四次战争都与吴越国宿敌南唐有关，或者直接就跟南唐作战。即便如此，仍有人以不合“天文人事”为由持反对意见，决策者仍以“唇亡齿寒”“恤邻难”为出师之名。虽然未详“天文人事”究竟说了些什么，但应该也包括地域因素在内。而“唇亡齿寒”“恤邻难”则就非常明确地将建州、福州视为吴越国两浙之外的邻邦了。可见钱镠“立足两浙”的思想影响之深远。

尊奉中原是“立足两浙”策略的出发点，是藩镇政治之下儒家“大一统”思想的发展。还在五代之前，钱镠即以唐朝忠臣自居。唐昭宗乾宁二年（895），占据浙东的董昌在越州（今绍兴）称帝，并移书钱镠。钱镠首先以唐朝镇海军节度使、开国公的身份致书劝谏云：

> 窃镠与节度同起布衣，均膺组绶。既受皇家厚禄，宜尽臣下微忱。《诗》曰：“大邦维翰。”《书》曰：“以蕃王室。”惟屏惟翰，正我辈报国之职也。方今天子宽仁，在廷忠恕。我辈御巢微劳，伐宏寸录，过蒙拔擢，位至公王，感难胜任，愧无以酬。何期麾下壮志未满，别有所图。始则阴谋微露，疑信相参；今则僭号俨加，神人共忿。与节度生同里，起同时，又有寅恭之谊，相好之情。心有不忍，谊难缄

① 《十国春秋》卷八〇《忠献王世家》，第1140页。

默，敬奉一言以劝曰：与其闭门作天子，使九族、百姓受涂炭，不如开门为节度，俾子孙富贵无忧。祸福去取，惟节度裁之。如以镠言为然，及早改悔，仍尽臣节，尚可及矣。谨劝。[①]

言辞间，表示了对唐朝忠心耿耿。在实际掌握了浙东以后，钱镠上表请求唐昭宗任命自己为镇海、威胜两军节度使。

钱镠似乎也一直没有将自己视为匡国济时、经天纬地的天子类人物。据说钱镠扩建牙城时，曾有术士劝说："王若改旧为新，有国止及百年。如填筑西湖以建府治，垂祚当十倍于此。"钱镠答曰："岂有千年而天下无真主者乎？有国百年，吾所愿也。"[②]又据说在朱温（全忠）篡唐态势日益明显，各地割据者渐萌称帝之志的时候，也曾有人劝钱镠称帝，但钱镠笑曰："尔等自坐于炉炭之中，而又欲踞吾于上耶？吾以去伪平贼微劳，获蒙天子酬庸之命，至于封建车服之制，悉有所由，岂图一时之利，波靡于尔辈耶？"他断然拒绝，"并劝仍宜守臣节，切勿自大"。[③]钱镠建国，"仪卫名称如天子之制，谓所居曰宫殿，府署曰朝廷，教令下统内曰制敕，将吏皆称臣"[④]，并且使用自己的年号，但却始终没有称帝。古代流传的吴越国文献不在少数，吴越国出土文物也已有相当数量，但是迄今为止，尚未发现钱镠及其子孙尝有称帝者。

吴越国对于中原王朝贡献之丰可谓史不绝书，这也是吴越国尊奉中原的重要方面。史载钱镠"勤修职贡，航深梯险，道路相望"[⑤]。钱元瓘"每陈贡输，常逾万亿"[⑥]。钱弘俶更是"倾其国以事贡献"[⑦]，"吴越贡道，始自淮南饶、

① 《钱氏家乘》卷八《遗文·劝董昌仍守臣节书》，第187—188页。

② 〔明〕田汝成：《西湖游览志余》卷一《帝王都会》，上海古籍出版社1958年版，第6页。

③ 《钱氏家乘》卷五《年表》，第121页。

④ 《资治通鉴》卷二七二，后唐庄宗同光元年二月，第8880页。

⑤ 〔五代〕吴蜕：《镇东军监军使院记》，《全唐文》卷八二一，第3835页。

⑥ 〔五代〕和凝：《吴越文穆王钱元瓘碑铭》，《全唐文》卷八五九，第3992页。

⑦ 《新五代史》卷六七《吴越世家》，第844页。

信之间至虔州，出湖南马氏境，而入京师。梁贞明四年，淮人据虔州，贡道遂绝，由是航海入贡”[①]，即航海至登（今山东蓬莱）、莱（今山东莱州）二州，再西入京师。

当然所有这些贡献并不完全出于心甘情愿，其中也包含着博取中原王朝对其藩镇两浙支持的意思。如钱镠在初授镇海军节度使时，令沈崧草拟谢表，沈崧在草表中大谈浙西繁富，罗隐看后曰：“今浙西兵火之余，日不暇给，朝廷执政方切于贿赂，此表入奏，执政岂无意要求邪？”遂改谢表曰：“天寒而麋鹿常游，日暮而牛羊不下。”朝廷见之曰：“必罗隐辞也。”[②]双方都心照不宣。可见中原王朝向地方藩镇索要贡献实属平常。但是尽管如此，而且贡道漫长而艰险，费用和徭役陡增，吴越国依然不停止向中原王朝贡奉，中原王朝因此也善待吴越。

不过，钱镠尊奉中原的做法也不是没有原则的，原则就是不损害其藩镇两浙的地位和权力。例如天成四年（929），后唐明宗李亶（嗣源）听信枢密使安重诲等人的挑拨，削夺了钱镠的爵位。钱镠毫不示弱，一方面上表申辩，另一方面针锋相对地予以回击。其时，后唐出使闽地的使者吏部郎中裴羽、右散骑常侍陆崇等遇海风漂流而至吴越，钱镠扣留了使者，“留于钱塘，经岁不得归”，以致陆崇病死吴越。[③]钱镠与后唐的这一矛盾，最终还是以后唐诛杀安重诲，赐钱镠以“不名之礼”而告结束。

钱元瓘（传瓘）是接受钱镠嘱咐、继续执行尊奉中原的第一人。其继位以后，一方面接受后唐的进封，并取消吴越国自己的年号，尊后唐年号为吴越国年号。后晋取代后唐以后，又及时接受后晋的进封和年号。但是另一方面，钱元瓘又遣使劝徐知诰称帝。天福四年（939），徐知诰改“大齐”为“唐”（史称“南唐”），并恢复李姓改名昪，钱元瓘即遣左卫上将军沈韬文前去祝贺。钱元瓘如此动作，至少在名分上已将后晋降到了大齐（南唐）的地位。

① 《吴越备史·图考》，清光绪二十一年（1895）钱塘丁氏嘉惠堂重刊本。

② 《十国春秋》卷八四《罗隐传》，第1218页。

③ 《旧五代史》卷一二八《裴羽传》及校勘记，第1690、1695页。

钱元瓘像

而其之所以如此，当然还是出于吴越国的利益考虑。钱元瓘的继任者钱弘佐对于“尊奉中原”的理解甚至超脱了“华夷之辨”，将“中国”的概念扩展到了契丹。当辽朝耶律德光在会同十年（947）正月攻灭后晋的时候，钱弘佐一度奉辽朝为正朔，改用“会同”年号。吴越国在钱弘俶即位以后，先后奉后汉、后周及北宋为正朔，甚至不远千里，亲自进京觐见宋帝，在国“视事移座于东偏。谓左右曰：‘西北者，神京所在。天威不违颜咫尺，某岂敢宁居乎？’”[①] 直至最后“纳土归宋”。吴越国至钱弘俶时“纳土归宋”，既是北宋统一中国形势发展之必然，也是自钱镠以来一脉相承的尊奉中原策略发展之必然。

二、远交近攻，对抗淮南

五代时期，淮南是吴越国企图夺取的地方，更是吴越国的宿敌，最大的威胁。远交近攻、对抗淮南是吴越国的基本军事策略。

实际上，吴越国尊奉中原也是“远交近攻”策略的一部分。后梁代唐之初，钱镠的文武官员曾经谏言举兵讨伐，然而钱镠却说：“斯言罗隐早已言及，吾亦筹之熟矣。奈兴兵征讨，必动干戈，且兼淮氛未靖，湖州初平，吾若外

---

① 《吴越备史·补遗》，《五代史书汇编》，第 6268 页。

讨，彼必乘虚滋扰，百姓必遭涂毒。古人有言：‘屈身于陛下，是其略也。’吾以有土有民为主，故不忍兴兵杀戮耳。”[①]钱镠经过深思熟虑，最后决定接受后梁封号，不给淮南以可乘之机，远交后梁而近攻淮南。

就在钱镠接受后梁晋封的第二年（908），钱镠即以“淮寇终为巨患，欲速平之，命（王）景仁奉表至阙，面陈水陆之计，请合禁旅”[②]，策划共讨杨吴。同年九月，后梁以寇彦卿为东南面行营都指挥使，率师攻打杨吴以援吴越。虽然后梁此次兵败而归，但是它对吴越终究还是尽了责。贞明五年（919）三月，后梁进攻吴国，“诏吴越王镠大举讨淮南”，钱镠积极配合，“以节度副大使（钱）传瓘为诸军都指挥使，帅战舰五百艘，自东洲击吴”，大战狼山江（今江苏南通南狼山附近长江），七月又遣钱元瓘“将兵三万攻吴常州”[③]。这是吴越国与吴国之间最激烈的战争之一，也是钱镠“远交近攻”策略的第一次实践。

此后，吴越国每每借重远在北方的中原朝廷的力量，以制约近在咫尺的淮南。钱弘俶时期尤为频繁。如后周广顺二年（952），钱弘俶曾派遣使者间道至于后周，请其出师进攻南唐。接踵而至的后周与南唐间连续几年的战争实始于此。又如显德三年（956），后周世宗亲征南唐，“（钱弘）俶遣兵屯境上以俟周命”。周世宗诏吴越国分路进攻常州、宣州。其时，吴越丞相吴程请命出击常州，另一位丞相元德昭认为“唐大国，未可轻也。若我入唐境而周师不至，谁与并力，能无虑乎”，反对出兵。但钱弘俶还是遣兵出击，配合周军。[④]在北宋消灭南唐的过程当中，吴越国也起了很重要的作用，直到最后为北宋所利用，由远交近攻而至“纳土归宋”。

“吴越东滨海，西南一面当福州王氏，地小力微，不敢为害，独西、北二面皆淮南之地，兼之悍臣，两相构煽，遂无宁岁。”[⑤]吴越国的远交近攻，

① 《钱氏家乘》卷五《年表》，第121页。

② 《旧五代史》卷二三《王景仁传》，第318页。

③ 《资治通鉴》卷二七〇，后梁均王贞明五年三月至七月，第8843—8846页。

④ 《资治通鉴》卷二九二，后周世宗显德三年二月，第9540页。

⑤ 《吴越备史·图考》，清光绪二十一年（1895）钱塘丁氏嘉惠堂重刊本。

其目的是对抗淮南，除了尊奉中原以外，与楚、蜀、南汉等藩国也都保持着友好关系。为了与楚国建立和睦关系，钱镠于后梁贞明六年（920）十二月，遣使为其子钱元璙（一作元琇）求婚于楚王马殷，次年七月，楚王马殷遣使送女至钱塘与钱元璙完婚，元璙死，马氏寡居。后晋天福六年（941），南汉在征得楚国同意以后，遣使到吴越求娶钱元璙遗孀马氏为刘龑继室，时为吴越国王的钱元瓘征求马氏意见，马氏不从，遂终老吴越国。

南汉王刘龑在其即位不久的后梁乾化四年（914），即遣供军巡官陈用拙出使吴越，并奉礼币，请以兄事钱镠云："高祖新袭，欲与吴越约为兄弟，令使者奉礼币至，请以兄事，愿奉邻欢，要于永好。"钱镠大喜，纳其礼币，从而缔结了两国的友好关系。此后的贞明五年（919），后梁命钱镠伐南汉，"镠虽受命，竟不行"[①]，拒绝出兵，维护了吴越与南汉两国的友好关系。

又据宋人张唐英《蜀梼杌》卷下"孟昶"条云："（清泰）三年四月，吴越遣使来聘。十月，遣使报聘。"明嘉靖《宁波府志》卷四二《仙释》云："蒋宗霸，周显德初人，为人慈善温谨，口诵摩诃，乡人称之曰蒋摩诃。时岳林有布袋和尚，摩诃心异之，与之处……后越帅遣介过蜀，遇布袋道中。"可见吴越国与蜀国也有友好关系。

闽国虽然也为吴越国的近邻，但不是吴越国的对抗目标，而且因闽和吴越同样受到淮南的威胁，所以两者关系更为密切。还在唐昭宗景福二年（893）福建观察使陈岩部将王潮与陈岩妻弟范晖争夺福州之时，身为威胜节度使的董昌派兵支援范晖。结果范晖兵败，后来死于海人之手。乾宁三年（896），钱镠又消灭了董昌，王潮、钱镠分别统一了闽、浙。类似的经历和共同的敌人（董昌）使得王潮和钱镠建立起了友好关系，并通过钱镠表奏，唐昭宗授王潮为"本道廉察及泉州符印"[②]。后梁贞明二年（916），钱镠又为子钱元珦娶王氏女为妻，进一步密切了吴越与闽的关系。

吴越国远交藩国，一方面固然促进了相互间经济文化的交流和发展，另

① 《资治通鉴》卷二七〇，后梁均王贞明五年九月丙寅，第 8849 页。

② 〔五代〕钱昱：《忠懿王庙碑文》，《全唐文》卷八九三，第 4135 页。

一方面则建立了共同对抗淮南的战略伙伴关系。与前者相比，这在当时更为重要，也是吴越国“远交近攻”的最高目的。事实上，后梁开平元年末二年初（908）信州之役［当时吴国进攻信州，守将危全讽之弟危仔倡（一作仔昌）向吴越求救，钱镠出师赴援］期间，后梁朱温（晃）、吴越钱镠、湖南马殷、荆南高季昌、江西危全讽为军事联盟；开平二年至三年（908—909）苏州之役（吴国进攻吴越苏州）期间，朱温对吴越国施以援救；后梁贞明四年（918）虔州之役（吴国进攻谭全播所据虔州），楚、闽、吴越三国联盟分别发兵援救；等等。这些都在不同程度上给了淮南以打击和牵制。吴越国的“远交近攻，对抗淮南”策略是收到效果的。

吴越国与吴国之间连绵的战争，大致可分为四种情况：一为吴国进攻其他藩国时，钱镠对其他藩国发兵相助。如开平元年末二年初的信州之役与贞明四年（918）的虔州之役。二为吴越国内部发生叛乱时，吴国支持叛乱。如开平三年（909）湖州刺史高澧叛乱，吴国常州刺史李简等将兵应之，高澧兵败，率麾下5000人在吴军护送下投奔吴国。三为吴国主动进攻吴越。如开平二年至三年苏州之役，吴国遣步军都指挥使周本、南面统军使吕师造击吴越，九月兵围苏州，吴越守将孙琰坚守，钱镠又遣牙内指挥使钱镖、行军副使杜建徽等将兵往救，内外合击，大破吴军；又如乾化三年（913）千秋岭之役（千秋岭位于浙江临安北境与安徽宁国之间，地当浙皖两省交界处），吴行营招讨使李涛率众两万攻安国衣锦军，于千秋岭为钱元瓘所败，李涛及士卒3000余人被俘。四为吴越国主动进攻吴国。如乾化三年九月潘葑之役，钱镠遣其子钱元瓘、钱元璙、钱元璞等攻吴常州，于无锡潘葑为吴国徐温、陈祐所败，损失惨重；又如贞明五年（919）四月狼山江之役，钱镠奉后梁之诏，命钱元瓘为诸军都指挥使，率战舰500艘击吴，与吴将彭彦章战于狼山江，彭彦章兵败自杀，吴军被斩千余人，裨将被俘70人；再如同年七月无锡之役，钱镠遣钱元瓘将兵3万攻吴常州，在无锡为吴国徐温、陈璋所败，军士被斩万级。由此可见，杨氏固有兼并两浙之志，钱氏未必没有灭吴企图。据说诗僧贯休曾投诗钱镠：

贵逼身来不自由，几年勤苦蹈林丘。
满堂花醉三千客，一剑霜寒十四州。
莱子衣裳宫锦窄，谢公篇咏绮霞羞。
他年名上凌烟阁，岂羡当时万户侯。[①]

钱镠赞赏之余，要求将“十四州”改为“四十州”。贯休云：“州亦难添，诗亦难改，闲云孤鹤，何不可飞！”[②]而“四十州”之数必得两浙与吴国两者相合才能凑成其数，这不能认为只是一种巧合。但就当时两国的实力而论，杨吴要灭两浙，难；吴越要灭杨吴，更难。所以，钱镠即便有兼并杨吴的企图，首先也必须谨防杨吴。因此远交而近攻，更主要的目的在于保全自己。

三、发展生产，保障国用

战争是政治的最高表现形式，也是作战双方综合实力的较量。在五代十国这一特殊的历史时期，各地的财政支出都大幅度增加。吴越国的财政支出主要有军费、进贡及贵族官僚们的高消费等方面。

其时，吴越国用于军事方面的费用是一项难以计量的财政支出。钱镠自称“垂五十余年，身经数百战”[③]。据记载，自 907 年钱镠被封吴越王起，至 960 年北宋建立为止的 50 余年当中，有战事的年份占 22 年，其中钱镠时代 10 年，钱元瓘时代 3 年，钱弘佐时代 2 年，钱弘倧时代 1 年，钱弘俶时代 6 年，贯穿吴越国历史的始终。

吴越国的军队，以钱弘俶“纳土归宋”时为例，有 550680 户，有兵 115036 人，平均大概每 5 户负担士兵 1 名。战争的消耗，兵士的给养，加上大量城壕等

① 《十国春秋》卷一一五《拾遗》，第 1745 页。此诗八句，多有异文，如第二句有作“龙骧凤翥势难收”，第五至七句有作“鼓角揭天嘉气冷，风涛动地海山秋。东南永作金天柱”，等等。

② 《十国春秋》卷四七《贯休传》，第 670 页。

③ 《钱氏家乘》卷六《家训·武肃王遗训》，第 141 页。

军事工程的建筑，战舰、兵器的制造等，无疑是一笔巨额支出，而且还要对将士进行赏赐。开运三年（946），钱弘佐曾“欲铸铁钱，以益将士禄”，钱弘亿等人反对，反对的理由中有一条说“禄赐有常，无故益之，以启无厌之心”[①]。虽然铁钱后来没有铸成，但是无论是铸钱的理由和反对的理由，都从侧面反映了吴越国对于将士赏赐数额之巨。

吴越国向中原王朝交纳的贡品及为贵族官僚提供习以成例的高额消费，也是巨大的财政支出。前者已如前述，兹不赘言，后者以钱弘倧为例。钱弘倧为钱元瓘第七子，忠献王钱弘佐之弟，于天福十二年（947）六月丙寅（十三日）即吴越国王位，同年十二月庚戌（三十日）为内衙统军胡进思所废，另立钱弘俶为王。钱弘俶将钱弘倧徙居东府（今绍兴），“命东府以官物充王（钱弘倧）取给；西寝之后，即卧龙山，为王置园亭于上，栽植花木，周遍高下。遇良辰美景，王被道士服，拥伎乐，旦暮登赏。每元夜，张灯遍于山谷，用油数千斤；七夕，结彩楼于山巅。诸节时费用称是。王常于山亭击鼓，声达于外。守卫者遽闻忠懿王，忠懿王曰：‘吾兄以闲适为怀，非鼓乐不欢。’乃命装金鱼水鼓四面奉之”[②]。费用之巨，由此可见。

此外，吴越国统治者们为了博得中原朝廷对于割据两浙的首肯，以及对“远交近攻”等策略的有效支持，更进一步加强了与中原朝廷官僚的联络。如宋人司马光《涑水记闻》记载，宋太祖赵匡胤某日车驾忽至丞相、韩王赵普宅第，“时两浙钱俶方遣使致书及海物十瓶于韩王，置在左庑下。会车驾至，仓卒出迎，不及屏也。上顾见，问何物，韩王以实对。上曰：‘此海物必佳。’即命启之，皆满贮瓜子金也。韩王皇恐，顿首谢曰：‘臣未发书，实不知；若知之，当奏闻而却之。’上笑曰：‘但取之，无虑。彼谓国家事皆由汝书生耳。’因命韩王谢而受之。韩王东京宅，皆用此金所修也”[③]。又如宋人苏辙《龙川别志》记载，曾为宋初户部郎中并出使过吴越国的沈伦，后来家道

① 《十国春秋》卷八三《钱弘亿传》，第1205页。

② 《十国春秋》卷八〇《忠逊王世家》，第1144页。

③ 〔宋〕司马光：《涑水记闻》卷三，中华书局1989年版，第41页。

败落，“其子孙鬻银器，皆钱塘钱氏昔以遗中朝将相者”。仅此两例，可见送礼数额也不在少数。

凡此种种，无一不出自国家财政。要以区区两浙之地应付如此巨额支出，而且旷日持久、未知了日，唯一的出路就是发展生产。所以吴越国统治者对发展生产极为重视，而且确实取得了较大的成效。不仅钱镠可以自称“吴越境内，绫绢绸绵，皆余教人广种桑麻；斗米十文，亦余教人开辟荒亩”[①]，其继位者同样也对发展吴越国生产作出了努力。吴越国时期钱塘江海塘的修建，太湖、杭州西湖、越州南湖（鉴湖）的疏浚和管理，太湖流域水网建设等，都取得了卓著的成绩。农业耕作以及金属加工、秘色瓷器、船舶制造、丝绸纺织、茶叶制作等技术都有了很大的提高，与其他各国相比较，许多方面处于领先的地位。对外贸易也有了很大的发展。农业及各手工业、贸易的效益亦相当可观。粮食储备动辄数十万斛，茶叶生产仅贡献中原朝廷即每每达数万斤之多，对外贸易获利尤厚。《旧五代史》卷一三三《钱佐传》记载，吴越国“航海所入，岁贡百万，王人一至，所遗至广，故朝廷宠之，为群藩之冠”。发展生产本是富国强兵、国泰民安之道，但统治者为了维持割据两浙的局面，首先只能考虑保障贡献中原朝廷、养兵蓄锐、统治者的享受等国用。无奈吴越国境域狭小，资源不丰，发展生产所得社会财富毕竟有限，为此只能重敛其民。宋高宗建炎四年（1130）十月七日，有臣僚言：“昔钱氏据有吴越，其田税独重，而会稽尤甚。”[②]《吴越备史》卷三有一则钱弘佐问仓吏积蓄的故事：“王问仓吏：‘蓄积几何？’对曰：‘十年。’王曰：‘然则军食足矣，可以宽吾民。’乃命复其境内租税三年。”这就最清楚不过地说明在国计与民生无法兼顾的情况下，统治者只能采取牺牲“民生”以保障“国计”的政策。为了保障国用，吴越国人民的赋税负担还是非常繁重的。《十国春秋·江景防传》云：“当五代时，吴越以一隅捍四方，费用无艺，其田赋市租山林川泽之税，悉加故额数倍。宋既平诸国，赋税恒仍旧籍以为断。忠懿王入朝，景防以侍从，

① 《钱氏家乘》卷六《家训·武肃王遗训》，第 141 页。

② 〔清〕徐松辑：《宋会要辑稿》食货九之一九，中华书局 1987 年版，第 4971 页。

当上图籍，叹曰：‘民苦苛敛久矣，使有司仍其籍，民困无已时也。吾宁以身任之！’遂沉图籍于河。诣阙，自劾所以亡失状，宋太宗大怒，欲诛之，已而谪沁水尉，遂屏居田里以卒。未几，太宗命右补阙王永均吴越田税，旧率亩税五斗，永更定为一斗。其减税之由，人以谓实兆端于景防沉籍云。”

四、广建城池，加强防御

为了加强防御，适应战争需要，吴越国尤其是钱镠时期，掀起了一个建城的高潮。如钱镠在唐文德元年（888）筑嘉兴城，龙纪元年（889）规划营建临安茆山安众营[①]，大顺元年（890）筑杭州夹城，大顺二年筑东安镇城，景福二年（893）筑杭州罗城，光化三年（900）建杭州镇海军使院，天复三年（903）筑婺州城，天祐元年（904）筑常熟福山戍（金凤城），天祐四年重筑余杭城，吴越天宝二年（后梁开平三年，909）筑定海镇（一作望海镇）、吴江县，天宝三年筑杭州子城、筑捍海塘、扩杭州城，天宝四年筑松江南北二城锁栅，天宝五年增广杭州牙城、筑西陵城，龙德二年（922）砖甃苏州城，宝大元年（后唐同光二年，924）建杭州西关城宇，等等。皮光业《吴越国武肃王庙碑铭》称钱镠筑城垒50余处。钱镠以后，又有钱元瓘在天福三年（938）筑睦州城、天福四年拓秀州（今嘉兴）罗城，钱弘俶在宋开宝七年（974）筑福州东南夹城，等等。

吴越国所建筑的城，作为军事防御体系，皆因地制宜而筑，修得相当坚固。尤其是杭州，子城之外，又筑夹城、罗城，形似腰鼓，城墙上十步建一敌楼，所谓“城凡三重”，“十步一楼”。唐昭宗乾宁三年（896），杨行密图谋进攻杭州，带了一位袒肩的僧人前来侦察险易情况。僧人观后警告杨行密：“此腰鼓城也，击之终不可得。”[②]杨行密于是放弃了进攻杭州的打算。

① 《十国春秋》卷七七《武肃王世家》，第1051页。《钱氏家乘·年表》：“大顺元年庚戌八月，敕建安众营于临安。”唐昭宗有《赐钱镠安众营额敕》。

② 《吴越备史》卷一《武肃王》，《五代史书汇编》，第6188页。

除上述几个方面外，吴越国崇尚佛道，传扬佛道，这对于稳定统治者自身以及广大人民群众的思想也有着难以估量的作用。

以上立足两浙、尊奉中原，远交近攻、对抗淮南，发展生产、保障国用，广建城池、加强防守，以及崇尚佛道、传扬佛道等一系列治国策略，糅合了儒家、法家、兵家等各家治国取胜之道，恰如其分地运用于分裂割据时期的两浙之地，并且几代人不曾间断，终于使得吴越国赢得了一个较长时间的安全和稳定，获得了较快的发展。

第五节　宋朝统一中国

一、助宋灭南唐

公元 960 年，后周禁军最高统帅殿前都点检赵匡胤发动“陈桥兵变”，黄袍加身，取后周而自代，建立了宋朝。吴越国王钱弘俶为了保持割据一方的局面，继续执行钱镠“勿以易姓废事大之礼”的遗训，改而转向宋朝称臣纳贡。钱弘俶在赵匡胤称帝的当年，即接受了宋朝所授“天下兵马大元帅”之封，并改名钱俶（避赵匡胤之父弘殷讳）以示尊敬。在宋朝建立到吴越国“纳土归宋”的 18 年里，吴越国朝贡宋朝多达 30 余次。宋太祖开宝九年（976）正月，钱俶率妻孙氏、子惟濬等从明州航海前往中原，亲自入觐于宋，贡奉甚丰。宋太

钱弘俶像

祖亦优加礼待，并表示誓不杀钱王。是年三月初，钱俶归国，宋太祖给予厚赏，临行前又赐密封的黄绫包袱，嘱咐其途中秘密拆看。钱俶在途中舟内拆看，但见“皆群臣乞留王（钱俶）章疏”[①]。于是，钱俶对宋太祖更加感激涕零。此后，钱俶在功臣堂视事，特地将座位移于东偏，说是“西北者，神京在焉，天威不违颜咫尺，某岂敢宁居乎！”“每修贡，必焚香而遣。”[②]

钱俶一方面向宋朝称臣纳贡，另一方面又积极配合宋朝统一中国。赵匡胤建立宋朝以后，制定了一条先易后难、先南后北统一中国的方针，暂时放下北汉而向南用兵，并先后于建隆三年（962）灭荆南，乾德三年（965）灭后蜀，开宝四年（971）灭南汉，开宝八年灭南唐。在宋朝灭后蜀、灭南唐的战争中，吴越国都积极出兵效力。宋朝在消灭南汉的过程中，曾经一度诏令钱俶出兵攻伐富州（今广西昭平），钱俶竟也“起师”应命。后来还是宋朝考虑到吴越国去富州太远而再诏止之。在宋朝消灭南唐的过程中，吴越国配合宋朝两面夹击南唐。南唐后主李煜在战前曾致书钱俶：“今日无我，明日岂有君？一旦今天子易地酬勋，王亦大梁一布衣耳。”[③]但钱俶仍攻南唐不懈，并将李煜来书送交宋朝。宋太祖则劝说钱俶：“江南倔强不朝，我将讨之。元帅当练兵甲助我，无惑人‘唇亡齿寒’

宋太祖赵匡胤像

① 《吴越备史·补遗》，《五代史书汇编》，第6267—6268页。

② 《吴越备史·补遗》，《五代史书汇编》，第6268页。《十国春秋》卷八二《忠懿王世家下》，第1173页。

③ 《十国春秋》卷一七《后主本纪》，第248页。

之言！”[①]但事实也正如李煜所说，到了南唐灭亡以后，江南大地仅剩下吴越国孤居一隅，吴越国的命运就完全掌握在宋朝的指掌之间了。

开宝九年（976）十月，宋太祖去世，赵光义即帝位，是为宋太宗，这对钱俶不能不说是一个很大的威胁。因为当年钱俶向宋太祖表示要“子子孙孙，尽忠尽孝”时，宋太祖明明白白说过：“但尽我一世耳，后世子孙亦非尔所及也。”[②]为了向新立的宋太宗表示忠心，钱俶在厚遣贡赋的同时，又“下令以文轨大同，封疆无患，凡百御敌之制，悉命除之，境内诸州城有白露屋及防城物，亦令撤去之”[③]，主动撤除了军事防御工事。

二、纳土归宋

宋太宗赵炅像（台北“故宫博物院”藏）

宋太平兴国三年（978），钱俶再次入觐于宋帝。这次入觐，钱俶自感国将不存，临行前逐一告别诸先王陵庙，“泣拜以辞，词曰：‘嗣孙俶不孝，不能守祭祀，又不能死社稷，今去国修觐，还邦未期，万一不能再扫松槚，愿王英德各遂所安，无恤坠绪。’拜讫，恸绝，几不能起”[④]。二月初六，钱俶从杭州起程，三月二十四日到达汴京（今河南开封）。宋太宗礼待甚厚，但是始终不肯放归。四月二十五日，平海军节度使陈洪进纳漳、泉二

① 《十国春秋》卷八二《忠懿王世家下》，第1167页。

② 《十国春秋》卷八二《忠懿王世家下》，第1172页。

③ 《吴越备史·补遗》“太平兴国二年”，《五代史书汇编》，第6268页。

④ 〔宋〕文莹：《玉壶清话》卷七，中华书局1984年版，第69页。

钱俶墓志拓片（引自《吴越胜览：唐宋之间的东南乐国》）

州归宋。四月二十九日，钱俶上表请求归还宋所授官职爵封，并乞诏书呼名，宋太宗不允。当时钱俶随行官员分为两派意见：宰相崔仁冀主张“纳土归宋”，认为“朝廷意可知，大王不速纳土，祸且至”，侍郎鲍约亦主张钱俶“纳土”；而同官胡毅等人则“争言不可”。崔仁冀曰：“今已在人掌握中，去国千里，惟有羽翼，乃能飞去耳！”[①]钱俶无可奈何，遂依崔仁冀之言，于五月初一上表宋太宗，“愿以所部十三州献于下执事，其间地里、名数，别具条析以闻”。宋太宗下诏允许钱俶“纳土”，并于崇元殿举行受献仪式，钱俶以“所部州十三，县八十六，户五十五万七百，兵一十一万五千，暨民籍、仓库，尽献于朝”。[②]

同年八月，宋太宗诏钱俶缌麻以上亲属及管内官吏，分坐1044船，在宋军护送之下，前往京师，授以官爵。钱俶“纳土归宋”以后，先后被封为淮海国王、汉南国王、南阳国王、许王。雍熙三年（986）离开汴京赴南阳（今河南南阳）就位。端拱元年（988）又改封邓王。是年八月二十三日，宋太宗遣使赐钱俶生辰礼物，国信至，钱俶扶疾拜受，并宴请来使。“晡时，王寝于斋之西轩，命左右读《唐书》数篇，命诸子孙诵调章诗什数篇，未讫，忽风恙复作，四鼓而薨。”[③]

钱俶生于后唐天成四年（929）八月二十四日，此时恰好60岁。端拱二年（989）正月，葬于洛阳县（今河南洛阳）贤相里陶公原，追册为秦国王，谥曰忠懿。

在吴越国的历史上，钱俶虽然是一位亡国之君，而且是一位不战而降的

① 《十国春秋》卷八七《崔仁冀传》，第1264页。

② 《吴越备史·补遗》“太平兴国三年”，《五代史书汇编》，第6270页。《补遗》作五月初四。今从《宋史》《东都事略》《续资治通鉴》作五月初一。又，“县八十六”，今可考者为81县，另5县无考。若以安国衣锦军当1县，南新场又当1县，则3县无考。吴越国至此结束。

③ 《吴越备史·补遗》“端拱元年”，《五代史书汇编》，第6276页。四鼓，即四更天，相当于凌晨三四点钟。《宋史》卷四八〇《吴越钱氏世家》作二十四日卒，两说不悖。《东都事略》三作八月甲子（初十）卒，与诸书不同。又，钱俶之死，有人认为与南唐后主李煜一样，皆为宋太宗所毒死。参见《五代诗话》《因树屋书影》等。

亡国之君，但是毕竟宋朝统一中国大业是历史发展的必然趋势，而且以区区吴越国与宋朝相对抗显然必败无疑。面对这样的形势，钱俶不动干戈，“纳土归宋”，完整地将吴越国所辖两浙之地归并于一统王朝，既维护了国家的统一，也避免了战争和破坏，使生灵免遭涂炭（前人所谓“保境安民”实即指此），即欧阳修《有美堂记》所谓“独钱塘自五代时知尊中国，效臣顺，及其亡也，顿首请命，不烦干戈，今其民幸富完安乐”[①]。苏轼《表忠观碑》也高度评价说：

> 吴越地方千里，带甲十万，铸山煮海，象犀珠玉之富，甲于天下，然终不失臣节，贡献相望于道。……皇宋受命，四方僭乱以次削平。而蜀、江南负其险远，兵至城下，力屈势穷，然后束手。而河东刘氏，百战守死以抗王师，积骸为城，酾血为池，竭天下之力，仅乃克之。独吴越不待告命，封府库，籍郡县，请吏于朝。视去其国，如去传舍，其有功于朝廷甚大。[②]

所以,“纳土归宋”历来被认为是顺应历史潮流之义举,钱俶因而为历代所尊重，并在杭州钱王祠中受到人们的瞻仰。

吴越国自唐景福二年（893）九月钱镠任镇海军节度使，至宋太平兴国三年（978）钱俶“纳土归宋”，共85年，历三代五王。

① 〔宋〕欧阳修：《居士集》卷四〇《有美堂记》，李之亮《欧阳修集编年笺注》，巴蜀书社2007年版，第107—108页。

② 〔宋〕苏轼：《苏轼文集》卷一七《表忠观碑》，中华书局1986年版，第499页。

附：吴越国国王世系

世系	姓名	在位时间及庙号、谥号
1	钱　镠	唐景福二年(893)九月至后唐长兴三年(932)三月在位,庙号太祖,谥武肃
2	钱元瓘	后唐长兴三年（932）四月至后晋天福六年（941）八月在位，庙号世宗，谥文穆
3	钱弘佐	后晋天福六年（941）九月至后汉天福十二年（947）[①] 五月在位，庙号成宗，谥忠献
4	钱弘倧	后汉天福十二年（947）六月至十二月在位，谥忠逊
5	钱弘俶（钱俶）	后汉乾祐元年（948）正月至宋太平兴国三年（978）五月在位，谥忠懿

① 据《资治通鉴》《新五代史》等载，947 年农历二月，刘知远即皇帝位，仍奉后晋为正朔，“更称天福十二年”；六月，建都汴（今河南开封），改国号为汉，史称“后汉”。为便于理解，书中统称“后汉天福十二年”。

第二章

吴越国社会经济

唐朝末年政治的腐败和战争的频繁，对江南的社会经济也产生了消极的影响。因此，五代时期吴越国致力于恢复和发展境内已遭破坏的社会经济。在将近一个世纪的时间里，由于采取了一系列恢复和发展的政策措施，吴越国的户籍数量比唐末元和年间有所增加。

五代时，吴越国虽地域狭小，极盛时不过十三州、一军，但社会经济非常发达，农业为社会经济的主要门类，太湖附近田土膏腴，是长江下游经济发达的地区之一。手工业生产各门类较之唐朝，在生产技术和生产规模上都有不同程度的发展，尤以制瓷业、丝织业、造船业为显著。渔业生产、交通运输、海内外贸易等，也都得到了较快的恢复和发展。特别是航海贸易，自唐朝开辟中日间东海航线，开辟明州为通商口岸，至五代，已经成了吴越国财政的主要支柱之一，“航海所入，岁贡百万”[①]，堪称航海之国。

第一节 人口

一、钱镠的人口思想和政策

（一）钱镠的人口思想

钱镠的人口思想来自儒家学说，主要体现在反对攻战、以民为本等方面。

前者如乾宁二年（895）钱镠在劝阻董昌称帝的信中所说：“与其闭门作天子，与九族、百姓俱陷涂炭，岂若开门作节度使，终身富贵邪！”[②]随后又将兵三万至越州城下，面责董昌云：“纵大王不自惜，乡里士民何罪，

① 《旧五代史》卷一三三《钱佐传》，第1774页。

② 《吴越备史》卷一《武肃王》，《五代史书汇编》，第6183页。

随大王族灭乎！”[①] 又如后梁开平元年（907），钱镠被封为吴越王，其时罗隐等人皆劝钱镠拒绝受封，举兵讨梁，而钱镠却说：“斯言罗隐早已言及，吾亦筹之熟矣。奈兴兵征讨，必动干戈，且兼淮氛未靖，湖州初平，吾若外讨，彼必乘虚滋扰，百姓必遭涂毒。古人有言：‘屈身于陛下，是其略也。’吾以有土有民为主，故不忍兴兵杀戮耳。”便欣然接受了后梁的封号。[②] 钱镠上述以民为本的思想，既是儒家传统思想的反映，也源于《墨子》的“非攻”思想。墨子认为，战争不但使战死者不可胜数，而且造成饥寒冻馁疾病，造成男女久久不能相见，“实天下之巨害”。钱镠在发表上述言论的时候，虽然同时还另有苦衷，而且与董昌之间的战争终究还是爆发了，但也反映了钱镠对于战争祸及人口的思想认识。在钱镠看来，只要不危及其称王一方的局面，征战还是应该尽量避免的。

后者即“民本”思想，钱镠在其遗训中告诫子孙说：“十四州百姓，系吴越之根本”“要尔等心存忠孝，爱兵恤民”；又说：“圣人……又云‘民为贵，社稷次之’。”[③] 此所说“圣人又云”即《孟子·尽心下》所说“民为贵，社稷次之，君为轻”。而前引钱镠对于战争将造成“九族、百姓俱陷涂炭”“乡里士民何罪，随大王族灭”“百姓必遭涂毒”的看法，以及“吾以有土有民为主，故不忍兴兵杀戮耳”，也都是建立在“民本”思想的基础之上的。

钱镠遗训即《钱氏家乘》所载《武肃王遗训》。《钱氏家乘》还载有《武肃王八训》一篇，两者内容基本相同，皆不知其所来。或为钱镠平日断断续续所言，由后人集合整理而成，应该可以信为钱镠所言或充分体现其治国齐家的思想。

（二）钱镠的人口政策

钱镠的人口政策主要体现在婚姻、扶贫济幼和省刑薄赋等方面。

---

① 《资治通鉴》卷二六〇，唐昭宗乾宁二年二月辛卯，第 8464 页。

② 《钱氏家乘》卷五《年表》，第 121 页。

③ 《钱氏家乘》卷六《家训·武肃王遗训》，第 141 页。

1. 婚姻重门第

《武肃王遗训》第六条云："婚姻须择阀阅之家，不可图色美，而与下贱人结褵，以致污辱门风。"[①] 此说虽属钱氏家训，但也反映了吴越国在择偶方面看重门第的做法。

吴越国如唐朝一样，也允许改嫁再婚。如吴越钱元璙、南汉刘岩（刘龑）各娶楚武穆王马殷之女为妻。后刘岩之妻先亡，遣使向楚国求娶继室。其时钱元璙亦已去世，楚国遂以传璙遗孀相许，并与南汉一同遣使前来吴越求娶。虽然这段再续姻缘因为传璙遗孀念故夫义重，誓不再嫁，所以没有成功，但从中可以看出当时改嫁再婚是政府所允许的。

2. 扶贫济幼

关于扶贫济幼，《钱氏家乘》卷六《家训・武肃王遗训》第七条专门谈了这一问题，说要"多设养济院，收养无告四民。添设育婴堂，稽察乳媪，勿致阳奉阴违，凌虐幼孩"。同卷《钱氏家训・社会》也有"恤寡矜孤，敬老怀幼。救灾周急，排难解纷"两条。一般以为浙江育婴堂、养济院之设始于宋朝，从钱镠遗训等来看，吴越国应该已经有设。

3. 轻徭薄罚

轻徭薄罚，是我国古代与民休养生息和增殖人口的传统政策。《武肃王遗训》中亦列举了"圣人"所谓"敬事而信，节用而爱人，使民以时""省刑罚，薄税敛"等言论，前者出自《论语・学而》，后者出自《孟子・梁惠王上》。《武肃王遗训》还说："吴越境内，绫绢绸绵，皆余教人广种桑麻；斗米十文，亦余教人开辟荒亩。凡此一丝一粒，皆民人汗积辛勤，才得岁岁丰盈。汝等莫爱财无厌征收，毋图安乐逸豫，毋恃势力而作威，毋得罪于群臣百姓。"

① 《钱氏家乘》卷六《家训・武肃王遗训》，第 141 页。是书同卷《武肃王八训》四曰："为婚姻须择门户，不得将骨肉流落他乡，及与小下之家，污辱门风。所娶之家，亦须拣择门阀。宗国旧亲，是吾乡县人物，粗知礼义，便可为亲。若他处人，必不合祖宗之望。"同卷《钱氏家训・家庭》云："娶媳求淑女，勿计妆奁。嫁女择佳婿，勿慕富贵。"三者都是一个意思。

二、人口的恢复和发展

中唐的安史之乱和唐代末年的黄巢起义，五代的诸侯争霸，使北方地区战火纷飞，而吴越地区社会环境相对安定，因此北方人士纷纷南迁到此。这在当时的文献中多有描写，如：“天下衣冠士庶，避地东吴，永嘉南迁，未盛于此”；“三川北虏乱如麻，四海南奔似永嘉”；[①]“天宝末，安禄山反，天子去蜀，多士奔吴为人海”[②]；等等。穆员《鲍防碑》曰：“自中原多故，贤士大夫以三江五湖为家，登会稽者如鳞介之集渊薮。”[③]皮日休在唐末“避地吴越，死焉”，其宅院在宋开宝八年（975）由其后人皮文粲捐地建了观音院。[④]“石元遂，字伯和，其先京兆人，汉万石君三十五世孙，五代时徙居新昌，仕至检校太保。墓在沃洲之平顶山，为新昌石氏之始祖。”[⑤]刘愉“避黄巢乱，自河南徙上虞”[⑥]。新昌潘氏“本唐明州刺史誉之后。梁开平间，始祖翰林学士义绯自青州徙居新昌”[⑦]。杜氏原为京兆人，“五季之乱，南渡至会稽，乐其风土，因居焉”[⑧]。鲍君福为唐代大历时期的文人鲍防的后裔，原为襄州人，其家族后来迁到越州，遂为余姚人。鲍君福在唐末从军，为浙东刘汉宏部牙将，

① 〔唐〕李白著，〔清〕王琦注：《李太白全集》卷二六《为宋中丞请都金陵表》、卷八《永王东巡歌十一首》，中华书局1977年版，第1213、427页。

② 〔唐〕顾况：《送宣歙李衙推八郎使东都序》，《全唐文》卷五二九，中华书局1983年版，第5370页。

③ 《全唐文》卷七八三，中华书局1983年版，第8190页。

④ 〔宋〕施宿等：《嘉泰会稽志》卷七，《宋元方志丛刊》第7册，中华书局1990年版，第6823页。

⑤ 〔明〕李楫、莫旦：成化《新昌县志》卷一三，《上海图书馆藏稀见方志丛刊》第106册，国家图书馆出版社2011年版，第704页；〔宋〕张淏：《宝庆会稽续志》卷七，《宋元方志丛刊》第7册，第7172页。

⑥ 《嘉泰会稽志》卷一三，《宋元方志丛刊》第7册，第6952页。

⑦ 〔明〕田琯：万历《新昌县志》卷二《区域志》，《天一阁藏明代方志选刊》第19册，上海古籍书店1981年版。

⑧ 〔宋〕李光：《庄简集》卷一八《杜府君墓志铭》，文渊阁《四库全书》本。

后投靠钱镠。[①] 此外，还有李洧孙，为李唐宗室敦煌房一支，五代时“避地越之三界”，三界位于会稽、上虞及嵊县三地交界处。[②]

吴越国的详细人口数量，见于记载的只有吴越国最后一个年份的数据，即宋太平兴国三年（978）钱俶“纳土归宋”时的户籍数，但是这一数据各种记载不尽相同。

《宋史》卷四《太宗本纪》：“钱俶献其两浙诸州，凡得州十三，军一，县八十六，户五十五万六百八十，兵一十一万五千三十六。”

《宋史》卷八五《地理志》：“钱俶入朝，得……户五十五万六百八十。”

《续资治通鉴长编》卷一九：“俶……上表献所管……户五十五万六百八……”

《吴越备史·补遗》：“所部州十三，县八十六，户五十五万七百，兵一十一万五千，暨民籍、仓库，尽献于朝。”

宋代曾巩《隆平集》卷一二《伪国》：“钱俶所献州十三，县八十七，户三十三万四千九百三十二，口七十二万四千七百，兵十一万五千三十六。”

《宋会要辑稿》食货六九之七七至七八：“钱俶献两浙……县八十七，户三十二万九百三十三。”

此外，据《太平寰宇记》记载，在太平兴国三年（978）稍后几年（太平兴国五年至端拱二年，即980—989），吴越国境内有505517户。较《宋史》等所载减少4.5万户，比《隆平集》《宋会要辑稿》所载增加17万—18万户。太平兴国三年至端拱二年（978—989）这十多年，是吴越国地区旧新政权交替、新政权建立完善的时期。要在这种非常时期增加17万—18万户之数显然是困难的，而适量的减少应该是正常的。按此，《宋史》《续资治通鉴长编》和《吴越备史》的记载应该是比较正确的，之间的差额应该只是实数和约数处理上的不同。

吴越国杭州、苏州、秀州、湖州、睦州、越州、明州、台州、温州、处

① 《十国春秋》卷八四《鲍君福传》，第1229页。

② 〔元〕黄溍撰，王颋校注：《霁峰李先生墓志铭》，《黄溍全集》，天津古籍出版社2008年版，第453—454页。

州、婺州、衢州、福州、安国衣锦军等13州1军之地，相当于唐朝杭、苏、湖、睦、越、明、台、温、处、婺、衢、福等12州之域。以上12州唐朝元和年间有370940户。到宋太平兴国三年（978）钱俶"纳土归宋"时，吴越境内有550680户，比元和年间增加179740户，相当于元和时户数的1.48倍，年平均增长率（以元和八年即813年为基准）为2.88‰。虽不及清源（漳、泉二州。相当于元和时户数的411.7%，年增长率为8.61‰）和后蜀（今四川、陕西南部、甘肃东南部、湖南西部。相当于元和时户数的204.5%，年增长率为4.72‰），但也是人口增长速度较快的区域。这对于吴越国恢复和发展唐末以来遭到破坏的社会经济是一个非常重要的因素。而事实上，由于吴越国税负较重，逃避户籍的肯定不少；吴越国又大兴寺院，寺院僧徒动辄千人，致使许多人口脱离了户籍；此外，与唐朝一样，一些官私奴婢和官户、私属部曲及士兵等，也都不入州县户籍。可以相信，吴越国的实际户籍绝不止550680户，实际增长的户籍也不会只有179740户。

第二节 农业生产

与中国古代社会的各个王朝及许多割据政权一样，吴越国也以农立国，对于农业生产非常重视。钱镠认识到"吴越立国于干戈扰攘之际，方欲富境强兵，必以农为先务"[①]，由此他实行"保境安民"政策，"偃息兵戈，四境粗安耕织"[②]。为了恢复并发展自唐末以来遭到破坏的农业生产，吴越国采取了许多有益的措施，鼓励农民垦种荒废田亩，发展圩田和屯垦，大力兴修水利，这些政策对农业也无疑是一种促进。时人有吴越国"境内无弃田""斗米十文"之说。[③]此说虽不免有美化成分，但吴越国农业生产的恢复和发展当是事实。

① 诸葛计、银玉珍：《吴越史事编年》，第150页。

② 《十国春秋》卷七八《武肃王世家下》，第1104页。

③ 《十国春秋》卷八一《忠懿王世家上》，第1150页；《钱氏家乘》卷六《家训·武肃王八训》，第140页。

后人称颂“钱氏百年间，岁多丰稔”[①]。

一、募民垦荒

唐朝后期，两浙地区人口流亡也十分严重。根据《元和郡县图志》记载，两浙地区各州的元和户数与开元户数相比，除了台州、明州因为各缺一个数据无法进行比较外，其余各州，只有苏州元和户比开元户有增加，另外各州均大幅度下降，睦州、越州的元和户数仅为开元户数的16.31%和19.22%，温州、衢州仅为22.59%和27.98%。尽管其时两浙仍是唐代人口最为集中的地区，也是人户密度较高的地区。但与昔日相比，人口的大量流亡，仍然不可避免地会造成耕地过度抛荒。自元和至唐末，也许人口会有反弹起伏，但鉴于战乱，即使反弹，也不会有太大的改观。《宋会要辑稿》食货六三之一六二记载淳化元年（990）九月诏令有“江浙等路李煜、钱俶日，民多流亡，弃其地，遂为旷土”等言，实际上并非仅只钱弘俶统治吴越国时如此。

为了改变人口流亡、耕地过度抛荒的现象，钱镠时就已经开始募民垦种被抛荒的农田。《武肃王遗训》第八条云：“吴越境内，绫绢绸绵，皆余教人广种桑麻；斗米十文，亦余教人开辟荒亩。凡此一丝一粒，皆民人汗积辛勤，才得岁岁丰盈。汝等莫爱财无厌征收……”“荒亩”即有主而荒废不种的田地。“教人开辟荒亩”即募民耕种荒废田地。“斗米十文”，是说收到了很好的效果。至于募民耕种荒亩是否有优惠政策，钱镠没有说。按照中国封建社会的惯例是要减免租赋的。《武肃王遗训》所说“汝等莫爱财无厌征收”可能正是这层意思。

后唐长兴三年（932），钱元瓘即位。《吴越备史》卷二记载：是年，钱元瓘“赦境内一应荒绝田产，尚隶租籍者，悉免之”。《资治通鉴》卷二七七记载作“除民田荒绝者租税”，胡三省注云：“荒者，有主而不耕；

① 〔宋〕范成大：《吴郡志》卷一九《水利下》引郑侨《再上水利书》，第281页。

绝者，户绝而无主。”钱元瓘的这条政令，除了将“荒绝田产”原定的租税额从各地政府的“租籍”中免去外，也应当包含着再行耕种者免缴租税的意思。这与《武肃王遗训》第八条的意思是一致的。

后汉乾祐二年（949）即钱弘俶登位第二年，则明确下令规定“募民垦荒田，勿取租税”。《吴越备史》卷四记载此令后还说：“由是境内并无弃田。”[①]

执政者对粮食生产的重视和采取的措施，对于吴越国农业生产的恢复和发展肯定是有一定作用的。

二、发展圩田、屯田

圩田，宋人杨万里《诚斋集》卷三二《圩丁词十解·序》云：“江东水乡，堤河两涯，而田其中，谓之圩。农家云：‘圩者，围也。内以围田，外以围水。’盖河高而田反在水下，沿堤通斗门，每门疏港以溉田，故有丰年而无水患。”亦即江南一带濒江临湖的低洼地区筑堤围垦而成的农田。

圩田起源颇早。由于濒江临湖的低洼地区淤泥沉积深厚，淤泥中腐殖质含量丰富，土壤肥沃，开垦种植往往可以获得较好的收成，所以唐代已经大规模发展圩田。李翰《苏州嘉兴屯田纪绩颂》说嘉兴屯田区“畎距于沟，沟达于川。故道既湮，变沟为田。朱公浚之，执用以先。浩浩其流，乃与湖连。上则有途，中亦有船。旱则溉之，水则泄焉。曰雨曰霁，以沟为天。俾我公私，永无饥年。公田翼翼，私田嶷嶷。不侵其畔，不犯其穑。我仓既盈，尔廪维亿。屯人熙熙，邑人怡怡”。这篇颂文所说的“屯田”实际上就在太湖流域的圩田区内。“公田翼翼，私田嶷嶷”，说明屯田区建设之前，民间圩田已经在在皆是。李翰在该颂文《序》中还说：“嘉禾土田二十七屯，广轮曲折，千有余里。公（朱自勉）画为封疆属于海，浚其畎浍达于川。”所谓“封疆”应该就是封植疆界，亦即筑堤围界的意思。可见唐代嘉兴屯田区亦即嘉兴圩

① 《资治通鉴》卷二八八“后汉高祖乾祐二年十月壬午”记载仅文字略有不同，第9415页。

田面积之广大。序文中还提到“浙西有三屯，嘉禾为大”，说明嘉兴屯田只是其中之一，而另外两处也不能排除圩田的可能性。

钱氏控制浙西以后，在太湖流域圩田系统外围的江海、太湖与圩田系统之间，圩田系统内部塘浦与耕田之间、高田与低田之间，修建了许多堤防和堰闸，以调节与控制圩田水量。旱则放塘浦之水入田灌溉，涝则排田中水入塘浦泄洪，以保障圩田农业生产正常进行。

由于整个太湖流域地势四周高而中间低洼，吴越国通过大量浚挖河道，修建堤防、堰闸，从而进一步发展了太湖平原的圩田系统及其屯田。

为了屯种并管理屯田，吴越国太湖流域屯田区内设有营田军。宋人范仲淹《范文正公集·政府奏议》卷上《答手诏条陈十事》云：“臣询访高年，则云：‘曩时两浙未归朝廷，苏州有营田军四都，共七八千人，专为田事，导河筑堤，以减水患。’”明州也有营田军。王安石《王文公文集》卷四《上杜学士言开河书》云：“鄞之地邑，跨江负海，水有所去，故人无水忧。而深山长谷之水，四面而出，沟渠浍川，十百相通。长老言钱氏时置营田吏卒，岁浚治之，人无旱忧，恃以丰足。”

吴越国营田及营田军的管辖权均属国王。历任吴越国王皆兼任浙江东、西道营田使，其下又设营田副使、营田指挥使等主事。

圩田（围田）的修建，从理论上说，由于圩田侵占了江河湖泊的水面，减少了蓄洪容量，不利于抗洪防涝；旱季则由于圩田地势较低，致使水量往往集中流入圩田，不利于圩田之外农田的灌溉。但是只要围垦得当，水利设施方面做到排水畅通，灌溉渠道布局合理，圩田仍不失为扩大耕地面积、发展农业生产的有效措施。

三、大兴水利

钱镠出身于“家世田渔为事”[①]的农民家庭，对于水利有深刻的认识。早

① 《旧五代史》卷一三三《钱镠传》，第1768页。

在吴越国建国之初，统治者便决心要通过发展农田水利推动农业发展，来巩固执政根基。《三吴水利录》称："天下之利，莫大于水田；水田之美，无过于浙右。五代之末，吴越钱王独居东南，专飨此利。经营修治国家之资，实基于此。"[①] 即注意发展农业生产，如兴筑捍海石塘，保障了沿江农田不受海潮侵蚀。后梁贞明元年（915），设立都水营田使，专主水利之事。还募集兵卒，在一些重要的水利地区，建立了按军队编制而专事修浚、兴建水利工程的"撩浅军"（亦称"撩清卒"）。

（一）太湖等的治理

针对太湖平原进一步沉降和洪涝干旱灾害日益严重的问题，钱镠在吴越国建国之初，即着手建设太湖流域水网系统，疏浚太湖泄海通道。吴任臣《十国春秋》云：

> （天宝八年）冬十一月乙丑，梁改元贞明。是时，（吴越王钱镠）置都水营田使以主水事，募卒为都，号曰"撩浅军"，亦谓之"撩清"；命于太湖旁置"撩清卒"四部，凡七八千人，常为田事，治河筑堤，一路径下吴淞江，一路自急水港下淀山湖入海，居民旱则运水种田，涝则引水出田。[②]

《宋史》亦云：

> 案钱氏有国时故事，起长安堰至盐官，彻清水浦入于海；开无锡莲蓉河，武进庙堂港，常熟疏泾、梅里（李）入大江；又开昆山七耳、茜泾、下张诸浦，东北道吴江，开大盈、顾汇、柘湖，下金山小官浦以入海。自是水不为患。[③]

① 〔明〕归有光：《三吴水利录》卷三《周文英书》，中华书局1985年版，第39页。
② 《十国春秋》卷七八《武肃王世家下》，第1090页。
③ 〔元〕脱脱等：《宋史》卷三四八《毛渐传》，中华书局1977年版，第11040页。

上述自长安堰至盐官的清水浦在今海宁境内，时属盐官县，为太湖流域东南地区水道。大盈浦、顾汇浦、柘湖、小官浦等在今上海金山、松江一带，为太湖流域东部地区水道。七耳、茜泾、下张诸浦在苏州、昆山一带，是太湖流域东部地区沟通吴淞江的水道。无锡莲蓉河、武进庙堂港、常熟疏泾和梅里[①]为太湖流域东北部地区的水道。实际上《毛渐传》所说只是部分。根据郏亶《水利书》记载，太湖流域东北，松江口下，苏州、昆山、常熟县界，有七耳、茜泾、下张等港浦49条，在松江以南有大盈、顾汇等大浦27条，等等。这些港浦，或为吴越国所开，或经吴越国浚治，从而形成“七里十里而为一横塘”“五里而为一纵浦”的水道网络。[②]

为了控制河水不致溢聚或流失，吴越国还疏浚了许多河堤湖塘，广置堰闸，使蓄泄有时，旱涝有备，对农业生产也有好处。宋代郏亶之子郏侨即说：“浙西……自唐至钱氏时，其水源去委，悉有堤防、堰闸之制。旁分其支脉之流，不使溢聚，以为腹内畎亩之患。是以钱氏百年，岁多丰稔。”又说：“钱氏循汉唐法，自吴江县松江而东至于海，又沿海而北至于扬子江，又沿江而西至于常州、江阴界，一河一浦，皆有堰闸，所以贼水不入，久无患害。”[③]又修造圩田，使之保产丰收。

吴越国还设立都水使者、开江营等专职机构和专职队伍，负责水利。《琴川志》卷五《水利》云：

> 钱氏有国时，创开江营，置都水使者，以主水事。募卒为都，号曰撩浅。宋朝因之，有卒千人，为两指挥，第一在常熟，第二在昆山，专职修浚。

① 据孙应时《琴川志》卷一考证，当为“梅李”，梅李在常熟东约18公里。

② 〔宋〕范成大：《吴郡志》卷一九《水利上》引郏亶《水利书》，《宋元方志丛刊》，中华书局1990年版，第1册，第830、831页。

③ 《吴郡志》卷一九《水利下》，第278、282页。

宋代范成大《吴郡志》亦云：

> 古人治田，高下既皆有法。方是时也，田各成圩，圩必有长。每一年或二年，率逐圩之人，修筑堤防，浚治浦港。故低田之堤防常固，旱田之浦港常通也。至钱氏有国，而尚有撩清指挥之名者，此其遗法也。①

由此可见，开江营与撩浅卒、撩清军，其名虽异，其实则一，是一支按军队编制，专供役使修筑堤防、浚治浦港的水事队伍。开江营设有将，而以都水使为统帅，即所谓“置都水使者，以主水事”。

吴越国时期太湖流域水网系统的形成，不仅有利于太湖流域排洪抗旱，使农业生产“旱涝无患”，也有利于运河免遭干旱的威胁和洪涝的袭击。尤其是“都水使”专职管理机构和“开江营”专职队伍的建立，有利于运河的管理。

（二）杭州西湖的治理

杭州西湖经唐代李泌、白居易治理以后，面日大为改观，一直为杭州农田灌溉、居民用水和江南运河水源之所系。钱镠亦倍加珍惜，他在《建广润龙王庙碑》中阐述了治理西湖的初衷：

> 自予扶翊圣运，移节建旄，旧日湖堤，尽为城宇，澄滓有同于镜水，济时每及于生灵，一郭军民，尽承甘润。逐年开豁，淼若泓迂，长居一尺之深淫，不竭元阳之失度。其中菰莲郁茂，水族滋繁，蒸黎实藉以畋渔，河道常资于灌注。壮金城之一面，不异汤池；润绿野之万家，常如甘泽。②

据说钱镠拟增广杭州牙城时，曾有方士劝其填（西）湖建府，但被钱镠

① 《吴郡志》卷一九《水利上》引郏亶《水利书》，第268页。

② 《全唐文》卷一三〇，第575页。

断然拒绝。钱镠不但不填西湖，反而“置撩兵千人芟草浚泉”[①]，以保护西湖碧波依旧，使之继续为杭州农田灌溉、居民用水及保持江南运河足够的水位发挥作用。苏轼《杭州乞度牒开西湖状》所说“西湖深阔，则运河可以取足于湖水。若湖水不足，则必取足于江潮。潮之所过，泥沙浑浊，一石五斗。不出三岁，辄调兵夫十余万功开浚，而河行市井中盖十余里，吏卒骚扰，泥水狼藉，为居民莫大之患。此西湖之不可废者，四也”[②]，也是对钱镠治理西湖的肯定。而钱镠在吴越宝正二年（后唐天成二年，927）于杭州西湖“置撩兵千人芟草浚泉”[③]，则又是治理西湖专职队伍之首创。

另据苏轼《申三省起请开湖六条状》记载，钱氏吴越国还在余杭门外半道红地方修建清河堰，“爱惜湖水，不令走下”。钱氏命守将曹杲在湖边城隅浚三池，引湖水入城，以通舟楫，钱氏“嘉其功，赐池名曰涌金，立石池上”[④]。涌金池的开凿不仅“以通舟楫”，对居民用水也有很大作用。

（三）越州镜湖的治理

吴越国对越州镜湖的治理也非常重视，制订了严格的管理制度。宋代曾经担任过越州知州的曾巩，十分赞赏吴越国对镜湖的管理，其在《序越州鉴湖图》中说：“鉴湖一曰南湖……南湖由汉历吴、晋以来，接于唐，又接于钱镠父子之有此邦，其利未尝废者，或以区区之地以当天下，或以数州为镇，或以一国自王，内有供养禄廪之须，外有贡输问馈之奉，非得晏然而已也。故强水土之政，以力本利农，亦皆有数，而钱镠之法最详，至今尚多传于人者，则其利之不废有以也。”

（四）“钱氏捍海塘”的修筑

吴越国时期最大的水利工程，当为杭州“钱氏捍海塘”（亦称“钱氏石塘”）。

杭州濒临钱塘江，江水自富春奔腾东泻钱塘县境；潮汐则由海盐、盐官

---

① 《十国春秋》卷七八《武肃王世家下》，第 1101 页。

② 《苏轼文集》卷三〇《杭州乞度牒开西湖状》，第 864 页。

③ 《十国春秋》卷七八《武肃王世家下》，第 1101 页。

④ 《十国春秋》卷八七《曹杲传》，第 1259 页。《顺存录》以“涌金池”三字为钱元瓘书。

夺路汇入鳖子门而西上，每昼夜两次冲激江岸。唐代亦曾筑塘，但是泥塘不固，常受潮患。所谓“溯自唐贞观以前，居民修筑，不费官帑，塘堤不固，易于崩塌。迨后兵革顿兴，民亦屡迁，遂废修塘之工”[①]，以致唐末五代之初，“江大地窄……堤岸冲啮殆尽。自秦望山东南十八堡数千万亩田地，悉成江面。民不堪命”[②]。这种现象至五代吴越国时期仍然非常严重，据文献记载，当时钱塘江共决溢五次，即：大历十年（775）七月己未夜，杭州大风海溢，荡州郭五千余家，船千余只，死者四百余人；景福二年（893）七月，浙江水溢，坏民居；乾宁三年（896）七月，浙江水溢，坏民居；九月，浙江水溢，坏民居；光化三年（900）九月，浙江水溢，坏民庐舍。这五次决溢，严重危及了杭州社会经济的发展和居民的生命财产安全，同时也严重威胁运河的通航和安全。后梁开平四年（910），钱镠在给后梁太祖朱温（晃）的上奏疏文中就曾经指出：“近年以来，海飓大作，怒涛掀簸，堤岸冲啮殆尽。自秦望山东南十八堡，数千万亩田地，悉成江面，民不堪命。……目击平原沃野，尽成江水汪洋。”[③] 与此同时，新增沙岸的崩坍，“人坠垫溺……庶俾水反归壑，谷迁为陵。土不骞崩，人无荡析”[④]。值得一提的是，在这一轮钱塘潮成灾的背后隐含着钱塘江下游两岸地区生存环境的巨变，并在上述引言中明确提及，钱塘江大潮淹没了两岸的良田，甚至一些城市和村落也变成了江面，就连钱镠新修的杭州城、都城生命线的两浙运河也有遭逢侵袭的风险，这才是钱镠直面钱塘潮的社会原因所在。在这样的大灾大难面前，当务之急就是兴筑捍海堤，防止海潮灾害，以保障社会经济的继续发展和居民的生命财产安全。

面对钱塘江“江挟海潮为杭人患，其来已久”[⑤]的情形，钱镠于吴越国天

---

① 《钱氏家乘》卷八《武肃王筑塘疏》，第 186 页。

② 《钱氏家乘》卷一〇《古迹·筑钱塘》，第 202 页；〔五代〕皮光业：《吴越国武肃王庙碑铭》，《全唐文》卷八九八，第 4155—4158 页。

③ 《钱氏家乘》卷八《武肃王筑塘疏》，第 186 页。

④ 〔唐〕白居易：《白居易全集》卷四〇《祭浙江文》，上海古籍出版社 1999 年版，第 902 页。

⑤ 〔宋〕潜说友：《咸淳临安志》卷三一《山川十·捍海塘》，《宋元方志丛刊》，中华书局 1990 年版，第 3645 页。

南宋夏圭《钱塘秋潮图》

宝三年（后梁开平四年，910）八月，在候潮、通江门之外开始兴工修建“捍海石塘”。史载：“初定其基，而江涛昼夜冲激，沙岸板筑不能就。王命强弩五百，以射涛头，又亲筑胥山祠，仍为诗一章，函钥置于海门山。其略曰：‘为报龙神并水府，钱塘借取筑钱城。’既而潮头避钱塘，遂趋西陵。王乃命运巨石，盛以竹笼，植巨材捍之，城基始定。其重濠累堑，通衢广陌，亦由是而成焉。”于是“大庀工徒，凿石填江”[①]，后人称为“钱氏捍海塘”，亦称“钱氏石塘”。[②]

此次修建开始用版筑之法。但是因为杭州钱塘江岸属软弱型地基，又有

① 《旧五代史》卷一三三《世袭列传第二》，第 1771 页。

② 〔唐〕皮光业：《吴越国武肃王庙碑铭》，《全唐文》卷八九八，第 9371—9377 页。

海潮冲击，淘沙作用相当激烈，所以版筑不成。于是改用“石囤木桩法”修塘，即“以大竹破之为笼，长数十丈，中实巨石，取罗山大木长数丈植之横为塘，依匠人为防之制，又以木立于水际，去岸二九尺立九木，作六重，像《易》既未济卦。由是潮不能攻，沙土渐渍，岸益固也”[①]，终于建成了一条自今六和塔至艮山门的土石塘。同时，力捍石塘西部，形成了一条“重濠累堑，通衢广陌”[②]，平行于石塘的濠沟，其北段为后世所称的菜市河，即今东河，南段为龙山河，即今中河南段。“堤岸既成，久之乃为城邑聚落，凡今之平陆，皆昔时江也。”[③]

据说，海塘刚定基时，潮水汹涌，“江涛昼夜冲激沙岸，板筑不能就”[④]。古人迷信，以为“江涛昼夜冲激沙岸”，是江中的精灵鬼物在作怪。钱镠做了一些祭祀活动，一方面命人在钱塘江边筑起高楼，“以壮士数百人，候潮之至，以强弩射之”[⑤]，希望借此镇住那水中的精怪。由此潮头退避，事后“遂以铁铸成箭样，其大如秤，作亭泥路之旁，埋箭亭中，出土犹七尺许，以示镇压之意”。誓云：“铁坏，此箭出。”[⑥]另一方面，钱镠又筑胥山祠，祷告传说中已经成为江海之神的伍子胥，并写诗一首：

天分浙水应东溟，日夜波涛不暂停。
千尺巨堤冲欲裂，万人力御势须平。
吴都地牢兵师广，罗刹名高海众狞。
为报龙神并水府，钱塘且借作钱城。[⑦]

① 《十国春秋》卷七八《武肃王世家下》引《昭勋录》，第 1086 页。
② 《吴越备史》卷一《武肃王》，《五代史书汇编》，第 6205 页。
③ 《咸淳临安志》卷三一《山川十・捍海塘》，《宋元方志丛刊》，第 3645 页。
④ 《吴越备史》卷一《武肃王》“开平四年八月”，《五代史书汇编》，第 6205 页。
⑤ 宋代赞宁《传载略》说是“三百”，此据《吴越备史》卷一《武肃王》，《五代史书汇编》，第 6205 页。
⑥ 〔宋〕钱惟演：《射潮记》，《钱氏家乘》卷八《遗文》，第 194 页。
⑦ 此诗出自《吴越钱氏传芳集》。《吴越备史》卷一《武肃王》仅录“为报龙神并水府，钱塘借取筑钱城”两句，《五代史书汇编》，第 6205 页。

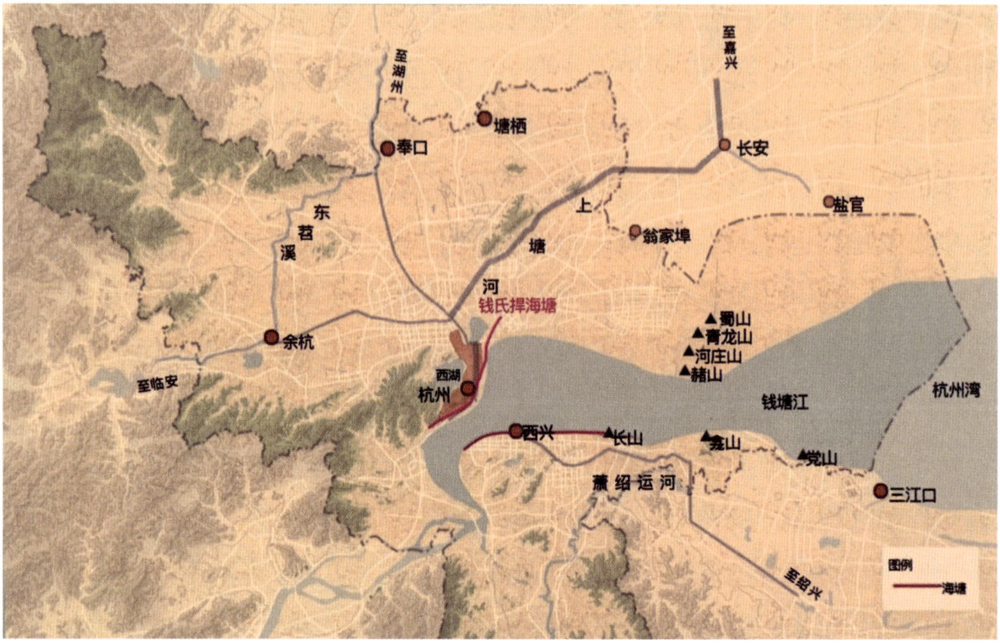

五代吴越国海塘线形图

最后，潮退了，塘成了。此后便在杭州留下铁幢浦、铁箭巷等遗迹。[①]

钱氏捍海塘的建成，不仅避免了“堤岸冲啮殆尽”，“数千万亩田地，悉成江面”的形势进一步恶化，保障了杭州城市的安全，解除了居民的“盐卤之苦”，加速了土地淡化，有利于发展农业生产，而且也保障了近在咫尺的杭州运河的安全。所以，钱镠在《奏捍海塘告成疏》中说：修筑“钱氏捍海塘”，对于杭州乃“昔之汪洋浩荡，今成沃壤平原。东南水土长生，亦可储精气之美，人文之盛。今则征科有据，常赋无亏。岁获屡登，民亦奠业”[②]。《宋史》卷九七《河渠志》“浙江”条也对捍海塘给予了极高的评价：“浙江通大海，日受两潮。梁开平中，钱武肃王始筑捍海塘，在候潮门外。潮水

① 〔明〕田汝成：《西湖游览志》卷一九《南山分脉城外胜迹》“铁箭巷、铁幢浦”，上海古籍出版社 1980 年版，第 242 页。

② 《钱氏家乘》卷八《遗文·武肃王筑塘疏》，第 187 页。

昼夜冲激，版筑不就，因命强弩数百以射潮头，又致祷胥山祠。既而潮避钱塘，东击西陵，遂造竹器，积巨石，植以大木。堤岸既固，民居乃奠。”[①]有学者认为，钱镠修筑海塘后为当地民众带来的利益，可以归纳为两个方面：其一，奠定了杭州城繁荣的根基。它大大减轻了钱塘潮对杭州城的威胁，使杭州城得以成为钱塘江流域的经济政治中心。其二，它成功地捍卫了杭州周边民众的生命财产安全，加速了土地淡化，有利于发展农业生产，确保滨海新建农田的稳产高产。[②]南宋末年，文天祥在《书钱武肃王事》中褒奖钱镠此举“非止一时之保安，实有千万年之功德，洵堪为百世之模范”[③]。

（五）其他地区的水利建设

其他如嘉兴境内，有柘湖、淀山湖、当湖、陈湖，支港相贯，堰塘堤坝众多，可以蓄水泄水，对农业生产有利。湖州的乌程、长兴两县，沿太湖的平原，池塘港汊众多，农业发达。苏州的水利，更是闻名于史。浙东的越州、明州，平原沃野，并有许多湖泊，如越州会稽的镜湖（鉴湖），明州的南湖，鄞县的广德湖、东钱湖、它山堰等，也都是历史悠久的水利工程。台州黄岩的天赐湖，岁能灌田千顷。温州、婺州、衢州等地也都有农田水利工程的设施。

吴越国对于水利建设的投入，其效果是显而易见的。在吴越国时期，浙江境内仅发生水灾 4 次，旱灾 2 次，这不能不认为是这些水利工程发挥了一定的防涝抗旱的作用。

值得注意的是水利工程官修的发展和专职水利队伍的建设。郏亶在《水利书》中指出，古代太湖流域圩田水利的兴修是“田各成圩，圩必有长。每一年或二年，率逐圩之人，修筑堤防，浚治浦港。……至钱氏有国，而尚有撩清指挥之名者”。关于钱塘江塘，杜牧《杭州新造南亭子记》有唐武宗“诏

① 《宋史》卷九七《河渠志》，第 2396 页。

② 刘闯：《与潮水的抗争——从钱镠“射潮”看五代时期杭州地区居民的生存环境》，《原生态民族文化学刊》2014 年第 4 期。

③ 曾枣庄、刘琳主编：《全宋文》卷八三一六，上海辞书出版社、安徽教育出版社 2006 年版，第 359 册，第 132 页。

古版画《钱王射潮》

与钱二千万，筑长堤”一说。钱镠在其《筑塘疏》中也说：钱塘江岸“自唐贞观以前，居民修筑，不费官帑，塘堤不固，易于崩塌”，因而于开平四年（910）“计费十万九千四百四十缗”筑塘。钱镠不但进一步发展了“官修”之制，而且又创建了撩浅军、撩清卒专职维持太湖流域及杭州西湖水利。王安石《上杜学士言开河书》所谓“钱氏时置营田吏卒”云云，即为一例。说明吴越国在管理公共事务的职能方面比以前有较大进步。实际上，一些大型的水利工程，涉及的方面很多，只有借助政府和专职队伍的力量才能付诸实施并得以完成。这也正是吴越国在水利建设方面能取得较大成功的原因之一。后人誉称曰：“五代钱氏，不废汉唐治水之法，自今之嘉兴松江，沿海而东，至于太仓、常熟、江阴、武进，凡一河一浦，皆有堰闸，使蓄泄以时。”[①] 毫无疑义，水利工程的大规模兴修，有力地促进了吴越国农业生产的发展。明代徐光启说：“钱氏有国……田连阡陌，位位相承，悉为膏腴之产。”[②]《十国春秋·附录》也称：“吴越时开垦田土，修理水利，米一石不过钱数十文。”[③]

四、粮食生产

由于水利的兴修和广大农民的辛勤劳动，以及圩田、屯田的发展，被荒芜农田的垦种，吴越国的农业生产得到了较好的恢复和发展。仅以粮食生产为例，钱镠说吴越国“斗米十文”，“岁岁自得丰盈”[④]；范仲淹说吴越国“民间钱五十文，籴白米一石”[⑤]。一般情况下，粮价是粮食丰歉的晴雨表，而粮食的丰盈与否，则是农业生产发达与否的重要标志。钱镠、范仲淹所说当然难免溢美，但是在一定程度上也反映了吴越国农业生产的发达状况。“斗米十文”，虽不及岭南南汉博白（今广西博白）的斗米一二钱和后蜀成都平原的斗米三钱，不过在南方诸国中，吴越国的农业生产也是恢复和发展较好的。

《吴越备史》卷上记载，大顺二年（891）十二月，钱镠曾“出糗粮、甲兵”以助杨行密打孙儒。《册府元龟》卷一九七《闰位部·纳贡献》记载，显德五年（958）二月壬申，钱弘俶曾向后周供应过军粮。其时，后周已攻克扬州，周世宗欲巡幸扬州，遣殿直赵海至钱塘向钱弘俶宣谕，钱弘俶向后周进御衣、犀带、绫绢、白金、香药等，“又进供军稻米二十万石”。吴越国对中原王朝的朝贡事迹史不绝书，贡物之丰亦无以复加，令人不解的是贡纳粮食却仅

① 〔清〕钱泳：《履园丛话》，上海古籍出版社2012年版，第64页。

② 〔明〕徐光启撰，石声汉校注：《农政全书校注》卷一三《东南水利上》，上海古籍出版社1979年版，第321页。

③ 《十国春秋》卷八一《忠懿王世家》，第1150页。

④ 《钱氏家乘》卷六《武肃王八训》，第140页。

⑤ 〔宋〕范仲淹：《范文正公文集·政府奏议》卷上《答手诏条陈十事》，文渊阁《四库全书》本。

此一见。估计实际上应该不仅只此一例。因为吴越国所处的两浙之地，尤其是太湖流域、宁绍平原一带，自中唐以来一直就是国家主要粮食产地，每年作为赋税上缴的粮食足以影响朝廷的生死存亡。五代各中原王朝虽已不同于唐朝，但也不可能完全摆脱对两浙地区粮食生产的需求。吴越国既然奉五代各中原王朝为正朔，也不可能完全不缴纳赋税。地方向中央缴纳土贡和赋税是我国封建社会的传统义务，只是前者又包含贡献的意思，所以文献多记载“土贡”而不记载赋税，但不记载并不等于没有缴纳。由此推测，五代吴越国时期两浙的粮食生产对全国应该仍具重要意义。

第三节　手工业生产

吴越国的手工业非常发达，这突出表现在纺织、印刷、造纸、制茶、造船、酿酒以及金属矿产开采和冶铸等方面。

一、矿冶业

（一）金属矿产开采

吴越国的金属矿产开采和冶铸产品主要为银、铜、铁等。唐代浙江境内台州临海、宁海的铁矿，婺州、温州的铜矿，越州诸暨、衢州西安的银矿等，直到宋代仍在开采，吴越国自然也有开采。如位于衢州市衢江区湖南镇湖南村项家自然村对面的山险峦（也称三仙峦）湖南银矿遗址，银矿开采于唐，唐元和四年（809）废，五代吴越国时期时开时闭。

吴越国采矿产量，大致以铜、铁的产量为最大。铜、铁是制作兵器和生产工具、生活用具的主要原料。据记载，钱弘佐在开运三年（946）曾经提出铸铁钱，后因王弟衙内都虞候钱弘亿等人竭力反对才没有付诸实行。钱弘俶在显德四年（957）再次提出铸钱。此大约就是《旧五代史》卷一四六《食货志》所载：“江南因唐旧制……杭州置保兴监铸钱。”铸铁为钱，铸铜为钱，自然需要一定数量的铁、铜作储备。尽管钱弘佐铸铁钱之议没有实施，只有钱弘俶铸铜钱之议付诸实施，但是也反映了吴越国的铜、铁开采冶炼，在保障兵器制作和生产工具、生活用具的制作以外，仍有一定的储备。

金矿不见记载，开采即或有之，也不会多，估计主要来自境外贸易。银、白金的开采和冶铸仍很可观。

（二）金银、铜铁等的冶铸

金银器的加工工艺不同凡响。根据记载，在吴越国给中原王朝的贡物当中，有大量的金、银、白金。如钱镠在吴越宝大元年（后唐同光二年，924）贡后唐方物中即有银器、金器；吴越宝正三年（后唐天成三年，928）进后唐白金五千两。钱元瓘在应顺元年（934）献后唐白金五千锭，钱元球等四人贡后唐白金七千锭；清泰二年（935）贡后唐连金花食器二千两；天福二年（937）贡后晋金器五百两，白金一万两；天福五年（940）贡后晋金器三百两，白金八千两；钱弘佐于天福七年（942）贡后晋铤银五千两；开运三年（946）献后晋白金五千两。钱弘俶于乾祐三年（950）贡后汉银器六千两；显德三年（956）贡后周白金五千两，金花银器一千五百两；

吴越国金环（引自《五代吴越国康陵》）

五代錾刻鎏金银渣斗（引自《吴越胜览：唐宋之间的东南乐国》）

显德五年（958）四月，进后周白金一万两；同年闰七月贡后周白金五千两；八月贡白金五千两；乾德元年（963）贡宋白金万两，金银等器数百事；开宝九年（976）二月戊午贡宋宝玉金器五千余事；丙寅日进金玉宝器，又贡白金十万两；三月庚午，献白金六万两；夏六月，进宋银、绢、绵以万计；十一月，赍金器五百事；太平兴国三年（978）三月己酉进宋金银器物三千两；翌日复进宝玉金银酒器等三千余两；时宋帝命射，每中的钱俶即进金银器三百两，帝中的凡六，钱俶合进一千八百两；夏四月，又上金银酒器无算。据清人吴任臣按宋两朝贡奉录统计，钱俶所贡仅金、银即分别有九万五千余两和一百一十万两，这还不包括装饰玳瑁器、陶器、龙凤舟、器械等的金银。[①]1979年，在苏州七子山五代墓中出土了大批的金银器，这说明苏州与杭州一样是吴越国重要的金银器生产地。[②]现列举一些出土的文物精品，以见吴越国冶金业的发展情况。

1957年杭州西湖出水的五代吴越国金龙，现藏于浙江省博物馆，国家一级文物，通长11厘米。通体錾刻鳞片，昂首挺胸，尾部飞扬，气韵生动，威武勇猛，是将银简内容递送上天知晓的使者。五代吴越国时期，钱氏三代五王崇信道教，逢重大节日或事件，必依道法斋醮，并向灵山洞府或水府投放金龙银简。

1963年5月东阳南寺塔（中兴寺砖塔）出土的五代珍珠地花卉纹金舍利盒，金质，直径2.5厘米，高1.0厘米，重8.5克。盒呈扁圆形，器盖、器身以子母口盖合，盖面及盒底均作弧形凸起，器表錾刻珍珠地纹，盖面錾刻花鸟纹，盒底錾刻重瓣宝相花。

1970年临安板桥如龙村出土的五代飞鹤牡丹纹金花银盂（飞鹤牡丹纹金花银渣斗），口径23.8厘米，底径9.7厘米，高13.6厘米，重618.5克。银质鎏金，大盘口，束颈，球腹，平底，圈足外撇。盘口内侧錾刻云中仙鹤团花，腹壁錾刻缠枝牡丹团花各四组，团花之间填以双叶花纹，圈足边沿刻联珠纹

① 《十国春秋》卷八二“论曰”，第1184页。

② 廖志豪：《苏州七子山五代墓发掘简报》，《文物》1981年第2期。

一周。纹饰图案处均鎏金，为吴越国生产“金花银器”的代表之作，造型、工艺与内蒙古辽会同四年（941）耶律羽之墓出土的金花银渣斗相近。现藏于浙江省博物馆。

2000年至2001年，浙江省文物考古研究所为配合雷峰塔重建工程，对雷峰塔遗址进行考古发掘，揭露面积4000平方米。从地宫中发掘出土了不少五代吴越国的金银器物。

镂空鸳鸯鸿雁纹“千秋万岁”铭鎏金银垫，直径25.4厘米，厚0.05厘米，重98.5克。内圈为一圆形方孔钱造型，锤揲成圆形镂空薄片状，正中镂刻“千秋万岁”铭圆形方孔钱。以联珠纹分成内外两圈，外圈装饰六只展翅飞翔的鸿雁，周边铺陈缠枝忍冬纹；内圈装饰两对顾盼传情的鸳鸯，四周镂刻莲荷，仿佛编织物一般。图案布局井然有序，层次分明，显现出一派鸟语花香、祥和温馨的氛围。整器采用锤揲、镂刻等加工工艺，纹饰精美，是五代金银器中的精品。

“千秋万岁”铭鎏金双凤对舞纹银盒（牡丹双凤对飞纹鎏金银盒），通高13.7厘米，口径20.7厘米，盖径17.8厘米，底径16.4厘米，重823克。银质，器表通体鎏金，由盒盖与盒身扣合而成，两侧外壁衔环。盖面以一对衔草对舞的凤凰为主体，周边錾刻细密的缠枝牡丹花，其间等距分布楷体“千秋万岁”四字，盖及盒身侧面各錾刻两圈缠枝牡丹花纹。纹饰构图严谨，线条流畅，显示了极高的工艺水平。银盒胎壁轻薄，厚仅0.1厘米。银盒将“百鸟之王”的凤凰与“百花之王”的牡丹巧妙地融合在一起，是吉祥富贵、幸福美满的象征。现藏于浙江省博物馆，为国家一级文物。

银鎏金鹦鹉纹腰带，银质鎏金，通长68.2厘米，重475克。一套13块，出土时排列有序，上饰展翅飞翔的鹦鹉，以珍珠作地纹，背面焊接3至5个银钉，嵌入皮革内。带扣反面浅刻“弟子陈承裕敬舍身上要带入宝塔内”15字。根据其腰束十一銙金带，推测供养者是一位官至四品的官员，虔诚地将代表身份的腰带敬献佛祖。纹饰精美，工艺精湛。

镂空鸳鸯纹鎏金圆形银饰件，直径6厘米。银质鎏金，采用锤揲、镂刻

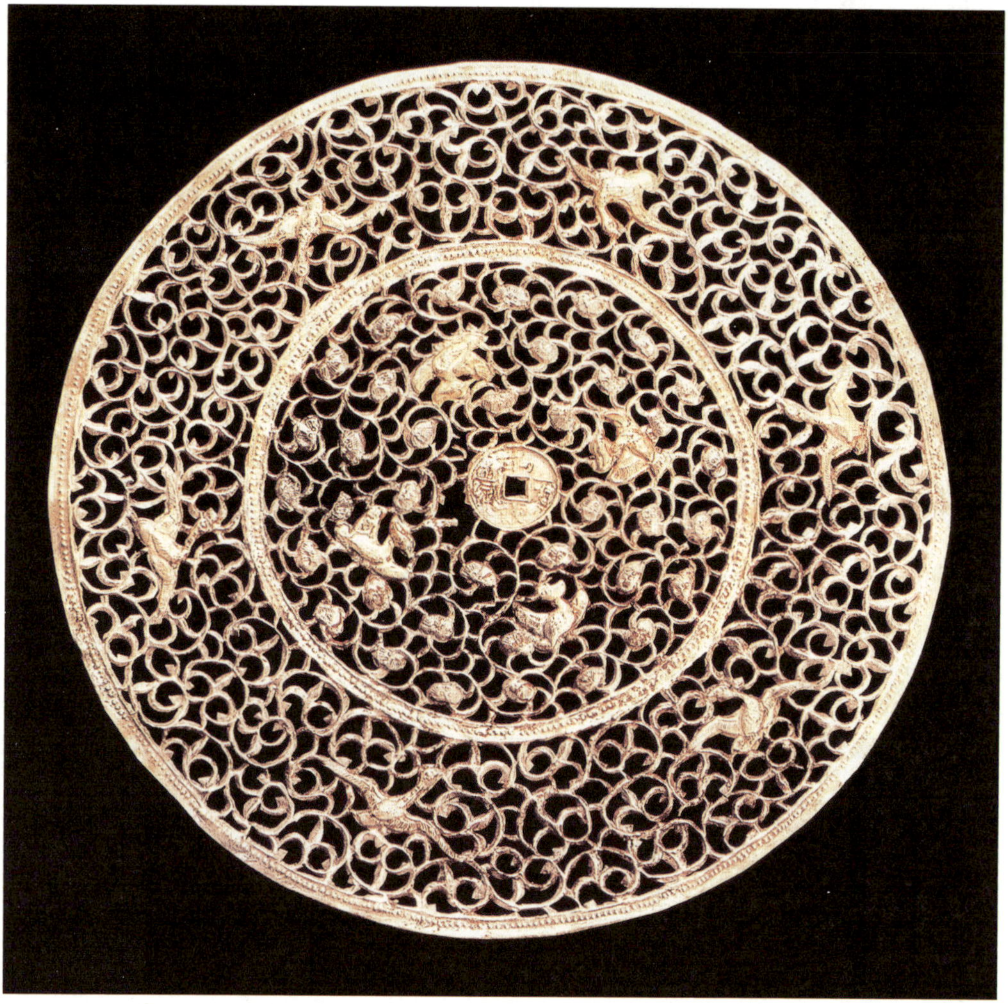

雷峰塔地宫出土的吴越国镂空鸳鸯鸿雁纹“千秋万岁”铭鎏金银垫

雷峰塔地宫出土的吴越国“千秋万岁”铭鎏金银盒

雷峰塔地宫出土的吴越国银鎏金鹦鹉纹腰带

工艺制作而成，小巧精致。正中镂刻展翅作偎依状的一对鸳鸯，四周镂刻莲叶、苞蕾，枝茎缠绕，周边为一圈联珠纹。出土时因其粘贴于鎏金铜龙柱释迦牟尼佛像的背后，其性质应为体现佛教装饰物的庄严。

银臂钏两件，长 6.8—7.6 厘米，短径 4.9—5.6 厘米，宽 0.2—1.2 厘米。一件表面錾刻卷草纹，线条纤细流畅，两端较粗；另一件正面锤揲弦纹，背面浅刻“弟子王荦女弟子琥七娘共舍”字样，两端有小孔。臂钏是一种套在上臂的环形饰件，西汉之后盛行，隋唐至宋使用较为普遍。

瑞兽铭带镜，圆形，直径 10.3 厘米。圆钮，内区四瑞兽首尾相随绕钮奔驰，瑞兽间用缠枝葡萄作间隔装饰。外圈一周铭文：光流素月，质禀玄精；澄空鉴水，照回凝清；终古永固，莹此心灵。铭文外一圈锯齿纹。铜镜正面有一幅阴刻线画，画中人物、楼阁、星象、浮云、龙凤、仙鹤、天乐交杂，表现了“发愿往生净土”之主题。此镜与临安唐末水丘氏（钱镠之母）墓出土的一件瑞兽铭文带镜造型相同，而铭文有异。[①]

雷峰塔地宫出土的吴越国瑞兽铭带镜

除进贡所用以外，吴越国统治阶级享用的金银器也不在少数。如临安明堂山水丘氏墓出土的即有银豆、银盖罐等银器，还有金釦、银釦瓷器等。甚至战舰所配备的“火油”发射筒也以铁、银制作。拥有数量如此庞大的金、银器物，对于仅有两浙之地的吴越国而言绝非易事。其中一部分当来于贸易所得，但相当一部分是自己开采冶炼的。

① 参见浙江省文物考古研究所：《杭州雷峰塔五代地宫发掘简报》，《文物》2002 年第 5 期；临安市文物馆、朱晓东：《物华天宝——吴越国出土文物精粹》，文物出版社 2010 年版，第 5 页。

吴越国金、银等金属的镂、镌、釦、镶等加工工艺不同凡响。钱镠母亲水丘氏墓出土的银高足杯，口径 8.5 厘米，底径 7.9 厘米，高 9.7 厘米，杯体纹以缠枝牡丹和涡纹，杯把纹以荷叶纹并錾刻 5 只展翅鸳鸯，刻工细腻，形态逼真。另一件银盖罐，高 14.2 厘米，平面略方，四角圆转，平底下设 4 个对称的叶形圆柱足，盖沿与器肩两侧分别铆焊铰链、搭襻，可以落锁，通体鎏金，饰以卷云纹和莲瓣纹，四面中间开光内分别鎏刻双龙、双狮及乐舞百戏。献给中原王朝的贡品中有金银饰龙凤船、银装器械、银装花榈橱子、金银饰陶瓷器、连金花食器、金排方盘龙带御衣、戏龙金带、佛头螺子青、山螺子、金饰玳瑁器等，举不胜举，不乏稀世之宝，充分反映了吴越国金属工艺技术的高超。

吴越国还用铜、铁、银等材料铸造一种宝箧印经塔。宝箧印经塔又名“阿育王塔”，因造型类似箱箧，内藏匿《一切如来心秘密全身舍利宝箧印陀罗尼经》而得名。据《宝箧印陀罗尼经》中所说，书写、读诵此陀罗尼，或者将经书放入塔中供奉，能够灭除罪障，免于恶道的痛苦，并且能获得无量功德。宝箧印经塔有大小塔之分，其中由铁、铜、银等金属材料制成的小塔又被称作“金

晚唐水丘氏墓出土的錾刻鎏金银盖罐（浙江省文物考古研究所等《晚唐钱宽夫妇墓》，临安博物馆藏）

晚唐水丘氏墓出土的錾刻鎏金银豆（浙江省文物考古研究所等《晚唐钱宽夫妇墓》，临安博物馆藏）

涂塔”。正因为有如此多的福德利益，所以历代佛教信徒建造了许多宝箧印经塔。[①]《佛祖统纪》卷四三曰：

> 吴越王钱俶，天性敬佛，慕阿育王造塔之事，用金铜金钢造四万八千塔，中藏宝箧印心咒经，布散部内，凡十年而讫功。

事实上，钱弘俶为此所花的时间不止“十年”。20世纪50年代以来，各地陆续发现的铁质、铜质大小四种形制的金涂塔已有24座。1999年，在杭州雷峰塔遗址中又发现银质阿育王塔一座，以往文献记载称说发现的金涂塔也在10座以上。[②]从出土的钱弘俶所造的宝箧印经塔来看，其均为小型塔，全部由金属材料制成，俗称“金涂塔”，其构造沿用了印度阿育王塔的造型，均为单层须弥座，塔身正方形，四角分别有山花焦叶，顶部正中五层相轮上镶嵌有摩尼宝珠。其最具有审美艺术价值的就是塔身布满了各种佛传故事的雕刻，雕工细致，手法精湛。[③]

1955年崇德崇福寺塔塔顶出土的五代吴越国鎏金铜阿育王塔，通高21厘米，基座边长8厘米。塔由基座、塔身、塔顶三部分构成。外表鎏金。基座四面各开三龛，各饰三尊坐佛，塔身四面装饰佛本生故事，分别为“萨埵太子舍身饲虎”“尸毗王割肉贸鸽”“快目王舍眼”“月光王施首”。塔顶四角饰山花蕉叶，外侧饰护法力士，内侧饰坐佛，刹座为方形覆莲，塔刹七重相轮，嵌插在塔身上。塔身内侧铸阴文“吴越国王钱弘俶敬造八万四千宝塔乙卯岁记”的造塔题记，内壁出钩，“已”字编号。乙卯岁为后周显德二

① 孙群：《从艺术到文化：泉州宝箧印经石塔与吴越国金涂塔雕刻艺术的比较研究》，《福建师范大学学报（哲学社会科学版）》2014年第2期；仲威：《金石善本过眼录——吴越国金涂塔拓本三种》，《艺术品》2015年第7期。

② 王士伦：《寺塔之建　倍于九国——兼谈喻皓》，周峰主编：《吴越首府杭州（修订版）》，浙江人民出版社1997年版，第122—125页。

③ 金申：《吴越国王造阿育王塔》，《东南文化》2002年第4期；陈平：《八万四千阿育王塔》，《荣宝斋》2011年第3期。

黄岩灵石寺塔出土的五代吴越国铁阿育王塔底铭文（引自《吴越胜览：唐宋之间的东南乐国》）

晚唐水丘氏墓出土的鎏金银盖（浙江省文物考古研究所等《晚唐钱宽夫妇墓》，临安博物馆藏）

年（955）。

1957 年金华万佛塔出土的两座五代吴越国铜阿育王塔，其中一座通高 23.2 厘米，基座边长 8 厘米。塔由基座、塔身、塔顶三部分构成。基座四面各开三龛，各饰三尊坐佛，塔身四面饰佛本身故事。塔顶四角饰山花蕉叶，外侧饰护法力士，内侧饰坐佛。刹座饰方形覆莲，塔刹嵌插在塔身上，七重相轮。塔身内侧铸阴文“吴越国王钱弘俶敬造八万四千宝塔乙卯岁记”的造塔题记。“大”字编号，乙卯为后周显德二年（955）。

1963 年东阳县南寺塔（中兴寺砖塔）出土的五代吴越国鎏金铜阿育王塔，底长 16.5 厘米，宽 16.6 厘米，通高 38.6 厘米，由塔基、塔身、塔刹三部分组成。外部通体涂金，塔基、塔身接合部均留有企口和榫卯。塔基作须弥座，呈正方形，四周各铸四佛像。塔身四面设壸门铸佛像，上部四角立蕉叶山花，铸力士像。塔刹设相轮五重及宝珠，最上部为十字火焰。塔身内上壁和蕉叶山花间铸有阳文“十四”；塔基上部四沿面上铸有：“吴越国龙开寺弥陀会，潘彦温妻王十一娘，男仁太阖家眷属，造此塔永充供养。”塔基与塔身接合面上铸有阳文：“勾当僧惠存。”

1963 年东阳县南寺塔（中兴寺砖塔）出土的五代六层六角银塔，通高 18.9 厘米。塔身呈六角形六层，每层翘角挂有风铎，第一层四周有勾栏，下有须弥座，须弥座一侧设有六级踏步。

天台国清寺附近出土的吴越国飞霞寺铜塔，是单层重檐仿木结构建筑的小塔。塔方形中空，由基座、塔身、塔刹三部分构成。基座三层，分别装饰覆莲纹、佛像、如意纹，基座底部边沿两侧阴刻“（后晋）天福四年（939）岁次己亥六月再舍入飞霞寺永充供养吴越王记”的造塔题记。塔身四面开龛，装饰“西方三圣”像。其上密檐三层，檐面每层铸出斗拱，飞檐翘脊。四脊角有孔，原应悬挂风铎。塔刹相轮五重，饰忍冬纹，顶部作火焰宝珠。由造塔题记可知此塔是吴越国第二代君王钱元瓘发愿铸造的。

杭州雷峰塔地宫出土的五代吴越国鎏金银阿育王塔，通高 35.6 厘米，基座边长 12.5 厘米。它由塔基、塔身、塔刹三部分组成，每个部分由纯银捶

雷峰塔地宫出土的吴越国鎏金银阿育王塔

揲成型，整体铆焊套接。基座下面用方形银板封护，塔座的每侧以菩提树、禅定小佛像四尊相间作装饰。塔身方形，四面圆拱形龛内镂刻佛本生故事画面，每面一个，分别为“萨陲太子舍身饲虎”“快目王舍眼”“尸毗王割肉贸鸽”“月光王施首”，人物外表鎏金，四角各有一只护法金翅鸟。塔身最上层用忍冬纹及兽面纹作装饰。塔身四角饰山花蕉叶，正面捶揲，反映佛祖一生事迹的佛传故事画面，共16幅，背面捶揲佛坐禅、说法等形象。塔刹由刹杆、五重相轮和顶部的摩尼宝珠等构成。塔身镂空处可见内部有奉安“佛螺髻发”的金棺。此塔正是钱弘俶为供养佛舍利而造。塔刹相轮五重，顶部作火焰宝珠。塔刹的底座装饰12朵覆莲，五重相轮上饰忍冬、联珠纹，底轮最大，往上渐收。塔内金瓶高4.4厘米，呈葫芦形，表面錾刻团花、莲瓣等花卉，内盛舍利。[①]

由此可见，钱弘俶确实制作了大量金涂塔。所有这些金、银器及金涂塔，充分反映了吴越国金属加工工艺技术的高超。而所有这些金银器及金涂塔，可能主要出自吴越国首府杭州，然后通过运河及其他交通道路分施各地。

① 以上参见《浙江通志》卷九〇《文物志》，浙江人民出版社2021年版，第712—713页。

雷峰塔地宫出土的吴越国鎏金银阿育王塔局部

二、制瓷业

五代吴越国时期是浙江制瓷史上的繁荣时期。据《吴越备史》《宋史》《宋会要》《十国春秋》等书记载，从吴越宝大元年（后唐同光二年，924）钱镠向后唐进贡秘色瓷器至宋初钱俶贡宋金银陶器的五六十年中，吴越国钱氏进贡中原王朝的精美瓷器超过14万件，数量极其巨大。[①]

慈溪上林湖、上虞窑寺前是吴越国设置官窑的地方。其中窑寺前，明万历《上虞县志》称："广教寺，在县西南三十里，昔置官窑三十六所，有官院故址。宋开宝辛未，有僧筑庵山下，为陶人所祷。吴越领华州节钺钱惟治创建为寺，名保安。治平丙午改今额，俗仍呼窑寺前。"钱惟治为吴越国废王钱弘倧长子，其所建保安寺与官窑有否直接关系，未详。但是此地至迟在北宋开宝辛未（971）仍置官监窑烧瓷。窑场广布于今绍兴、上虞、鄞州、慈溪、奉化、临海、天台、仙居、黄岩、温岭、永嘉、东阳、武义、湖州等地。其中越窑系窑场主要集中在曹娥江沿岸、慈溪上林湖和鄞州东钱湖一带。其中，窑寺前窑址分布很广。20世纪60年代初，浙江省文物考古工作者对窑寺前窑址进行了调查，发现许多产品的造型、纹饰与上林湖窑场所出难分彼此。2015年以来，浙江省文物考古研究所等发掘的位于慈溪市桥头镇上林湖中部的西岸边的后司岙窑址，是上林湖越窑遗址的最核心位置。从历年调查的情况来看，产品中秘色瓷比例高、质量精、种类丰富，是晚唐五代时期秘色瓷的最主要烧造地。发掘面积近2000平方米。揭露包括龙窑炉、房址、贮泥池、釉料缸等在内的丰富作坊遗迹，清理了厚达5米多的废品堆积，出土包括秘色瓷在内的大量晚唐五代时期越窑青瓷精品。此次发掘基本理清了以后司岙窑址为代表的晚唐五代时期秘色瓷的基本面貌与生产工艺、秘色瓷窑场基本格局、唐代法门寺地宫与五代吴越国钱氏家族墓出土秘色瓷的产地问题。后司岙窑址晚唐五代秘色瓷的产品种类相当丰富，以碗、盘、钵、盏、盒、

① 参见郑建华：《越窑贡瓷与相关问题》，《纪念浙江省文物考古研究所建所二十周年论文集》，西泠印社出版社1999年版，第182页。

盏托等为主，亦有瓶、罐、碟、炉、盂、枕、执壶、扁壶、八棱净瓶、圆腹净瓶等，每一种器物又有多种不同的造型。许多器物为首次出土，不见于公私博物馆馆藏与历年来的考古出土品中。①

当然，对于吴越国来说，仅仅上林湖和窑寺前两地烧制秘色瓷是远远不够的，应该还有别的窑场烧制贡瓷。然而其所在尚不得而知。宋人庄绰《鸡肋编》卷上载："处州龙泉县……又出青瓷器，谓之秘色，钱氏所贡盖取于此。宣和中，禁廷制样须索，益加工巧。"《十国春秋》卷一一五《吴越拾遗》亦云："钱氏所进窑器，龙泉章氏兄弟世业也。其青瓷，兄曰'哥窑'，弟曰'生二窑'。"瓯窑系窑场主要分布在楠溪江下游的东岸、罗溪、黄田和仁溪（乌牛溪）上游西部，特别是瑞安飞云江下游北岸及其支流南溪交汇的夹角地带，即陶峰、丰和、荆谷和梅屿等地。台州地区的窑址以温岭、临海等地较为密集。至于民间用瓷，因为需求量巨大，工艺要求不高，烧制的窑场遍布吴越国许多地方。

据学者研究，上虞曹娥江中游两岸，在六朝时曾是早期越窑的生产中心，唐时一度衰落，至五代又重新崛起，吴越在此新建了许多窑场。据《嘉泰会稽志》卷八《寺院》与光绪《上虞县志》转引《万历志》"广教寺"条记载，钱弘俶在位时期，上虞设置了越窑官窑 36 所。目前，考古调查已发现有五代窑址 17 处。主要分布于甲仗村的窑寺前、庄头山、前岙口、栗树山、道士山、寺前村东，凌湖村的甑底山、橡皮地、虎皮岗、蛇头山，龙浦镇魏家庄村的逍遥岙、窑甏里与上浦镇夏家埠村的帐子山等地。鄞州东钱湖窑场是五代晚期新兴的吴越境内第二大窑区，其范围包括东钱湖四周及相邻区域。至目前已发现五代窑址 37 处。此外，奉化发现五代窑址 8 处，余姚孙侯村等地发现 3 处，绍兴县平水镇上灶村官山发现 1 处，绍兴市禹陵乡禹陵村庙湾西水山南坡与东胡乡桐梧村缸窑山东坡各发现 1 处，嵊县缘溪乡上湖瓷窑山发现 1 处。从目前发现的五代越窑窑址来看，吴越时期越窑窑场分布，在延续唐时以慈溪上

① 郑建明：《秘色瓷的发现历史》，《东方收藏》2018 年第 1 期。

吴越国越窑葫芦瓶

吴越国越窑花式钵

吴越国越窑仰覆莲盖罐

（引自《宁波文物集粹》）

林湖为制瓷中心的同时，又迅速发展了上虞曹娥江中游与鄞州东钱湖两大窑场，从而形成了以慈溪上林湖为中心，以上虞曹娥江中游及鄞州东钱湖为双翼的制瓷格局。慈溪上林湖、上虞曹娥江中游与鄞州东钱湖，成为五代吴越国越窑青瓷的三大生产基地。其中慈溪上林湖与鄞州东钱湖，又凭借着其便捷的水运交通而成为吴越国青瓷外销的重要生产基地。由此可见，五代越窑青瓷窑系较唐时又有了进一步的拓展，中心范围进一步扩大。①

浙江省文物考古工作者自 1958 年以来，在杭州、临安等地发掘清理了多座五代墓葬，出土了许多秘色瓷，器形有罂、壶、碗、盘、洗、碟、缸等。这些秘色瓷制作十分精美，胎质细腻坚致，釉层均匀滋润，呈半透明状，釉色以青色和青绿为主，个别器盖呈炒米黄色，瓷缸有呈青黄色者。临安明堂山水丘氏（钱镠之母）墓出土的越窑青瓷器中，有油灯、香炉、盖罂、葵口碗、双系罐、四系坛、粉盒、油盒等 25 件，制作精细，式样优美，青釉晶莹、润泽，大多青中泛黄，当为秘色瓷无疑。②

杭州市玉皇山南文穆王钱元瓘墓中也出土了几件极其精美的越窑青瓷

① 参见郑建明:《浙江上虞 2012—2013 年窑址调查发掘》,《考古通讯》2014 年第 1 期; 李军:《五代越窑青瓷的外销与制瓷技术的传播》，《宁波与海上丝绸之路》，科学出版社 2006 年版。

② 浙江省文物考古研究所编：《浙江考古精华》，文物出版社 1999 年版，第 206 页。

器，包括套盒、划花执壶、蟠龙罂、器盖等。其中的越窑蟠龙罂，虽然口颈部已残，但造型之浑厚尤存，肩腹浮雕双龙，龙头之间饰有一珠，成二龙戏珠之势。龙身附着金饰片，显得雍容华贵，当属越窑秘色瓷器中最具代表性的器物之一。划花执壶，通体冰清玉洁，釉色青绿晶莹给人以“似玉”之感，造型饱满厚重，球腹、曲流、双股鋬，腹壁划四组花草纹，线条娴熟纤细，配以端巧的造型，整个形态显得谐调得体；方盘为平底、敞口，盘壁自口至底内向斜收，口外装方座，式样别致。这些精美的瓷器，为越瓷中的珍品。

临安钱元玩（钱镠第十九子，出家后号普光大师）墓出土的几件青瓷缸，宽厚唇，口下安环耳 4 个，耳根饰柿蒂形，上饰小圆饼 3 个，系仿铜器之铆钉，

晚唐水丘氏墓出土的青瓷褐彩云纹熏炉

晚唐水丘氏墓出土的青瓷褐彩云纹盖罂

（引自浙江省文物考古研究所等《晚唐钱宽夫妇墓》，临安博物馆藏）

钱元瓘墓出土的青釉蟠龙罂

钱元瓘墓出土的青瓷套盒

（引自宿白主编《中华人民共和国重大考古发现》）

高 37 厘米，口径 62.5—64.7 厘米，底径 35—38 厘米。临安板桥吴氏墓出土的褐彩云纹四系瓶，瓶与瓷罂相似，唯腹部呈椭圆形，肩颈两侧置对称双复系，腹颈部绘酱褐色卷云纹，肩部绘覆莲，瓶高 50.7 厘米，腹径 31.5 厘米。如此大型的瓷缸、瓷瓶，无论是制坯成形，还是入窑烧成，都相当不易。苏州七子山五代钱氏贵族墓葬中，亦出土过越窑青瓷金釦边碗一只。① 这些发现说明吴越国确有用金银装饰瓷器的工艺，《宋史》《宋会要辑稿》等文献中“金釦越器”“金棱秘色瓷器”“金银饰陶器”等记载，信而有征。

吴越国境内除越窑外，还有瓯窑、婺窑等。温州市博物馆就藏有五代瓯窑的数件精品，如温州翠微山出土瓯窑青瓷敛口钵，高 7 厘米，口径 13.5 厘米，底径 6 厘米。敛口，圆厚唇，鼓腹，下腹急弧收成小平底。浅灰白色胎，胎质细腻坚致。通体施淡青略泛黄色釉，釉面匀净滋润。温州市郊锦山出土瓯窑青瓷瓜形曲流小执壶，通高 11.6 厘米，口径 2.7 厘米，底径 6.2 厘米。由盖与壶身两部分组成。壶身直口，圆球形腹，高喇叭形圈足外撇。壶腹部

① 廖志豪：《苏州七子山五代墓发掘简报》，《文物》1981 年第 2 期。

作八等瓜棱形，卷曲的长流，从下腹近底处弧形上卷至腹中部，并以泥条形圆环扣加固，并继续向上外弧，流口高于壶口，与流成90度角的一侧腹部有圆环形宽把，把上堆贴一蝉，把面压两道直条纹。盖作盔形，母口，宝珠形钮。浅灰白色胎，胎质细腻坚致。青黄色釉，釉面匀净滋润。[①]

三、丝织业

吴越地区的丝织业，早在唐代就已经非常发达了，民间从事蚕桑丝织者普遍。施肩吾《春日钱塘杂兴二首》中云："酒姥溪头桑袅袅，钱塘郭外柳毵毵。路逢邻妇遥相问，小小如今学养蚕？"[②] 李郢《浙河馆》（一作《暮春山行田家歇马》）云："雨湿菰蒲斜日明，茅厨煮茧掉车声。"[③] 白居易《和微之春日投简阳明洞天五十韵》还说"产业论蚕蚁"。[④] 蚕桑业已是人们日常最为关心的产业，其时杭州上贡的丝织品有白编绫、绯绫等。[⑤] 柿蒂绫亦享有盛名，曾任杭州刺史的大诗人白居易曾有诗赞曰："红袖织绫夸柿蒂，青旗沽酒趁梨花。"在诗中，作者将杭州所产的柿蒂绫与当地的名酒梨花春相提并论，并在诗中自注曰："杭州出，柿蒂花者尤佳也。"[⑥] 到晚唐时，唐代著名书法家褚遂良的九世孙褚载，从当时丝织最为发达的扬州回到家乡，并带来了扬州先进的织造技术，进一步促进了杭州丝织业的发展。褚载，字厚之，工诗，唐乾宁二年（895）进士，"性行端洁，学问赅博，人咸敬仰。其先家广陵，获织绫锦法，世袭为业"。有诗1卷，今存诗14首。后来杭人为了纪念他的

① 见《浙江通志》卷九〇《文物志》，浙江人民出版社2021年版。

② 〔清〕彭定求编：《全唐诗》卷四九四，中华书局1980年版，第5602页。

③ 《全唐诗》卷五九〇，第6852页。

④ 《白居易全集》卷二六，第400页。

⑤ 《新唐书》卷四一《地理志五》，第1059页。

⑥ 《白居易全集》卷二〇《杭州春望》，第299页。

功绩，在城内褚家堂建通圣土地庙，供其为神，额曰“通圣”[①]。

继隋唐以后，浙江丝织业在五代吴越国时期发展速度更快了。吴越国的统治者为了满足贸易、贡献及享受的需要，对于丝织业颇为重视。钱镠自称：“吴越境内，绫绢绸绵，皆余教人广种桑麻。”[②]李琪在吴越王钱公生祠堂碑中说钱镠“善诱黎甿……八蚕桑柘”[③]。清人袁枚在《重修钱武肃王庙记》中也说：“四方喋血以事干戈，我且闭关而修蚕织。”所以，不但在农村“桑麻蔽野”，在城镇也是“春巷摘桑喧姹女”[④]，一派摘桑养蚕的繁忙景象。但由于不断的进贡等，百姓不堪重负。贯休《偶作》一诗写出了人民在重赋下的悲惨生活：“尝闻养蚕妇，未晓上桑树。下树喂蚕饥，儿啼也不顾。一春膏血尽，岂止应王赋？如何酷吏酷，尽为搜将去。”甚至连许多寺院也因此植桑养蚕。罗隐《绣》诗描述说：“一片丝罗轻似水，洞房西室女工劳。花随玉指添春色，鸟逐金针长羽毛。蜀锦谩夸声自贵，越绫虚说价犹高。可中用作鸳鸯被，红叶枝枝不碍刀。”[⑤]

吴越国时期，浙江丝织业的一个特点是官营手工业的产生与发展。杭州作为首都所在，官营织造十分发达。据《吴越备史》卷二所载，唐天复二年（902），钱镠部将徐绾叛，当时“城中有锦工二百余人，皆润人也”。钱镠子元瑛虑其为变，乃命曰：“王令百工悉免今日工作。”遂放出城，而发悬门。钱镠入城，闻其事颇为嘉奖。[⑥]从这条史料中我们可以看出，钱镠在杭州设有官营丝织业手工作坊，城中仅锦工就超过200余人，且已能生产技术含量极高的锦了。钱元瑛矫令既称“悉免今日工作”，可见官营作坊此后依然存在。

① 助圣、通圣两庙及其大概，详见〔清〕杨文杰：《东城记余》卷上“通圣庙记”条，清刻《武林掌故丛编》本。

② 《钱氏家乘》卷六《家训・武肃王遗训》，第141页。

③ 〔五代〕李琪：《梁启圣匡运同德功臣淮南镇海镇东等军节度使淮南浙江东西等道观察处置营田招讨安抚兼盐铁制置发运等使开府仪同三司尚父守尚书令扬杭越等州大都督府长史上柱国吴越王钱公生祠堂碑》，《全唐文》卷八四七，第3947页。

④ 《全唐诗》卷六五四，第7510页。

⑤ 陈尚君辑校：《全唐诗续拾》卷四五，《全唐诗补编》下册，中华书局1992年版，第1408页。

⑥ 《十国春秋》卷八三《云国公传瑛传》，第1194页。

不仅如此，贵族们还大量使用锦。如钱镠功成还乡，大摆酒宴，招待乡亲父老。当时“山林树木，皆覆以锦幄，号其幼所常戏大木曰‘衣锦将军’”，以“表衣锦之荣也”。[①]后来，钱镠又亲巡衣锦军，并制《还乡歌》一首，歌曰：

三节还乡兮挂锦衣，碧天朗朗兮爱日晖。
功臣道上兮列旌旗，父老远来兮相追随。
家山乡眷兮会时稀，今朝设宴兮觥散飞。
斗牛无孛兮民无欺，吴越一王兮驷马归。[②]

吴越国所产丝织品质量精美，数量庞大，并出产很多著名产品。从种类来说，吴越国的丝织品门类齐全，绫有越绫、吴绫、异文绫；锦有盘龙凤锦、红地龙凤锦等；罗有越罗，縠有越縠，纱有金条纱，绢有越绢、印花绢，此外尚有绮、绵、织成等。吴越国的丝织品成衣制作技术精良，常常作为贡品进贡中原王朝。如吴越宝大元年（后唐同光二年，924）向后唐进贡的就有龙凤衣，丝鞋，履子，盘龙凤锦织成的红罗縠袍、袄、衫，御衣，红地龙凤锦被，等等。此前此后亦常以丝织成品衣作为贡品进贡。

吴越国时期丝织业的产量也十分惊人，这从钱氏大量进贡中原王朝和奢耗的情况中可以推知。根据记载，从钱镠受封吴越王到吴越国“纳土归宋”的70余年中，吴越国向中原王朝进贡丝织品的有21个年份，有的一年之中几次进贡。最多的如后周显德五年（958）钱弘俶向周世宗进贡的丝绸就达六次之多：二月进贡御衣、绫绢等物，四月进贡绫、绢各二万匹，闰七月进贡绢二万匹、细衣缎两千匹及御衣等，八月进贡绢一万匹，十一月进贡绵五万

① 《十国春秋》卷七七《武肃王世家上》，第1086页；《吴越备史》卷一《武肃王》，《五代史书汇编》，第6193页。

② 《吴越备史》卷一《武肃王》，《五代史书汇编》，第6205页。

两；十二月又进贡了绢三万一千匹、绵十万两。[①]北宋太祖开宝九年（976）更甚：二月二十一日，贡绢五万匹；二十二日，贡绢三万匹；二十五日，贡绵八十万两；三月初二日，贡绢五万匹；三月初三日，献绢六万匹；六月，所贡绢、绵以万计；十一月贺宋太宗即帝位，贡御衣，绢万匹。前后贡献共七次。其中仅钱俶某次上贡给宋太祖的丝绸织物就有“绫罗锦绮二十八万余匹，色绢七十九万七千余匹”[②]。就在宋太宗太平兴国三年（978）五月吴越国归宋之前两个月（即是年三月），即“纳土”前两个月，钱俶还进贡“白金五万两，钱万万，绢十万匹，绫二万匹，绵十万屯（六两为一屯）”[③]。其数量浩大，举世无匹。贡品有绫、绵、绢、缎等丝织品，以及龙凤衣、丝鞋、履子，盘龙凤锦织成线罗縠袍、袄、衫、御衣，红地龙凤锦被等丝织成品衣衫。这些丝织品以及成品衣衫，充分反映了吴越国杭州丝织业的发达以及丝织成衣制作技术的精良。

吴越国贡奉中原王朝丝织品数量

年代	朝贡王朝	贡物品种和数量
同光三年（925）五月	后唐	锦纱
同光三年（925）九月	后唐	越绫、吴绫、越绢、龙凤衣、盘龙凤锦、织成、红罗縠袍，各种服饰、红地龙凤锦被等
同光三年（925）十月	后唐	锦绮、御服
天成元年（926）五月	后唐	绫万匹
清泰元年（934）九月	后唐	绫绢 5000 匹

① 诸葛计、银玉珍：《吴越史事编年》，第 322—328 页；《十国春秋》卷八一《忠懿王世家》，第 1150、1151、1156、1157、1158 页。

② 《吴越备史·补遗》，《五代史书汇编》，第 6277—6278 页。

③ 《宋史》卷四八〇《吴越钱氏》，第 13901 页。

续 表

年代	朝贡王朝	贡物品种和数量
清泰元年（934）九月	后唐	绫绢 7000 匹
清泰二年（935）九月	后唐	绫绢
天福二年（937）十月	后晋	绢 4000 匹，吴越异文绫 1000 匹，金条纱 3000 匹，绢 2 万匹，绵 9 万两
天福三年（938）十月	后晋	吴越异文绫 8000 匹、金条纱 3000 匹、绢 2 万匹、绵 9 万两
天福六年（941）十月	后晋	绫 3000 匹，绢 2 万匹，金条纱 500 匹、绵 5 万两
天福七年（942）十一月	后晋	绢 5000 匹、丝 1 万两
开运三年（946）十月	后晋	绫 5000 匹、绢 1 万匹，御衣 1 袭，又御服、锦绮、绫罗等
乾祐二年（949）	后汉	御衣、绫绢等
乾祐三年（950）	后汉	绫绢 2.8 万匹、绵 5 万两、御衣 2 袭
广顺二年（952）十一月	后周	御衣、绫、绢等
广顺三年（953）十一月	后周	绫、绢 28000 匹，绵 5 万两，御衣 2 袭
显德三年（956）十一月	后周	绫 1 万匹，又御服、锦绮、绫罗等
显德五年（958）二月	后周	御衣、绫、绢等
显德五年（958）四月	后周	绫绢各 2 万匹
显德五年（958）闰七月	后周	绢 2 万匹，细衣缎 2000 匹，又御衣等
显德五年（958）八月	后周	绢 1 万匹
显德五年（958）十一月	后周	绵 5 万两
显德五年（958）十二月	后周	绢 3 万匹，绵 10 万两，绢 1000 匹
建隆元年（960）三月	宋	贺登极绢 5000 匹
乾德三年（965）二月	宋	长春节御衣 1 袭，罗绮 3000 匹

续　表

年代	朝贡王朝	贡物品种和数量
开宝六年（973）二月	宋	色绫 5000 匹，御衣 1 袭，细衣缎 10 匹
开宝九年（976）二月	宋	绢共计 8.5 万匹，绫罗 2000 匹，绵 180 万两、御衣 1 袭
开宝九年（976）三月	宋	绢共计 11.2 万匹，绫 1000 匹，衣缎 1000 匹
开宝九年（976）六月	宋	绢共计 5.7 万匹，大绫 1000 匹，绵 30 万两
太平兴国元年（976）	宋	色绢 2 万匹，绵 10 万两
太平兴国二年（977）正月	宋	贺登极御衣及绢 1 万匹，又绢 1 万匹，绵 30 万两
太平兴国二年（977）闰七月	宋	绸 2 万匹，绢 2 万匹
太平兴国二年（977）九月	宋	色绫 3000 匹
太平兴国二年（977）十月	宋	共计绢 6.2 万匹，绸 2 万匹，御衣并御衣缎 100 匹，衣缎 4000 匹，色绫 2000 匹
太平兴国三年（978）	宋	绢 10 万匹，绫 2 万匹，绵 10 万两

吴越国的丝织业也为宋代江南地区丝织业的发展打下了坚实的基础，这正如钱文选在《追述钱武肃王治吴越功德，纠正欧史非议之谬诬》一文中说：钱镠“劝民从事农桑，桑麻遍野，至今千余年，江浙丝绸业为全国之冠”。到北宋时，杭州的丝织业已经在全国居于前列。特别是这里的绫，是上贡的物品之一。有鉴于此，宋太宗至道元年（995），朝廷诏杭州“置织务，岁市诸州丝给其用”[①]。崇宁元年（1102），宋徽宗又命童贯置局于苏、杭两州，“造作器用……雕刻织绣之工，曲尽其巧。诸色匠日役数千”[②]。直到北宋末

① 《咸淳临安志》卷八九《纪遗一》，《宋元方志丛刊》，第 4182 页。

② 〔明〕陈邦瞻：《宋史纪事本末》卷五〇《花石纲之役》，中华书局 1977 年版，第 505 页。

的宣和三年（1121），统治者才罢苏杭造作局。晁补之《七述》描述杭州丝织业之盛况曰：

> 杭故王都，俗尚工巧。……衣则纨绫绮绨，罗绣縠絺，轻明柔纤，如玉如肌。竹窗轧轧，寒丝手拨，春风一夜，百花尽发。其制而服也，或袍或襻，或绅或纶，或缘或表，或缝或裥，或紫或纁，或绀或殷。严以奉祠，亵以养安，薄以却暑，厚以御寒。以锡三军，以赉四国，以供耳目之玩，以备土木之饰……

四、造船业

吴越地区是中国造船业的起源地之一。早在八千年前，生活在这里的人就开始造船了。杭州萧山跨湖桥出土的独木舟，是目前发现的世界上最早的独木舟。而杭州水田畈新石器时代遗址出土的距今五千年左右的木船桨，进一步说明杭州地区悠久的造船史。到东汉后期，杭州已经能够制造一些技术含量比较高的船只。唐代的吴越地区，已经成为我国重要的造船基地之一，苏州、湖州、杭州、台州、越州、婺州等都是当时制造大船的地方。《旧唐书》描写唐代舟船之盛时说："且如天下诸津，舟航所聚，旁通巴、汉，前指闽、越，七泽十薮，三江五湖，控引河洛，兼包淮海。弘舸巨舰，千舳万艘，交贸往还，昧旦永日。"[①]另据《新唐书》所载，唐时有一皇帝曾在关中举行了一次全国船舶博览会，诏群臣临观，"坚豫取洛、汴、宋山东小斛舟三百首贮之潭，篙工柁师皆大笠、侈袖、芒屦，为吴、楚服。每舟署某郡，以所产暴陈其上。若广陵则锦、铜器、官端绫绣；会稽则罗、吴绫、绛纱；南海玳瑁、象齿、珠琲、沉香；豫章力士瓷饮器、茗铛、釜；宣城空青、石绿；始安蕉葛、蚺胆、翠羽；吴郡方文绫。船皆尾相衔进，数十里不绝。关中不识连樯挟橹，

① 《旧唐书》卷九四《崔融传》，第2998页。

观者骇异”[①]。杭州所造船只不但数量很多，而且很有特色，即白居易《答客问杭州》所说杭州“小航船亦画龙头”[②]。

五代吴越国的造船业更是发达，当时杭州、湖州、越州、台州、婺州等地都设有造船基地，打造了大量的船只。其中以战舰、龙舟、海船为最著。特别是杭州钱塘江边，舟楫辐辏，望之不见首尾。陶岳《五代史补》卷五《契盈属对》载：“僧契盈，闽中人，通内外学。性尤敏速。广顺初，游戏钱塘。一旦，陪吴越王游碧波亭，时潮水初满，舟楫辐辏，望之不见其首尾。王喜曰：‘吴越国地去京师三千余里，而谁知一水之利有如此耶！’可谓三千里外一条水，十二时中两度潮。”宋太平兴国三年（978）八月，宋太宗诏令钱俶缌麻以上亲属及管内官吏悉归京师开封，凡舟 1044 艘。由此可见其船只数量之多。[③]

吴越国拥有数百艘战舰，如后周显德五年（958）二月，周世宗到扬州。钱弘俶进献御衣、犀带，又供给后周军 20 万石稻米，并派邵可迁、路彦铢率战舰 400 艘、水军 2 万人与周军会师。[④]这些战舰的建造非常特别，船头“皆刻龙头”，船中则配备“火油”发射筒。

吴越国的龙舟建造得非常富丽堂皇。在北宋开国至吴越国“纳土归宋”的短短十八年里，吴越国就向宋王朝进献了银装花舫、画舫、龙舟计 200 艘。后周显德五年（958），钱弘俶贺周世宗“车驾还京”，“进龙舟一艘、天禄舟一艘，皆饰以白金”[⑤]。据北宋科学家、钱塘（今浙江杭州）人沈括《梦溪笔谈·补笔谈》卷二《权智》记载，吴越国进贡宋朝的龙舟，“长二十余丈，上为宫室层楼，设御榻，以备游幸”。在当时，这是非常难得的、制造技术水平极高的船只。后因“岁久，腹败欲修治，而水中不可施工”，满朝文武竟一筹莫展，直到“熙宁中，宦官黄怀信献计，于金明池北凿大澳，可容龙船。

① 《新唐书》卷一三四《韦坚传》，第 4560 页。

② 《白居易全集》卷二四，第 360 页。

③ 《十国春秋》卷八一《忠懿王世家下》，第 1156—1157 页。

④ 《十国春秋》卷八一《忠懿王世家下》，第 1156—1157 页。

⑤ 《十国春秋》卷八一《忠懿王世家下》，第 1157—1158 页。

其下置柱，以大木梁其上。乃决水入澳，引船当梁上，即车出澳中水。船乃笐于空中。完补讫，复以水浮船，撤去梁柱，以大屋蒙之，遂为藏船之室，永无暴露之患”[①]。这一修船过程，及宋朝对于该船的珍爱有加，说明吴越国所打造的龙舟非同一般，也说明其时浙江的造船技术远在中原之上。

与吴越国和其他沿海地区的贸易及海外贸易的需要相适应，吴越国海船的打造也很发达。仅民间，有名可查的吴越商人如蒋承勋、季盈张、蒋衮、俞仁秀、张文过、盛德言等，都拥有自己建造的船只。日人中村新太郎在《日中两千年》里曾说：五代时期，“仅从日本的史书中所见，前后算来，商船往来就有十四次，而实际上恐怕次数还要更多。这些往来的船只，全是中国船，日本船一只也没有。而中国船中，几乎又都是吴越的船只”[②]。充分说明吴越国造船业的先进和发达。

五、雕版印刷业

浙江的雕版印刷始见于唐朝中叶，唐代长庆四年（824）元稹作序的《白氏长庆集》记载：“二十年间，禁省、观寺、邮候墙壁之上无不书，王公妾妇、牛童马走之口无不道。至于缮写模勒，衒卖于市井，或持之以交酒茗者，处处皆是。”原小注曰：“扬、越间多作书模勒乐天及予杂诗，卖于市肆之中也。”[③]

至五代吴越国时期，雕版印刷已经屡见不鲜，成为蒸蒸日上的新兴事业。杭州、越州、苏州等地都是吴越国最为重要的印刷出版地，特别是杭州与金陵、成都并称为当时的三大印刷出版中心。张剑光就认为：“唐代江南印刷刚刚起步，至五代吴越和南唐时，就有了快速的发展。吴越都城杭州是江南最为重要的印刷中心。”[④]《册府元龟》卷六〇八载，后唐朝臣“尝见吴、蜀之人

① 〔宋〕沈括：《梦溪笔谈·补笔谈》卷二《权智》，胡道静：《新校正梦溪笔谈》，第313页。

② 木宫泰彦《日中文化交流史·五代北宋篇》之《五代时期中日间船舶往来一览表》中作15次。

③ 〔唐〕元稹：《元稹集》卷五一《白氏长庆集序》，中华书局1982年版，第555页。

④ 张剑光：《唐五代江南工商业布局研究》，江苏古籍出版社2003年版，第211页。

鬻印板文字，色类绝多。终不及经典”。于是萌生将儒家经典校定雕版印行的想法。这从另一个角度说明吴越国的印刷业已经达到了一定的水平。又,《册府元龟》：同光三年（925）十月，两淮钱镠、留后钱元瓘、苏州节度使钱元璙，各贡进金银锦绮数千件、御服犀带、九经书史汉唐书共 423 卷。有学者认为，同光三年（925）钱镠等向后唐进贡的九经书和汉唐史书，很可能就是印刷品，因为中原不缺史书，钱氏能够拿出来作为贡品，必有其特殊之处，而吴越国的图书印得十分精美，肯定会得到中原王朝统治者的喜爱。①

1917 年，浙江湖州天宁寺石幢被拆毁，工人于石经幢象鼻中发现吴越国国王钱弘俶时刻印本《一切如来心秘密全身舍利宝箧印陀罗尼经》一卷。此经卷高为工部营造尺 2 寸 5 分，版心 1 寸 9 分半，每行 8 字或 9 字，经文共 338 行，后空一行题“宝箧印陀罗尼经”，并前后题共 342 行。经前有画，作人礼塔状，广 2 寸有奇，画前有题记 4 行，曰：“天下都元帅吴越国王钱弘俶印宝箧印经八万四千卷，在宝塔内供养。显德三年丙辰岁记。”② 显德三年丙辰，即公元 956 年。这比雷峰塔经卷还早 20 年。据王国维《两浙古刊本》卷上载：“卷高工部营造尺二寸五分，板心高一寸九分半，每行八字或九字，经文共三百三十八行，题宝箧印陀罗尼经，并前后题共计三百四十二行，经前有画作人礼塔像，广二寸□分。”王国维认为：“小经卷刊本传世者，以此卷为最古，即吾浙古刊之存者，亦以此卷为最古矣。”③ 即这是浙江已发现的最早的有纪年的雕版印刷品。

1924 年，杭州雷峰塔倾圮，在塔砖孔内也发现藏有《一切如来心秘密全身舍利宝箧印陀罗尼经》一卷。此经卷全长 2.11 米，高 7.3 厘米，卷首刻礼佛图，次为经文，经文首行 11 字，余每行均为 10 字，全卷 271 行，共 2700

① 陈国灿主编，张剑光著:《江南城镇通史》（六朝隋唐五代卷），上海人民出版社 2017 年版，第 249 页；苏勇强：《五代时期吴越国印刷文化传统》，《深圳大学学报（人文社会科学版）》2008 年第 5 期。

② 王国维：《观堂集林》卷二一《显德刊本宝箧印陀罗尼经跋》，中华书局 1961 年版，第 1049 页。

③ 王国维：《观堂集林》卷二一《显德刊本宝箧印陀罗尼经跋》，第 1049 页。

余字，经纸分白绵纸和竹纸 2 种，卷首题刊三行云：“天下兵马大元帅吴越国王钱俶造此经八万四千卷，舍入西关砖塔，永充供养，乙亥八月日纪。”“乙亥”即宋开宝八年（975）。此外，还发现了雕版印刷的塔图，也称塔卷，长 1 米许，每层画一塔，四塔相叠，上画讲经故事，雕刻精细，印刷清晰。目睹过雷峰塔初倒时面世的佛经的俞平伯高度评价说：“国内除敦煌所发见的唐写经外，恐怕要推此次发见为巨擘了。”[①]

1956 年，浙江丽水龙泉县东大寺东西二塔出土了吴越国雕版印刷的佛经残卷。该塔塔砖上有“太平兴国二年”题刻。该经卷为卷轴装，墨书，全卷由 19 张抄经纸粘连而成，卷前为发愿文，卷尾为忏悔文，经文为《佛说佛名经》卷第二十五，总 523 行。全卷佛名、经名开笔“南”字写成浓墨粗笔大字，风格明显。佛名上方印朱色坐佛，计 322 尊。经名上方印朱色佛塔，计 26 座。[②]

1960 年，丽水碧湖宋塔出土了吴越国刻本《佛说观无量寿佛经》。此经卷为五代吴越末期杭州刻本，南宋初重印。经折装，首尾全，经页残缺，总计 37 页，每半页 6 行，每行 17 字。单线板框，楷书，黑漆版面，其上墨书“佛说观无量寿佛经”。卷首刻讲经扉画一页，卷尾刊刻南宋绍兴二十二年（1152）郑若璿施愿经文一篇。

1960 年，浙江丽水县碧湖镇宋塔出土吴越国时期刻本《佛说观世音经》1 卷，计 16 页。经折装，单线板框，楷书，无栏。卷首刻讲经扉画一页，经题《佛说观世音经》，经文为《妙法莲华经 · 观世音菩萨普门品》。卷尾长方形小框内刻“杭州法昌院印造”，并加盖红色水印一方，文为：“始平□□。”方框上首有红色“诜”字小圆水印一颗。卷尾附刻北宋政和六年（1116）杭州钱塘县张衍施经愿文一篇。此经为五代吴越末期杭州刻本，政和六年重印本。另有《佛说观无量寿佛经》1 卷，计 37 页；四卷本《金光明经》1 卷，共计 208 页；《大方广圆觉修多罗了义经》1 卷，计 48 页。金志超等人认为，以上这 4 卷经，应该也是五代吴越国末期（相当于公元 978 年以前）所刻的

① 浙江省文物考古研究所：《雷峰遗珍》，文物出版社 2002 年版，第 71 页。
② 《浙江通志》卷九〇《文物志》，浙江人民出版社 2021 年版，第 709 页。

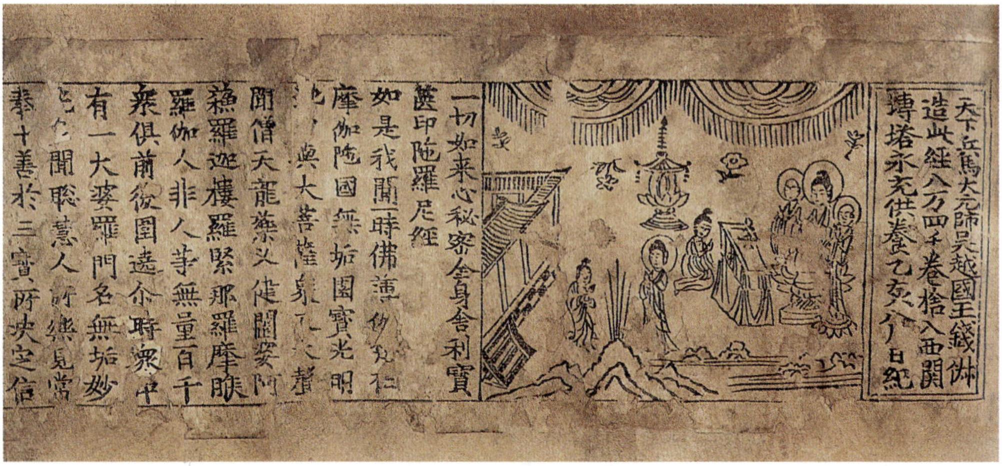

雷峰塔出土的五代吴越国经卷

版本，保留到北宋晚期或南宋初期重印的。[①]

叶恭绰旧藏吴越国刻本《一切如来心秘密全身舍利宝箧印陀罗尼经》。卷轴装，楷书。纵 7.6 厘米，横 210.7 厘米。引首有黄起凤绘设色雷峰塔图，款题：“用梅瞿山笔法写黄妃塔影，晓汀黄起凤甲子冬月客西泠。”卷首题“天下兵马大元帅吴越国王钱俶 / 造此经八万四千卷舍入西关 / 砖塔永充供养乙亥岁八月日纪”，卷前扉画《礼佛图》。经文后钤“恭绰”白文方印和“玉父造像记”朱文方印。总 271 行，满行多为 10 字。乙亥岁为北宋开宝八年（975）。

1971 年 1 月，安徽无为县中学在宋代舍利塔下砖墓小木棺内发现后周显德三年（956）吴越国国王钱弘俶印《宝箧印陀罗尼经》一卷。

1971 年 11 月，浙江绍兴市城关镇物资公司工地出土了铜铸金涂塔一座。该塔底盖铸有“吴越王俶敬造宝塔八万四千所，永充供养，乙丑岁记”等字，塔内小木筒中藏有《宝箧印经》一卷，首题：“吴越国王钱俶敬造《宝箧印陀罗尼经》八万四千卷，永充供养。时乙丑岁记。”接着为礼佛图，后面是经文，经卷字体细小精美，每行十一二字，印刷清晰。此“乙丑”岁即宋太

① 金志超：《浙江碧湖宋塔出土文物》，《文物》1963 年第 3 期。

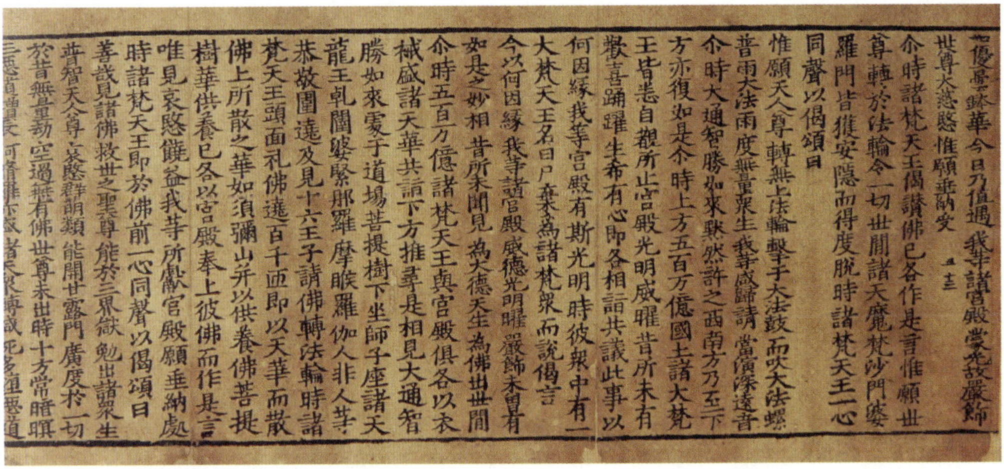

唐五代刻本《妙法莲华经》（引自《吴越胜览：唐宋之间的东南乐国》）

祖乾德三年（965），比雷峰塔经早 10 年。[①] 印刷史专家张秀民指出过去认为吴越国的印刷尚在初期试验阶段，看了绍兴出土的乙丑本经卷后，才认识到，此印品不但扉画线条明朗精美，而且文字清晰悦目，如宋本佳椠，纸质洁白，墨色均匀，千年似新。它有力地证明了吴越国的雕版印刷品不仅数量多，而且质量亦达到了一流的水平。而礼佛图是印在绢素上的，也是最早用丝织品作为承印材料来印刷版画的作品，可见当时的印刷技艺水平之高。[②]

1987 年 11 月，黄岩县灵石寺塔第四层北部天宫出土了五代吴越国墨书白描《佛说预修十王生七经》。此经卷长 603 厘米，宽 31 厘米。横卷，纸质细腻。全卷由多纸粘成，一纸 32 行，行 17 或 18 字。卷首纸色变褐色，内部纸色浅黄，字行作红线直格，5 卷。每卷变文 33 篇，变相 10 幅，2200 字。10 幅十殿阎王和六道轮回图画均纯用白描线条勾勒，墨线有力，形象生动。现藏于黄岩博物馆。

金代赵城所藏《摩诃止观》卷第十，经题有“天下兵马大元帅吴越国王

① 张秀民：《五代吴越国的印刷》，《文物》1978 年第 12 期。

② 张秀民：《五代吴越国的印刷》，《文物》1978 年第 12 期；宿白：《唐五代时期雕版印刷手工业的发展》，《文物》1981 年第 5 期。

钱俶开此论施”一行。

吴越国著名高僧延寿和尚曾先后主持灵隐寺、永明禅院（即净慈寺）。其间，他受吴越王钱弘俶之命，刻印了大量佛经。据北京国家图书馆所藏南宋绍兴三十年（1160）临安府北关接待妙行院比丘行拱募缘重开，钱塘鲍询书、李度雕的《心赋注》及释元照重编的《永明知觉禅师方丈实录》记载，延寿禅师刊印的佛经及佛图，计有《弥陀塔图》（亲手印 14 万本）、《弥陀经》、《楞严经》、《法华经》、《观音经》、《佛顶咒》、《大悲咒》（以上约印于 939 年左右）、《二十四应观音像》（914 年开版雕刻，用绢素印 2 万本）、《法界心图》（印 7 万本）、《孔雀王菩萨名消灾集福真言》、《西方九品变相毗卢遮那灭恶趣咒》（以上各印 10 万本）、《阿閦佛咒》、《心赋注》（延寿撰并注）。据张秀民考证：“在东南的吴越国王钱弘俶与延寿和尚所印的大量佛教经像、塔图咒语，其中有数字可考者即有六十八万二千卷（或本），数量之巨是空前的。”[①] 以上雕版印刷的佛教经、像、咒语，均

五代吴越国刻本《一切如来心秘密全身舍利宝箧印陀罗尼经》（引自《吴越胜览：唐宋之间的东南乐国》）

① 张秀民：《中国印刷史》，上海人民出版社 1989 年版，第 50 页。

当以杭州为主。[①]

除延寿外，吴越国其他僧侣也有刻印之举。如《宋高僧传》卷二八载："释永安，姓翁氏，温州永嘉人也。汉南国王钱氏召居报恩寺，署号禅师焉。乃以《华严李论》为会要，因将合经，募人雕板，印而施行。"又，水心禅院住持道诜亦曾刻印《往生西方净土瑞应删传》印本。[②]

总之，这种由五代吴越国君主提倡、寺僧主持、大量印刷的出版现象为历史所罕见。面世的吴越国刻印的佛经，充分展示了其雕版印刷业的发达和高超的技术水平。

六、玉雕业和漆器制作业

（一）玉雕业

五代吴越国的玉器，继承唐风。吴越国钱氏王族墓以及雷峰塔地宫出土的众多玉器，玉牌、玉佩、玉饰件、各类花形饰片琳琅满目，用料考究，琢刻技艺精湛，众多新式器形及纹饰开风气之先，充分反映了当时琢工业的发达及制作技艺的高超。

五代吴越国钱氏家族墓出土的玉器，以钱镠母亲水丘氏墓的玉栉面和钱元瓘夫人恭穆王后墓的玉步摇、玉佩、玉镶嵌等玉器为代表。

水丘氏墓出土的玉栉面，和田青白玉质料，布局形式上采用了对称式，以唐代常用的花鸟为主题构图，双面雕琢，在雕琢中采用了底子内凹的工艺手法以强化立体感，使花鸟更富神韵，更具观赏性。

受唐代金银饰品的影响，五代临安康陵玉器多以片状饰件为主，同时康陵的玉器琢雕工艺也受到当时绘画艺术的影响，形成了既与唐代工艺有联系又有自己独特工艺特色的风格，玉质温润晶莹，纹饰雍容华贵。从出土的吴

① 参见王士伦：《雕版印刷　称誉当世》，周峰主编：《吴越首府杭州（修订版）》，第76—81页。

② 张秀民：《五代吴越国的印刷》，《文物》1978年第12期。

越国玉器来看，其纹饰大多以龙、凤、鸳鸯、蝴蝶、牡丹、灵芝等为造型，形成了吴越国琢玉工艺的一大特色。

康陵出土玉器 10 件，其中，白玉鸳鸯纹栉面，整器呈半圆形，顶边呈圆弧形，下端有便于嵌插的凸榫，榫边缘略缺损未经修整。长 5.3 厘米，宽 2.4 厘米，最厚处 0.23 厘米。单面阴刻一对相向而立的鸳鸯，扇形冠，凤眼，曲颈，颈部饰米字形纹，挺胸展翅，羽尾上扬形若双叶。两鸳鸯中间下部刻有一组如意纹。此器雕刻精细，刻纹生动，工艺精湛，为康陵所有出土玉器中最佳者。

白玉牡丹纹花片 1 件，长 7.2 厘米，宽 4.4 厘米，厚 0.15 厘米。白玉，玉质晶莹剔透。正面用阴线刻出一朵含苞待放的牡丹花，反面平素未经打磨。牡丹花用三个层面来表现，最中心以网格细线表示花蕊，中心一层为含苞，外层为盛开的花瓣，边缘一周以自然花瓣形成大小不同的弧边，花瓣采用细线表示茎脉。花蕊下方镂刻两个对称的小圆孔。

白玉鸳鸯雕件，通长 3.7 厘米，高 2.6 厘米，厚 0.6 厘米。鸳鸯身体和两个翅膀分别雕琢，然后组装构成一只展翅的鸳鸯。用立体圆雕手法在整块玉上雕琢出鸳鸯的头颈及身躯。两侧眼睛双线阴刻，长冠后掠。身躯呈扁圆体，近脊背镂刻长条形孔，以便镶嵌翅膀。另外雕出两片扁薄的翅膀和一片尾羽，一面有斜面便于扦插，用细长线条镂刻成羽毛形态。羽根处有小圆镂孔，身下有凹槽，出土时有铜丝穿于圆孔及凹槽处，可见原件系采用铜丝捆扎固定。尾端刻有凹槽，表示上翘的鸳鸯尾巴。鸳鸯玉雕出土时在身躯及翅膀上多处粘有金箔。

白玉灵芝纹花片，长 9 厘米，宽 6 厘米。玉质晶莹剔透。平面呈不规则的弧边三角形，采用镂空结合的透雕及双面阴线刻手法。中间花蕊由三组斜线组成，为两朵四叶重瓣花朵，花瓣中心各镂八个椭圆形细长孔，以增强视觉效果。外缘刻出四朵灵芝花，枝干用阴刻直线表示，边缘呈曲线连弧状排列，随沿单阴线勾勒，玉片一端呈尖首状，刻有细密的阴线，可能用于嵌插。中心镂椭圆形孔，花蕊、灵芝枝干和尾部均阴刻线条，玉质白润，造型巧妙。

白玉牡丹花片，形似一朵盛开的牡丹花，单面阴刻，由十片花瓣和一蕊形花蕊构成，花蕊阴刻网格纹，由三片花瓣合护，其余七片花瓣自然舒展，分三组两侧对称排列，中间一片扇形花瓣托底，花瓣上阴刻放射状线条，边缘为连续弧形，花朵中下部镂两个对称圆孔，玉质莹润剔透，雕刻写实细腻，造型优雅别致。

雷峰塔地宫出土的玉器，其题材更加世俗化，既有动植物形象，还有观音、善财童子等佛教造像。玉善财童子立像，头插鎏金银钗，身着对襟半臂衫，双手托于腰际，脚踩在飘浮的云彩上，衣衫随风飘逸，一副怡然自得、天真自信之态，颇为传神。这个玉善财童子立像竖插在“九山八海”题材的方座上，为我国目前发现年代最早的玉童子雕像，比四川华蓥安丙墓出土的玉童子像早两个多世纪。

雷峰塔地宫出土的五代玉善财童子

上述这些吴越国水丘氏墓、康陵等陵墓以及杭州雷峰塔地宫等地出土的玉器，让我们清晰地领略到吴越国精进发达、深邃巧妙的琢玉工艺。其中出现的组装饰件，除个别圆雕件外，立体饰件均为多件片状玉饰组合而成，如半圆形玉花片是将两片半圆状薄片呈十字形榫接在一起。白玉龙形雕平面呈三角形，双面雕刻，局部镂空，上部雕一条飞龙，下衬五组如意祥云，飞龙回首顾尾，通体阴刻网格纹，玉质纯正，构思巧妙，整体造型优美，雕刻形象生动传神。其在工艺上采用了单面阴刻、双面阴刻、立体圆雕、镂空透雕等多种技法，风格写实。有学者认为，这些精美的玉器，特别是钱氏王族用玉的发现意义重大，在中国玉文化研究领域有着重要的地位，它打破了汉代以后浙江地区的考古发掘中鲜有玉器出土的沉闷局面，弥补了隋唐至清中国玉文化阶段的缺环，为我们研究和认识五代吴越国玉器工艺特征及宫廷用玉制度提供了不可或缺的实物资料。[①]

（二）漆器制作业

五代十国时期，吴越国手工业得到继续发展，成为漆器的主要生产地。其漆器制作技术和艺术风格在唐代的基础上有了一系列新的突破，漆器品种不断丰富，这从出土文物中可以清楚地看出。

1957年，江苏苏州虎丘云岩寺塔第二层出土了鎏金镂花银包边楠木经箱。此经箱通高21厘米，长37.8厘米，宽19.2厘米，置于石函内。箱底垫有丝织物，楠木质胎上髹透明单漆，盝顶各部边缘和接缝处皆镶嵌包银质鎏金花边，工艺极为精细。经箱大体完整，镂金工艺精妙。经箱须弥座边沿横凿小字一行："建隆二年男弟子孙仁朗镂，愿生安乐国为僧。"箱外底墨书四行："弟子言细招舍净财造此函盛金字法华经。弟子孙仁遇舍金银并手工装。弟子孙仁朗舍手工镂花。辛酉岁建隆二年十二月十七日丙午入宝塔。"箱上记载制作艺人姓氏和时间的作品十分可贵，北宋建隆二年为公元961年，属吴越国后期。

1978年，苏州瑞光寺塔第三层塔心天宫出土的五代吴越国时期黑漆嵌螺钿花卉纹经函，是迄今为止中国境内出土最完整的晚唐五代嵌螺钿工艺器物。表面髹黑漆，四周斜坡和边沿以螺钿通体镶嵌有瑞花、菱形环带花纹，间以蝴蝶和飞鸟状钿片。箱身壁面四周镶嵌缠枝形石榴、牡丹等花卉图案，整体呈现出雍容华贵的气象。[②]

1986年，始建于唐代的湖州飞英塔出土了一件残损的五代吴越国螺钿黑漆经函。经函现藏于湖州市博物馆，为嵌螺钿木胎漆器，盝顶、函身连座，立面处以企口榫卯结合，其他用铁钉固定。经函通体黑漆，函外布满镶嵌的

① 以上参见杭州市文物考古研究所、临安文物馆编著：《五代吴越国康陵》，文物出版社2014年版，第35—37页；徐玲：《吴越国钱氏王族文物的初步研究——以临安市文物馆藏品为中心》，《杭州文博》第18辑，浙江古籍出版社2017年版。

② 苏州市文物保管委员会：《苏州虎丘云岩寺塔发现文物内容简报》，《文物参考资料》1957年第11期；苏州博物馆：《苏州博物馆藏虎丘云岩寺塔、瑞光寺塔文物》，文物出版社2006年版，第36—41页。

苏州瑞光寺塔出土的五代吴越国黑漆嵌螺钿经函（引自《吴越胜览：唐宋之间的东南乐国》）

佛教装饰图案，嵌物以蚌片为主，还有水晶珠和绿玻璃片。贝片割制精细，中间加雕刻纹，镂空处以绿松石镶填。经函底板部有朱书题记："吴越国顺德王太后吴氏谨拾（施）宝装经函肆只入天台山广福金文院转轮经藏永充供养时辛亥广顺元年十月日题记。"五代后周广顺元年为公元951年。据此可知"宝装经函"主人是五代末期吴越王钱弘俶的母亲、顺德王太后吴汉月。底板四周钉对角边条为基座，盒旁中小方线条绕周盒盖为盝顶，并施铁质燕尾梢。复原外形尺寸为长40.3厘米，宽20.8厘米，高23厘米。经卷为纸质折装七卷本，木刻雕刻印刷，页面尺寸约30×10.7厘米，卷内满页竖排5行，满行18字左右，卷中刊有精美礼佛图。每卷本上各有衬板一块，表面髹棕红漆，上有墨书"妙法莲华经第□"。[①]

从上述出土的吴越国经函中，可知吴越国漆器工艺、特别是其嵌螺钿制作工艺的概貌。

① 以上参见湖州市飞英塔文物保管所：《湖州飞英塔发现一批壁藏五代文物》，《文物》1994年第2期。

七、煮盐业、制茶业、酿酒业和造纸业

（一）煮盐业

盐是人类不可或缺的生活必需品。海水煮盐业历来是吴越地区的一个重要产业，在全国占有一定的地位，特别是在唐代得到了迅速的发展。唐宝应年间（762—763），盐铁使刘晏领东南盐事，“随时为令，遣吏晓导，倍于劝农”，十分重视盐业生产。设立了“涟水、湖州、越州、杭州四场，嘉兴、海陵、盐城、新亭、临平、兰亭、永嘉、大昌、侯官、富都十监”[①]。浙江产盐地有苏州嘉兴（今嘉兴）、杭州盐官（今海宁）、越州会稽（今绍兴）、余姚、明州鄮县（今宁波）、台州黄岩、宁海、临海、温州永嘉（今温州）等9处，分布于浙北钱塘江杭州湾南北岸和浙东南台州、温州沿海。两浙盐区至此基本形成。五代时期，吴越国的盐场更是遍布沿海地区，产量巨大，除了供应本国市场外，还有相当一部分外销到吴越国外。史载五代末期南唐大将卢绛“常于海门遮获越人船舫盐货，献于金陵”[②]。乾祐元年（948）四月，钱元瓘第十子钱弘亿任两浙盐铁。当时越人的船只曾满载数万石盐，运到北方销售。

其时的制卤方法，《新唐书·食货志》有“盐生霖潦则卤薄，暵旱则土溜坟”之说，亦即《盐法通志》所谓“制卤方法曰刮，曰淋，久旱则潮气下降，土燥而盐不生花；久雨则晒灰沾湿，卤气不足”。可见当时已经采取刮泥淋卤的制卤方法。宋初《太平寰宇记》卷一三〇《刺土成盐法》云：“凡取卤煮盐，以雨晴为度。亭地干爽，先用人牛牵挟刺刀取土，经宿，铺草籍地。复牵爬车聚所刺土于草上成溜，大者高二尺，方一丈以上，锹作卤井于溜侧，多以妇人、小丁执芦箕，名之为黄头，舀水灌浇，盖从其轻便。食顷，则卤流入井，取石莲十枚，尝其厚薄。全浮者全收盐，半浮者半收盐，三莲以下浮者，则卤未堪，须却刺开而别聚溜。卤可用者，始贮于卤槽，载入灶屋。”然后装盘起火，煮盐为结晶。以上“刺土成盐法”也是隋唐五代时期所采用

---

① 《新唐书》卷五四《食货志四》，第1378页。

② 〔宋〕龙衮：《江南野史》卷一〇《卢绛》，大象出版社2019年版，第154—155页。

的刮泥淋卤制卤方法。

结晶方法仍为煎盐。煎盐工序，按宋代之制推测，大约浙西盐官、汤村等场用铁盘，浙东钱清、石堰等场用竹盘。煎盐时用卤桶将卤水由竹溜泻入盘中，然后起火开煎，并投以皂角或白矾、米粉、麻仁，促进结晶成盐。既已成盐，再用铁锹装入箩中。

原盐产量，据宋《舆地纪胜》卷四〇引唐《元和郡县图志》记载，号称诸盐监之首的扬州海陵（今江苏泰州）监“岁煮盐六十万石”，而“楚州盐城，浙西嘉兴、临平两监，所出次焉”。《舆地纪胜》卷三九又说：盐城监“每岁煮盐四十五万石”，则嘉兴、临平产量应略低于此。宋《嘉泰会稽志》卷一七云：“唐越州有兰亭监，官场五，曰会稽东场，会稽西场，余姚场，怀远场，地心场，配课四十万六千七十四石一斗。”姑且不计各地盐产在年份上的差异，又将嘉兴、临平两监各按45万石计，永嘉监按20万石计，则浙江境内嘉兴、临平、兰亭、永嘉4监每年盐产为150多万石，差不多占淮浙海盐产量的一半。[①]

吴越国的盐业生产继承唐制而有所发展，吴越国的创始人钱镠16岁时曾贩盐谋生，对于盐的生产和销售自有深刻的认识。宋代两浙盐业生产的迅速发展，当是吴越国盐业生产的继续和发展。

（二）制茶业

有学者认为：“茶叶自唐代开始大面积种植，湖州的紫笋，婺州之东白，睦州之鸠坑，天目之青顶，华顶之云雾，越州之平珠，建州之建茶，通过江南河、钱塘江，源源不断地水运至杭州港。吴越国时，仅从杭州港发出的外贡茶就达60万斤之多，每年运入杭州港的约20万斤。”[②]浙江省内特别是钱塘江以南地区北运的茶叶通常都汇集于杭州，经运河北上一路贩卖。

吴越国出产茶叶，其种植和制作技术大约仍如唐朝，但是品种、数量有了很大的发展。据《册府元龟》卷一六九《帝王部·纳贡献》、卷一九七《闰

① 参见郭正忠主编：《中国盐业史·古代编》，人民出版社1997年版，第79—236页；浙江省盐业志编纂委员会编：《浙江省盐业志》，中华书局1996年版，第70、71页。

② 吴振华编著：《杭州古港史》，人民交通出版社1989年版，第77页。

位部·纳贡献》与《宋会要辑稿》蕃夷七之一至一〇《历代朝贡》的有关记载，吴越国在五代时向北方政权贡茶共12次，其中3次没有具体数量，9次有具体数字的，共贡茶343800斤。具体如下：开平三年（909）四月，钱镠上贡中原王朝睦州大茶三百一十笼；乾化元年（911），两浙上贡中原王朝大方茶二万斤；后晋高祖天福三年（938）十月，钱元瓘上贡中原王朝大茶、脑源茶六万四千斤；天福七年（942）十一月，钱弘佐上贡中原王朝茶二万五千斤；开运三年（946）十月，钱弘佐上贡中原王朝脑源茶三万四千斤；太平兴国三年（978）四月，钱俶上贡中原王朝茶十万斤，建茶万斤等。吴越国多次进贡中原王朝的贡茶数量动辄数万斤，远远超过了唐代。这些贡茶中，品种有屯茶、建茶、睦州大茶、大方茶、细茶、脑源茶等，比唐代有显著增加。其中屯茶、建茶出自今福州，其余睦州大茶、大方茶、细茶、脑源茶等品种当均出自两浙。

（三）酿酒业

酿酒业早在唐代便称盛于世，白居易《杭州春望》诗："红袖织绫夸柿蒂，青旗沽酒趁梨花。"其中，柿蒂纹的绫和梨花酒是杭州的特产，并自注："其俗，酿酒趁梨花时熟，号为梨花春。"①

吴越国的酿酒业有官酿、坊酿和民酿。吴越国也曾屡屡向中原王朝贡酒。酒的品种有上酒、细酒和法酒。上酒，顾名思义为上等好酒。细酒为细粮酿制之酒。法酒为朝廷宴饮、祭祀用酒，自然也是好酒。这类酒大凡出自官酿。唐代以来的两浙名酒如乌程箬下酒等见于诗人笔端。"狂折野梅山店暖，醉听村笛酒楼寒"（《江边有寄》），"村桥酒旆月明楼，偶逐渔舟系叶舟"（《村桥》），"风高绿野苗千顷，露冷平楼酒满卮"（《寄三衢孙员外》）。这些诗句，不但反映了酒肆的普遍，也反映了民间酿酒业的发达。

《续资治通鉴长编》卷三二"淳化二年八月丁卯"条有一则关于钱俶"募民掌榷酤"的记载："诏两浙诸州，先是钱俶日，募民掌榷酤，酒醨坏，吏

① 《白居易全集》卷二〇，第299页。

犹督其课，民无以偿，湖州万三千三百四十九瓶，衢州万七千二百八十三瓶，台州千一百四十四石，越州二千九百四石七斗，并毁弃之，勿复责其直。”此诏说的是由于钱弘俶募民掌酒专卖，酒味薄而坏，对酿酒业造成了不良影响。这从另一角度也说明吴越国湖州、衢州、台州、越州等地酿酒业的发达，产量及销量之大。罗隐有诗云：“梅繁几处垂鞭看，酒好何人倚槛倾。会待与君开秫瓮，满船般载镜中行。”[①]

吴越国还向中原王朝进贡国产的名酒。如后周太祖广顺元年（951）正月庚辰，后周太祖郭威下诏：“条举应天下州府旧贡滋味食馔之物所宜，除减其两浙停贡细酒、海味、姜瓜。”[②]

（四）造纸业

浙江的造纸业早在唐代就著称于时。如浙东的特产藤纸，据舒元舆《悲剡溪古藤文》说：“异日过数十百郡，泊东洛西雍，历见言书文者，皆以剡纸相夸。”[③]

吴越国的造纸业，已经达到了较高的水平，是当时造纸业最为发达的地区之一。生产地主要有杭州、越州（今绍兴）、婺州（今金华）、衢州、睦州（治今建德梅城）、苏州、温州等。

如前所述，吴越国印刷业发达，由于士人著书立说、读书人学习、制作公私契约文书、制作往来账簿、糊窗等需要，以及生活中需要制作屏风、灯笼、伞、风筝等用品，需要的纸张数量极其巨大。其纸的品种，主要是皮纸和竹纸。特别是唐代竹纸的兴起，是吴越地区纸工对中国造纸技术史所作出的一项伟大贡献。潘吉星认为：“竹纸的出现标志造纸史中一个革命性开端，即以植物茎秆纤维造纸，为后世欧洲机械木浆纸开启绪端。……在这方面，中国领先欧洲达千年以上。”[④]纸的生产技术和质量均比过去有了进一步的提高。据

① 《全唐诗》卷六六三，第7597页。

② 《旧五代史》卷一一〇《周书第一・太祖纪一》，第1463页。

③ 《全唐文》卷七二七，第3321页。

④ 潘吉星：《中国造纸史》，上海人民出版社2009年版，第194页。

文献记载，杭州在五代吴越国和北宋初年，有人穿纸衣的现象。如程珌《临安府五丈观音胜相寺记》载：“予比年焚绮研，不复作羡语。今寿来千里，门之不去者逾月，勉即其录而次第之。其录云：寺负钱塘龙山，唐开成四年建，曰隆兴千佛寺。后有西竺僧曰转智，冰炎一楮袍，人呼纸衣道者。”[①]叶绍翁《四朝闻见录》载：“观音高五丈，本日本国僧转智所雕，盖建隆元年秋也。转智不御烟火，止食芹蓼；不衣丝绵，常服纸衣，号纸衣和尚。高宗偕宪圣尝幸观音所。宪圣归，即制金缕衣以赐之，及挂体，仅至其半。宪圣遂遣使相其体，再制衣以赐。”[②]纸衣一般由较厚而坚的楮皮纸缝制而成，或染色或本色，将其揉皱，相当耐折。穿纸衣还可防风寒，而且透气性好。其在宋代以后更为普遍，甚至在今天的日本还有人以纸为衣，显然传自中国。[③]

第四节　渔业生产

一、渔业捕捞

吴越国的渔业资源非常丰富，以杭州为例。北宋文人晁补之在《七述》中便载道：

> 杭之为州，负海带山，盖东南美味之所聚焉。水羞陆品，不待贾而足。……鱼则鲻鲂鳣鲌，鲈鳜鳊鲤，黄颡黑脊，丹腮白齿，江鲟之醢，石首之鲞，或腊或枯，或脍而生。白鳗青鲞，黄鼋黑蟹，鲊鱼花蛤，车蛾淡菜，蛙白肖鸡，螺辛类芥，鼎调瓯饤，牛呵狢嚗。

① 〔宋〕程珌：《洺水集》卷七，文渊阁《四库全书》本。

② 〔宋〕叶绍翁：《四朝闻见录》甲集《五丈观音》，中华书局 1989 年版，第 31—32 页。

③ 潘吉星：《中国造纸史》，上海人民出版社 2009 年版，第 206 页。

吴越国的渔业捕捞继承唐朝，也很发达，由此，统治阶级还像唐朝时那样，将水产作为贡品上贡朝廷，并将征收鱼税作为一项收入。前者仅见诸记载的如钱弘俶在广顺二年（952）、三年（953）供给后周的贡物及建隆四年（963）供给北宋的贡物中，即都有"海味"。后者如苏耆《闲谈录》云："钱氏之有国也，应西湖之捕鱼者必日纳数斤，谓之使宅鱼。有终日不及其数者，必市为供之。民颇怨叹。一日，武肃大设一图，上面磻溪直钩之事，武肃指示，命罗隐赋诗。应声曰：'吕望当年展庙谟，直钩钓国更谁知？若教生在西湖上，也是须供使宅鱼。'武肃大笑，自是尽得蠲免。"[①]西湖"使宅鱼"是否就此一直得以蠲免，不得而知。而就整个吴越国而言，欧阳修《新五代史》说是"自（钱）镠世常重敛其民以事奢僭，下至鸡鱼卵鷇，必家至而日取"[②]。《宋会要辑稿》食货一七之一二云：宋太宗淳化元年（990）十月十二日诏"婺州金华、东阳两县陂湖，岁取鱼税，并除之，纵民采捕，吏勿禁"。看来吴越国并没有全部免除鱼税，而是一直在征收鱼税。鱼税的征收固然是钱氏统治集团对渔民的苛重剥削，但也反映了吴越国渔业捕捞生产的发达。

杭州余杭门外的北郭税务，始设于五代吴越国时。据北宋苏轼《东坡志林》卷二载："钱塘寿禅师，本北郭税务专知官，每见鱼虾辄买放生，以是破家。后遂盗官钱为放生之用，事发，坐死，领赴市矣。吴越钱王使人视之，若悲惧如常人即杀之，否则舍之。禅师淡然无异色，乃舍之，遂出家。"

二、水产品的进一步发展

吴越国的水产品制作也有了进一步的发展。《嘉泰吴兴志》卷一八《食用故事》记载："鱼脯，《旧编》仪凤桥南鱼脯楼，吴越钱氏于此曝鱼脯，修贡上国。"在此，鱼脯的制作显然已经开始了手工业作坊制作模式。烹调料理也相当精到。《十国春秋》卷八七记载孙承祐归宋后，扈从宋太宗北征，"以

① 〔元〕陶宗仪：《说郛》卷一四，商务印书馆1927年排印本。

② 《新五代史》卷六七《吴越世家·钱镠传》，第843页。

橐驼负大斛贮水养鱼”，随时以新鲜活鱼烹饪脍鱼，“脍鱼具食，穷极水陆，人皆异之”。此举或也可称为创举。

钱弘俶在位时有一位功德判官叫毛胜，字公敌，晋陵人。“自以生居水国，餍享群鲜，号天馋居士。又以地产鱼虾海错，四方所无”，遂根据自己所见所食，“假以沧海龙君之命”，作《水族加恩簿》。其辞曰：

令：咨尔独步王江殊（江瑶之文名），鼎鼐仙姿，琼瑶绀体，天赋巨美，时称绝佳。宜以流碧郡为灵渊国，追号玉柱仙君，称海珍元年。令：章丘大都督忠美侯沧浪头（章举），隐浪色奇，八瓯称最。杜口中郎将白中隐（车螯），负乃厚德，韬其雄姿。殊形中尉兼灵甘尹淡然子（蚶菜），体虽诡异，用实芳鲜。玉德公季遐（虾魁），纯洁内含，爽妙外济。沧浪头可灵渊国上相无比，白中隐可含珍。大元帅丰甘上柱国兼脆尹。淡然子可天味大将军远胜王，季遐可清绡内相颉羹郡王。令：多黄尉权行尺一令南宠（蠘），截然居海，天付巨材，宜授黄城监远珍侯。复以尔专盘处士甲藏用（蝤蛑），素称蠘副，众许蟹师，宜授爽国公圆珍巨美功臣。复以尔甘黄州甲杖大使咸宜作解蕴中(蟹)，足材腴妙，螯德充盈，宜授糟丘常侍兼美君。复以尔解微子（彭越），形质肖祖，风味专门，咀嚼谩陈，当置下列，宜授尔郎黄少相。令：合州刺史仲扃（蛤蜊），重负双宅，闭藏不发，既命之为含津令，升之为悫诚君矣。粉身功大，偿之实难，宜授紫晖将军甘松左右丞监试甘圆内史。令：灵蜕先生（文），外无排胁之皴，内无鲠喉之乱，宜授红铛祭酒清腴馆学士。令惟尔清臣（鲈），销酲引兴，鳞鬣之乡，宜授橙齑录事守招贤使者。令：珍曹必用郎中时充（鲥），铛材本美，妙位无高，宜授诸衙效死军使持节雅州诸军事。令：惟尔白圭夫子(鲚)，貌则清臞，材极美俊，宜授胥鲠卿。令：甘鼎（鼋），究详尔调鼎之材，咽舌潮津，宜封醉舌公。令：甲拆翁（鳖）挟弹于中，巧也，负担于外，礼也；介胄自防，不问寒暑，智也；步武懦缓，不逾规绳，仁也。

故前以擐甲尚书荣其迹，显其能，宜授金丸丞相九肋君。令：长尾先生（鲎），惟吴越人以谓用先生治酱，华夏无敌，宜授典酱大夫仙衣使者。令：元镇（石首），区区枕石子孙，德甚富焉，且授新美舍人。令：和羹长朱子房（石决明），酒方沉酣，臭薰一座，挑箸少进，神明顿还。至于七孔赋形，治目为最，宜授怀奇令史。令：甘盘校尉（乌贼），吐墨自卫，白事有声，宜授噀墨将军。令：元介卿（龟），尔卜灼之效，吉凶了然，所主大矣，宜授通幽博士。令：惟尔借眼公（水母），受体不全，两相藉赖。宜授同体合用功臣左右卫驾海将军。令：李藏珍（真珠），照乘走盘，厥价不赀，斑希（玳瑁）裁簪制器，不在金银珠玉之下。藏珍宜授圆辉隐士，斑希宜授点花使者。令：房叔化（牡蛎），粉厕汤丸，裹护丹器，屈突通（梵响）振声远闻，可知佛乐。阮用光（研光螺）运体施功，物皆滑莹。罗幼文（珂）类乎贝孙，点缀鞍勒，粲然可观，小有文采。叔化可豪山太守乐藏监固济，突通可曲沃郎梵响参军摄玉塔金舍，用光可检校大辉光宜充掌书记，幼文可马衣丞。令：惟尔田青（螺蛳），微藏浅味，无所取材，世或烹调，以为怪品。申洁（蛙）苍皮瘾疹，矮股跳梁。江伯夷（鲢鲼）宋帝酷好，鳔则别名。屯江小尉（江豚），渔工得隽，亦号甘肥。田青授具体郎，申洁宜授济馋都护行水乐令，伯夷宜授宋珍都尉南海詹事，屯江小尉宜授追风使试汤波太守。令：以尔锦袍氏（鳜），骨疏肉紧，体具文章，宜授苏肠御史仙盘游奕使。以尔李本（鲤），三十六鳞，大烹允尚，宜授跨仙君子世美公。以尔鲜于羹（鲫），斫鲙精妙，见称杜陵，宜授轻薄使银丝省餍德郎。以尔楚鲜（白鱼），隐釜沉糟，价倾淮甸，宜授倾淮别驾。以尔缩项仙人（鳊），鬼腹星鳞，道亨襄汉，宜授槎头刺史。以尔食宠侯（鲟鳇），支节斑驳，标致高爽，宜授添厨太监。以尔单长福（鳝），曲直靡常，鲜载具美，宜授泥蟠掾。以尔管统（葱管），省象莱伯，可备煎和，宜授长白侯同盘司箸局平章事。以尔备员居士（东崇），腥粗无状，见取俗人，宜授炼身公子。以尔唐少连

> （崇连），池塘下格，代匮充庖，宜授保福军节度使。令：黄荐可（河豚），尔泽嫩可贵，然失于经治，败伤厥毒，故世以醇疵隐士为尔之目，特授三德尉兼春荣小供奉，令新餐氏（鳆），尔疗饥无术，清醉有材，莽新妖乱，临盘肆餮，物以人污，百代宁洗，尔之得氏，累有由矣，宜特补辅庖生。令盖顽，生乎泥沙，薄有可采，宜授表坚郎。[①]

全文以诙谐风趣笔法，描述了江瑶、章举、车螯、蚶菜、虾魁、蝤蛑、蟹、彭越、蛤蜊等 42 种水产的性状姿态、烹饪技巧、口味特色、药理作用，生动地反映了吴越国的饮食文化特色，展现了吴越国渔业生产的发展水平。

第五节　商品贸易

吴越国的商业很发达，无论是海内贸易还是海外贸易都很活跃。北通中原，南通闽粤，又有海路与国外通商。“东眄巨浸，辏闽粤之舟橹；北倚郭邑，通商旅之宝货”[②]，吴越国与日本、朝鲜、伊朗等国建立了海外贸易关系，将杭州、明州等濒海城市变成了对外贸易的重要港口。

一、海内贸易

吴越国的海内贸易，可分为国内贸易、与中原王朝的贸易和与契丹的贸易。

（一）吴越国国内贸易的发展

吴越国的国内贸易，粮食布帛、鸡鸭鱼肉，都有买卖，茶楼酒肆也常见诸文人笔端。苏耆《闲谈录》有这么一则记载：

---

① 《十国春秋》卷八八《毛胜传》，第 1269—1272 页；《全唐文》卷八九九，第 4162—4163 页。

② 〔宋〕佚名：《宣和书谱》卷一九，《丛书集成初编》本。

钱氏之有国也，应西湖之捕鱼者必日纳数斤，谓之使宅鱼。有终日不及其数者，必市为供之。民颇怨叹。一日，武肃大设一图，上画磻溪直钩之事，武肃指示，命罗隐赋诗。应声曰："吕望当年展庙谟，直钩钓国更谁知？若教生在西湖上，也是须供使宅鱼。"武肃大笑，自是尽得蠲免。

可见西湖边以渔为生者不少。苏轼《东坡志林》记载：延寿任杭州北郭税务专知官时，"每见鱼虾，辄买放生"[①]。《十国春秋》卷八八称吴越国右统军使胡进思"故屠牛为业"。又据清高鹏年《湖墅小志》卷一记载，杭州左家桥旁原有左侯庙，乃宋大观四年（1110）为纪念左世裕而建。左氏乃桐城人，"初以贩米来杭州，遂家于此。左家桥，其所造也。生平博施济众，数百里中有善人之目。……里人立庙祀之。……宋封庇民侯。……道光十余年间，社下人修整庙貌。先大父曾撰一联语云：'千万人粟待输秦，乐善好施，在昔仁声著吴越；八百载桥犹姓左，春祈秋报，至今遗爱颂苍黎。'"[②]大观四年（1110）虽距吴越国已有132年，但左侯庙既为纪念左世裕而建，则左氏贩米杭州或早在吴越国之时。

由于商业的恢复和发展，吴越国作为商品交换媒介物的货币需求量大增。为此，钱弘佐曾在后晋开运三年（946）提出冶铸铁钱。其弟钱弘亿反对，指出铸铁钱有八害：一为新钱既行，旧钱皆流入邻国；二为可用于本国而不可用于他国，则商贾不行，百货不通；三为铜禁至严，民犹盗铸，而民间铁比铜多，盗铸也必更多；四为闽国以铸铁钱而乱亡，可见不足为法；五为国用本属幸丰，铸钱则自示空乏；六为禄赐有常，而无故益之，反启无厌之心；七为法变而弊，不可遽复；八为钱者国姓，易之不祥。钱弘佐采纳了弘亿的意见，遂罢冶铸铁钱之议。后周显德四年（957），吴越王钱弘俶又"议铸钱"。明代胡我琨《钱通》

① 〔宋〕苏轼：《东坡志林》卷二《寿禅师放生》，中华书局1981年版，第38页。

② 孙忠焕主编：《杭州运河文献集成》，杭州出版社2009年版，第1册，第383—384页。清光绪二十二年（1896）石印本《湖墅小志》作"大观五年"，显误。

卷二一云："《十国纪年》吴越史曰：'周显德四年正月，忠懿王钱俶议铸钱。'而洪遵曰：余按《十国纪年》云：'晋开运三年，忠献王弘佐尝议铸钱。衙内都虞候弘亿上疏以为不可，王从之。至忠懿王复议铸钱，则是钱制行矣。'"至此，吴越国才开始冶铸铜钱。吴越国统治者一而再，再而三地提出设监铸钱，原因之一就是吴越国商业贸易的发展，而从钱弘亿反对冶铸铁钱的理由中，同样也反映了吴越国商业贸易的发展。

（二）吴越国与中原王朝的朝贡贸易

五代十国时期，虽然国家分裂，交通阻隔，关卡林立，给商业活动带来了许多困难，但是商业仍在千方百计地进行着。

其时，吴越国与海内各国各地区都有商业往来，而以与中原地区的商业往来为主要。

吴越国与海内各国各地区的商业路线主要为陆路、海路两条贡道。由于各国之间战争频繁，南北交通经常受阻。陆路贡道自衢州出境，沿途经建州、汀州、虔州、郴州、岳州等地，直至京师。五代初期，后梁与杨吴对峙，道路阻塞，中原使人要去吴越，往往取道湖湘。《旧五代史·司马邺传》记载："时淮路不通，乘驲者迂回万里，陆行则出荆、襄、潭、桂入岭，自番禺泛海至闽中，达于杭、越。"①

海路贡道自明州出海，沿途经登州、莱州等傍海州县，再辗转至京师。《资治通鉴》卷二六九"后梁贞明二年五月"条记载："吴越王镠遣浙西安抚判官皮光业自建、汀、虔、郴、潭、岳、荆南道入贡。"当时吴越国北上中原地区贸易，一般由吴淞江口傍海北上山东蓬莱等地，然后进入中原地区。《旧五代史》卷一〇七《刘铢传》云：

> 滨海郡邑，皆有两浙回易务，厚取民利，"如有所负，回易吏"自置刑禁，追摄王民，前后长吏利其厚赂，不能禁止。

① 《旧五代史》卷一三四《王审知传》，第270页。

贞明四年（918），淮南杨吴取虔州，吴越国新辟贡道阻断，于是改由海道入贡。实际上这条海道也早已存在，闽王审知在开平三年（909）即以此道为贡道。《资治通鉴》卷二六七云："淮南遣使者张知远修好于福建，知远倨慢，闽王审知斩之，表上其书，始与淮南绝。……岁自海道登、莱入贡……"胡三省注云："自福建入贡大梁，陆行当由衢、信取饶、池界渡江，取舒、庐、寿渡淮，而后入梁境。然自信、饶至庐、寿皆属杨氏，而朱、杨为世仇，不可得而假道，故航海入贡。今自福州洋过温州洋，取台州洋过天门山入明州象山洋，过涔江，掠洌港，直东北渡大洋抵登、莱岸。"涔江即今舟山定海西北岑江镇，《大德昌国州图志》卷四云："岑江港，去州西北三十里，旧谓之六国港口。南北舟舶辐辏于此，亦海州之一镇也。"洌港即今舟山定海金塘岛西北沥港镇，为金塘岛重要良港。吴越国以海路为主要贡道，亦即闽王审知海路贡道"涔江""洌港"至登州、莱州的部分。胡三省在注释《资治通鉴》卷二七〇所载吴越国"海道出登、莱，抵大梁"时说："此即闽越入贡大梁水程也。但吴越必就许浦或定海就舟，水程比闽为近耳。"许浦当在今海宁许村镇一带。定海即今舟山定海。但今许村一带具时沙积水浅，出海当以明州定海为便。吴越国以海路为主要贡道，一直延续到后周显德五年（958），历时40年。《十国春秋》卷八九载：

> 僧契盈，闽人，通内外学。常遇仙教，以绝三彭之法。三彭者，三尸也。广顺中来居杭之龙华寺，赐号广辨周智禅师。契盈性尤敏速，一日侍忠懿王游碧波亭，时潮水初满，舟楫辐凑，望之不见其首尾。王喜曰："吴越国去京师三千里，谁知一水之利如此邪！"契盈答曰："可谓三千里外一条水，十二时中两度潮。"时人称为骈切。时江南未通，两浙贡赋率由海达青州，故云。

“镠之入贡，利于市易。”[①]通过入贡，钱氏不但得到了名分上的封号，而且也获得了许多物质上的赏赐。不过后周以前记载不多，仅后梁开平二年（908）朱温（晃）赐钱镠玉带一匣，打球马十匹，一例。后周以后记载常见。如后周显德五年（958）三月，赐吴越犒军帛三万匹，及羊、马、橐驼等。同年八月，后周遣曹彬使吴越，赐钱弘俶骑军钢甲二百，步军甲五千及其他兵器、旗帜等。九月，赐钱弘俶羊五千口，马二百匹，橐驼二十头。显德六年（959）六月，后周赐两浙进奉使吴延福钱三千贯，绢五千匹，银器三千两。宋建隆二年（961）三月，上一年出使宋朝的钱信回归时，宋赐战马二百匹，羊五百口，驼二十头。十二月，又赐钱俶羊、马、橐驼等。建隆四年（963）正月，宋赐吴越马、驼、羊等。乾德三年（965）八月、五年十月、六年九月，宋皆遣使至钱塘赐钱俶生辰礼物。此后直到太平兴国三年（978），宋朝几乎每年赏赐不断，不但赏赐丰厚，有时甚至一年数次。

二、海外贸易

吴越国的海外贸易继承唐代后期，以明州、澉浦为主要海港，并通过江南运河、浙东运河交通杭州。主要贸易伙伴为朝鲜半岛和日本。吴越国输出海外的货物主要有丝织品、瓷器等物，从海外输入的主要有朝鲜的马匹、药材，日本的沙金、木材等。杭州有叫“椤木桥”“椤木营”的地名，前者是因为原桥是用日本输入的椤木建造的，故以椤木名桥；后者地处钱塘江岸，是当年堆放航海而来的椤木的地方。

（一）吴越国与朝鲜半岛的交往

吴越国与朝鲜半岛的交往早在吴越天宝二年（后梁开平三年，909）就已经开始。是年，后百济王甄萱遣使至吴越。据郑麟趾等《高丽史·世家第一》记载，后梁开平三年（909），王建“以舟师次于光州海盐县，获萱遣人吴越

① 《资治通鉴》卷二六九，后梁均王贞明二年七月甲寅，第8803页。

而还”。吴越国与朝鲜的贸易大约亦始于此年。由《高丽史》记载看来，当时的海路是越渤海湾后傍海南下。后梁贞明四年（918），甄萱又遣使向吴越进马，钱镠亦遣使报聘，授甄萱为太中大夫。吴越宝正二年（后唐天成二年，927）后百济与高丽构兵，钱镠遣使调解，后百济与高丽作出了积极的反应，吴越国与朝鲜半岛各政治力量之间的关系亦由此更为密切。《十国春秋》卷八一《吴越世家》有一则材料说，宋建隆二年（961），“高丽舶主王大兴选沉香千斤，叠为‘旖旎山’，像衡岳七十二峰，王许以黄金五百万两，竟不售”。这反映了吴越国与朝鲜半岛的海上贸易关系。

（二）吴越国与日本的贸易交往

吴越国与日本之间，在吴越天宝二年（后梁开平三年，909）就有往来。贸易关系当亦始于此时。钱元瓘继位以后，曾几次派遣蒋承勋、蒋衮等海商以使者身份向日本递交信件和方物。吴越国的最后一个君主钱弘俶也曾派遣蒋承勋以使者身份向日本递交书信和锦绮等珍品。吴越国和日本虽然没有正式建立国交，但是贸易关系早已恢复。

吴越国输出海外的货物主要有丝织品、瓷器等物。这些货物极为日本人所喜爱。货物进港后先送京师让天皇御览，后交内藏寮收藏。除了上进天皇所需要的以外，其余卖给大臣。大臣们无不争相购买，“叫卖声传内库官，蜂拥总角各争先”[①]。

（三）吴越国与其他海外国家的贸易往来

除了朝鲜、日本以外，吴越国与其他海外国家也有贸易往来。例如吴越国从大食输入过火油。后梁贞明三年（917），吴国使者航海到契丹，把从大食国输入的猛火油运去给阿保机，并教他使用的方法，说攻城时可以用来烧敌人的楼橹，如敌人用水浇，则火势更旺。[②]贞明五年（919），钱镠子钱元瓘在狼山江（今江苏南通东南狼山附近的长江）与吴国彭彦章水战，钱元瓘“纵

① ［日］木宫泰彦著，胡锡年译：《日中文化交流史》引《夫木集》衣笠内大臣诗，商务印书馆1980年版，第226页。

② 《资治通鉴》卷二六九，后梁均王贞明三年二月，第8814页。

火油焚之”，大败吴军。《吴越备史》注云：“火油得之海南大食国。”[①]

吴越国与东非各国也有贸易往来。从考古出土资料来看，在东非肯尼亚的曼达岛上出土了9—10世纪的越窑瓷和白瓷，在坦桑尼亚的基尔瓦也出土有10世纪唐末至宋初的越窑青瓷以及白瓷。实际上主要是五代十国时期输出的瓷器，其中越窑青瓷就来自吴越国。埃及与中国之吴越国的贸易也很密切，在20世纪初期曾在埃及发掘出大量的陶瓷片，其中最多的就有来自吴越国境内的越窑青瓷，而且多为精品，其质量超过了西亚、日本出土的青瓷瓷片。苏丹境内的爱札布遗址同样出土有不少五代吴越国的越窑青瓷片。[②]这么多中国瓷器的发现，让英国考古学家惠勒惊叹道：“十世纪以后的坦噶尼喀地下埋藏的历史，是用中国瓷器写成的。”[③]

吴越人民擅长航海，这种特性促成了吴越国航海贸易的发展。吴越国从航海贸易中获得了丰厚的利润。《旧五代史》卷一三三《钱佐传》说吴越国“航海所入，岁贡百万”。小小的吴越国，竟然能从航海贸易收入之中每年拿出百万之数贡奉中原朝廷，足见其航海贸易规模非同一般，在五代十国当中，也堪称航海大国了。

---

① 《吴越备史》卷二《文穆王》，《五代史书汇编》，第6223页。

② 参见马文宽、孟凡人：《中国古瓷在非洲的发现》，紫禁城出版社1987年版，第97页；孟昭锋、王元林：《隋唐五代十国海上丝绸之路史》，世界图书出版公司2020年版，第54页。

③ 参见夏鼐：《作为古代中非交通关系证据的瓷器》，《文物》1963年第1期。

第三章

吴越国文化

五代十国时期，中国文化出现了南重于北的局面，并正式确立了重心南移的势态。严耕望说，五代十国时期“北方经济文化继续坠落，南方经济文化继续增高，迄五代之末，悬殊极巨，经济文化中心之南移，遂积重难返，成为定局。此则研究五代史重要意义之所在也”[①]。南方为中国艺术重心之所在。以书画艺术而论，几为南方人天下。俞剑华《中国绘画史》说：

大抵绘事尤须社会安定生活优裕然后能工，中原兵戈扰攘，篡夺相寻，此一高尚艺术自难发展。惟梁直承唐代遗风，画风虽衰而未息，故有相当表现。其要者为承唐以来之释道人物，唐代本已发达，自晚唐以来政教失坠，高尚之士乃隐居不仕，日与山水为伍，遂促成山水画之发展，为中国绘画由救世主义之礼教化变为超世主义之文学化之一大关键。就中最著名者为河南荆浩与长安关仝。盖山水画自李思训之刻画工整，一变为王维之水墨清淡，再变为王洽之泼墨淋漓，绝去笔墨蹊径，狂放之极，近于怪诞。至荆、关二人秉北方纯厚之气，遂一变而为高古雄深，可谓能变前古之成规，开后世之基业，大有影响于画坛者。后唐以后画坛殊为零落。十国中之南唐、前后蜀与吴越绘画之盛，画家之多，不但较中原五朝为优，即与唐代相较亦无愧色。盖政治社会既安定，君主又嗜好提倡之，如南唐置画院，以画家为翰林待诏，蜀亦设官分职广事罗致，故本国画家及外来画家群集于南唐之建业，与蜀之成都，隐然为五代十国时代绘画艺术之东西两大重镇。大抵其时释道人物虽占优越之地位（南唐画院中多此派），终苦无特殊之发展，而花鸟画乃大有后来居上，由附庸蔚为大国而执艺坛牛耳焉。于是绘画更由政教化一变而为纯美化，实为中国画史上一大进步。

① 石璋如等：《中国历史地理》下册《五代十国篇》（严耕望撰），台湾中国文化大学出版部 1983 年印行。

其时最擅长者，有钟陵徐熙与成都黄筌两大派争鸣于南唐、西蜀，同为后世花鸟画之祖。当时谚云："黄家富贵，徐熙野逸。"盖生活环境不同，耳目所习，各得于心应于手也。山水方面，南唐有董源蓄意澹远，盖绍王维水墨山水，复兴南宗，巍然为宋以后南宗山水之祖。吴越画家甚多，然不及南唐、西蜀之伟大，在当时画坛仅列于附庸之地位，对以后画家亦少影响。至于闽、楚、南平、南北汉则无闻焉。五代之书法似无大胜处，而《宣和书谱》盛称江南李后主卷帛而书之妙，又云江南释詧光潜心草书，名重一时，蜀僧贯休作字尤奇崛。《梦溪笔谈》盛称江南徐铉小篆之笔法。是书之佳者亦在南方，盖以南唐、西蜀为盛欤？

吴越国社会安定，经济繁荣，促进了文化的大发展。史载，吴越国时，"浙右富庶登丰之久，上下无事，惟以文艺相高"[①]。特别是钱镠对文化建设非常重视，文臣如罗隐、林鼎、沈崧、皮光业等都得到了重用。因此，吴越国的文化发展水平，在当时南方诸国中名列前茅。

吴越国的官办学校教育少有记载，可能是战乱的频起、时局的动荡影响了统治阶级对于发展教育的投入，官学教育相对处于低谷，但是民间私人聚徒讲授和家庭教育之风很浓，发挥了传授学识和技能的主力作用。同时由于隋唐以来文化积淀的作用，吴越国在儒学、史学、文学、绘画、书法、石窟造像、石刻、天文、建筑等文化科学技术方面仍然不乏成绩卓著者。吴越国的道教、佛教，则继承隋唐时期的兴盛而步入极盛。

① 〔五代〕罗隐：《杭州罗城记》，《全唐文》卷八九五，第 4144 页。

第一节　教育与藏书

一、教育

五代时期，吴越国与其他地区一样，官学也受到了很大的冲击。唐时所设的许多州学、县学，如新城县学、昌化县学、嘉兴县学、湖州州学、明州州学、鄮县县学、象山县学、余姚县学、剡县县学、婺州州学、温州州学、处州州学、缙云县学等，地方志记载多作宋时重修或重建、徙建，可能因为吴越国时期已被废置。而越州州学，《於越新编》明确记载“至五代而废”。另有衢州州学，嘉靖《浙江通志》记载说是宋宣和二年（1120）兵毁；松阳县学，《括苍汇纪》记载说是宋宣和三年（1121）毁，可能吴越国时期尚存。《嘉泰会稽志》所载诸暨县学，“晋天福庚子，令赵湜移县东一里”，是记载中唯一明确吴越国时期尚存的县学。

虽然官学受到了很大的冲击，但是民间私人聚徒讲学和家庭教育之风很盛，其中著名人物有方昊。方昊，字太初，青溪（今淳安）人，生于唐末。唐亡以后，耻非所仕，遁隐岩谷之中。钱镠招其出山，不就。“聚徒讲学于上贵精舍，以终其身。乡人化之，称为静乐先生。”[①]后者如侯官（今福建福州）人林鼎跟随父亲（诗人林无隐）流寓明州，“读书必达曙，所聚图籍悉手钞数过，即残编断简，亦校雠补缀，无所厌倦”[②]。曾为吴越国通儒院学士的钱塘（今杭州）人崔仁冀，“少笃学，有文采”[③]。

钱氏王室的家庭教育尤为出色。如钱镠三子钱元瑛，“天性英敏，颇敦儒学，聚书数千卷”。钱元璙之子钱文奉“涉猎经史、音律、图纬、医药、鞠击，皆冠绝一时”，“所聚图籍、古器无算，雅有鉴裁，一时名士多依之，而禅

---

① 《十国春秋》卷八八《方昊传》，第1267—1268页。

② 《十国春秋》卷八六《林鼎传》，第1248页。

③ 《十国春秋》卷八七《崔仁冀传》，第1264页。

五代王齐翰《勘书图》

流法齐辈亦借以取给焉”。钱元瓘第十四子钱俨，“谨慎好学，虽祈寒溽暑，未尝暂辍图籍”。钱弘佐长子钱昱“尤好学，喜聚书，多所吟咏”。钱弘俶养子钱惟治（949—1014）“幼好读书”，“家聚法帖图书万余卷，多异本”。钱弘俶第七子钱惟演（977—1034），“于书无所不读，家储文籍侔秘府。尤喜奖厉后进”[①]。钱弘俶弥留之际，还“命左右读《唐书》数篇，命诸子孙诵调章诗什数篇”[②]。大概正因为钱氏王室重视家教，所以后人称颂“钱氏子弟俱擅文采”[③]，而且也不乏学有专长者。

五代时期，浙江进士及第的有后梁开平年间的高彦（海盐人，官贵州刺史）、朱行先（海盐人，官尚书右仆射）、吴全智（仙居人，官光禄大夫）、樊腾蜚（仙居人），后唐天成年间的张文优（仙居人，官大中大夫），后晋天福年间的黄遂（东阳人，官工部尚书）、黄敌（东阳人）等人。[④]

吴越国在文化、科学技术诸方面也颇有人才，可见吴越国在教育方面还是有成就的。

① 《十国春秋》卷八三《武肃王子宁国公元玑传》等，第1194—1215页。

② 《吴越备史补遗》，《五代史书汇编》，第6276页。

③ 《十国春秋》卷八三《仁熙传》，第1210页。

④ 〔清〕嵇曾筠等：雍正《浙江通志》卷一二三《选举一》，中华书局2001年版，第3025页。

二、文献保护和图书收藏

唐末五代，中原纷扰，文献多为战火焚毁，或散失。偏安东南一隅的吴越国，社会相对安定，因此，统治者有暇兼顾文化事业，在文献保护方面颇为时人所注目。《五代会要》卷一八《史馆杂录》记载，长兴二年（931）十一月四日，史馆奏云："当馆昨为大中已来迄于天祐，四朝实录尚未纂修，寻具奏闻，谨行购募。敕命虽颁于数月，图书未贡于一编，盖以北土州城，久罹兵火，遂成灭绝，难可访求。……念江表列藩，湘南奥壤，至于闽、越，方属勋贤，戈铤自扰于中原，屏翰悉全于外府，固多群士，富有奇书。其两浙、福建、湖广，伏乞特降诏旨，委各于本道，采访宣宗、懿宗、僖宗、昭宗以上四朝野史，及逐朝日历，除自银台事宜，内外制词百司沿革簿籍，不限卷数，据有者抄录进上。若民间收得，或隐士撰成，即令各列姓名，请议爵赏。从之。"奏议中也提到了"两浙"，这也是对文化发展的一项贡献。据文献记载，"京师丧乱，文籍多亡。越州有裴氏书楼，昌悉取其书以贡授诸道采访图籍使"[①]。

钱镠子孙，颇多雅爱儒术、性喜藏书之辈，出现钱氏家族藏书盛况。如钱镠第三子钱元瑛，天性英敏，颇敦儒学，工草隶，聚书数千卷。钱文奉"所聚图籍、古器无算，雅有鉴裁，一时名士多依之，而禅流法齐辈亦借以取给焉。时有丁、陈、范、谢四人"[②]。范成大《吴郡志》载其"多聚法书、名画、宝玩、雅器，号称好事。又与宾僚共采史籍，著《资谈》三十卷行于世"[③]。他还在苏州东园建造藏书楼，文人学士纷纷前去鉴裁，"一时名士多依之"。钱弘佐长子钱昱以文章知名，雅善琴画，"尤好学，喜聚书，多所吟咏"。吴越国"纳土归宋"后，他还将钟繇、王羲之的八轴墨迹献给朝廷[④]。钱镠四世孙钱易，"喜观佛书，检道藏"，专门收藏佛、道的书籍。钱弘俶的养子钱惟治，

① 《吴越备史》卷一《武肃王》，《五代史书汇编》，第6186页。

② 《十国春秋》卷八三《钱传瑛、钱文奉传》，第1194页，钱传瑛即钱元瑛。

③ 〔宋〕范成大：《吴郡志》卷一一《牧守》，《宋元方志丛刊》，第137—139页。

④ 《十国春秋》卷八三《钱昱传》，第1207页。

性好学，“家聚法帖图书万余卷，多异本”[①]。入宋后，以钟繇、王羲之、唐明皇珍贵墨迹七轴献给朝廷。林鼎在文穆王时署镇海军掌书记、节度判官，“鼎性谠正而强记，能书，得欧、虞笔法。比中年读书，必达曙。所聚图籍，悉手钞数过，即残编段简，亦较雠补缀，无所厌倦。国建，命掌教令，寻拜丞相。凡政事有不逮者，鼎必极言，罔忌讳”[②]。高澧家在湖州，家里建有藏书楼，藏书较富，他曾“延太常博士丘光庭校书楼中。澧一夕履袜登楼，光庭忽回顾，见青面鬼形者，遂大呼。顷之见澧，澧密言曰：‘博士慎勿言。’吴兴人皆以澧为夜义精云”[③]。

在这一时期，杭州寺院藏书首推西湖凤凰山南麓的梵天禅寺。清翟灏、翟瀚《湖山便览》卷一〇《南山路》述之甚明：“宋乾德二年，钱王弘俶建，名南宝塔寺。三年，建经幢于寺门，铸武肃、文穆、忠献三王铜容供寺，见《吴越备史》。又建一木塔，钱王登之，患其动，匠人密赂浙东匠师喻浩，问其因，浩令逐层布板实钉之，塔遂不动，见《梦溪笔谈》。又造《大藏经》五千四十八卷藏寺中，碧纸银书，至佛号则以金书，牙签玉轴，制甚庄严，见《临安志》。”喻浩，即喻皓。据此，梵天寺《大藏经》当为传写本。其次是雷峰塔藏宝箧印经。民国十三年（1924）9月25日，杭州西湖雷峰塔倾圮，塔砖孔中发现此经。经卷框高5.7厘米，长200.5厘米，经首镌刻“天下兵马大元帅吴越国王钱俶　造此经八万四千卷舍入西关　砖塔永充供养乙亥八月日纪”三行文字，竖写并排三行（空格为直行结束处，西关砖塔即雷峰塔）。文左镌刻佛说法图，再左为经卷全文。据经首文字称，藏塔《宝箧印经》有84000卷。

道教宫观也有藏书的传统。吴越国国王钱弘俶曾资助道士朱霄外编成金银字《道藏》二百函，藏于天台桐柏宫。钱弘俶重建《道藏》之事，可见于北宋大中祥符三年（1010）夏竦所撰《重建道藏经记》：“五代相竞，中原多事。吴越忠懿王俶，为道士朱霄外新之，遂筑室于上清阁西北，藏金录字经二百函，

① 《十国春秋》卷八三《钱惟治传》，第1214页。

② 《十国春秋》卷八六《林鼎传》，第1248页。

③ 《十国春秋》卷八八《高澧传》，第1277页。

勤其事也。”金元中亦说：“如天台桐柏崇道观，乃五代之末吴越王钱氏所建。藏中诸经，拘集道童及僧寺行者，众共抄录，以实其中。碧纸银书，悉成卷轴。”此时的天台山玉霄宫还存有上清派道士叶藏质募造的道经一藏，号《玉霄藏》，合并桐柏宫的金银字道经二百函，千余卷，为当时全国两大道藏之一。陈国符在《道藏源流考》中特别指出：“至五季重建《道藏》，其可考者，一在蜀中，杜光庭建。一在天台桐柏宫，吴越忠懿王建。”[①]日本学者窪德忠《道教史》一书认为：“也许吴越国的政治情况比较稳定，在约七十年间人民安居乐业，因此进行了搜集道经的工作，这为北宋真宗时编辑《道藏》打下了部分基础。据说吴越的第五代忠懿王将搜集的道经藏于天台山的桐柏观。虽说是搜集的道经，不过其中有些经典可能也使用历来的经典名称，而实际上却换了新的内容。”[②]此外，杭州人暨齐物（一作物齐，又作济物），师玉清观朱君绪受法箓神符秘方。后随入大涤山中，依岩洞为室。又筑垂象楼，贮道书几千卷，朝夕讨论，贯穿精微，听者莫不忘倦。[③]

第二节　儒学和史学

一、儒学

钱镠及其子孙对儒学颇为崇尚。据《钱氏家乘》所载《武肃王遗训》，钱镠尝称自己“稍有余暇，温理《春秋》”。《遗训》又载：“圣人有言，敬事而信，节用而爱人，使民以时。又云：恭则不侮，宽则得众，信则民任焉。敏则有功，惠则足以使人。又云：省刑罚，薄税敛。又云：惟孝友于兄弟。此数章书，尔等少年所读。”以上所指，皆出《论语》《孟子》等儒家经典。他在“遗训”中告诫子孙要“心存忠孝，爱兵恤民”“民为贵，社稷次之”“宣

---

① 陈国符：《道藏源流考》，中华书局 1963 年版，第 127—128 页。

② ［日］窪德忠：《道教史》，萧坤华译，上海译文出版社 1987 年版，第 183 页。

③ 《十国春秋》卷八九《暨齐物传》，第 1295 页。

明礼教”“倘有子孙不忠不孝，不仁不义，便是坏我家风，须当鸣鼓而攻”等等，都是儒家思想的反映。钱镠的子孙中，钱元瓘“虽少婴军旅，尤尚儒学”[①]；钱元玑“多尚儒释，不喜奢侈”；钱元瑛“颇敦儒学”；钱元璟“学礼闻诗，资忠履孝”；钱弘仰“通儒术”。[②]

为了加强儒学教育与研究，吴越国在政府机构中专门设立了通儒院，聘用名士担任学士。钱塘人林克己、崔仁冀等，就曾任职为通儒院学士。

吴越国时期浙江的儒学类著作有钱弘俶《政本》10卷，徐铉《质论》1卷。

吴越国时期浙江的儒学人物，主要有孙郃、宋荣等人。

孙郃，字希韩，明州奉化人。乾宁（894—898）中进士，累迁左拾遗。朱温（全忠）篡唐后，孙郃著《春秋无贤人论》，即脱冠裳，服布衣，归隐于奉化山，著书纪年，悉用甲子，以示不臣之义。[③]

宋荣，婺州义乌人。通《尚书》《春秋》。隐居于婺州覆釜山下。忠懿王钱弘俶累征不就。学者私谥曰“文通先生”。[④]

此外，流寓湖州的钟廷翰，“儒素修身”“素有贤名”[⑤]。

明州鄞县人黄晟，董昌据浙东时授为左散骑常侍，浙东道东西副指挥使、明州刺史。董昌称帝，曾移书规劝，董昌不听，遂响应钱镠平定董昌。此人“颇尚礼士，辟前进士陈鼎、羊绍素为宾客，江东儒学多依之”[⑥]，其对江东儒学也功不可没。

尽管吴越国时期浙江并没有著名的儒学家，也没有留下多少著作，但儒学的传统终究还是继承了下来。

---

① 《十国春秋》卷七九《文穆王世家》，第1130页。

② 《十国春秋》卷八三《武肃王子宁国公元玑传》《武肃王子云国公传瑛传》《武肃王子雲国公传璟传》《文穆王子弘仰传》，第1194、1201、1207页。

③ 孙郃，《全唐文》卷八二〇作“孙部”。今从吴任臣《十国春秋》卷八八《孙郃传》作“孙郃”，第1268页。

④ 《十国春秋》卷八八《宋荣传》，第1268页。

⑤ 《十国春秋》卷八五《钟廷翰传》，第1240页。

⑥ 《十国春秋》卷八五《黄晟传》，第1234—1235页。

二、史学

吴越国时期浙江籍史学家主要有钱俨、钱惟演等人。

钱俨（937—1003），字诚允，文穆王钱元瓘第十四子。本名弘信，后去弘名信，宋淳化（990—994）初改名钱俨。吴越国时为镇东军安抚副使、衢州刺史。入宋后历官随州、金州观察使，出判和州。钱俨幼年为沙门，及长，谨慎好学，虽祈寒溽暑，未尝暂辍图籍。著作有前集50卷、后集24卷及《贵溪叟自序传》1卷等。史学著作有《吴越备史》《备史遗事》《钱氏戊申英政录》《忠懿王勋业志》等。《吴越备史》，钱俨托名范坰、林禹撰，顾櫰三《补五代史艺文志》作15卷。《四库全书总目》云：

> 《备史》所记讫太祖戊辰，《补遗》所记讫太宗丁亥，与《中兴书目》所载前十二卷尽开宝元年，后增三卷尽雍熙四年者正合。特并十二卷为四，并三卷为一耳。陈振孙谓今书起后晋开运，前缺三卷。勘验此本所佚亦同。则是书自宋季以来已非完帙，今无从校补，亦姑仍其旧焉。

《吴越备史》采用编年体体裁，记载吴越国"三代五王"事迹，起自唐僖宗乾符二年（875），终于宋太祖开宝元年（968）；《补遗》始自开宝二年（969），终于宋太宗端拱二年（989）钱俶成葬。卷首有舆地图、世系图、十三州考。钱俨系吴越国宗室成员，有机会获得丰富的文献及口碑等资料，所著条理清晰，结构严谨，为研究吴越国史及五代史的重要文献。

钱惟演（977—1034），字希圣，忠懿王钱俶第七子。少年时补牙门将。后从钱俶归宋，历官右神武将军、兵部尚书、武胜军节度使。钱惟演"于书无所不读，家储文籍侔秘府"。著作有《典懿集》30卷，及《金坡遗事》《飞白书叙录》《逢辰录》若干卷。其史学著作主要有《金陵事实》3卷，《钱俶贡奉录》1卷，《家王遗事》2卷，《钱氏庆系谱》2卷，《奉藩书事》10卷等。另有《乾宁会稽录》1卷，《帝王年代州郡长历》2卷。前者"记董昌之叛”，但“不著作者”，后者为杜光庭所撰。[①]

此外，流寓广陵（今江苏扬州）、世仕南唐的会稽人徐铉，曾与高远、乔舜、潘祐等撰有《吴录》20卷，又与汤悦撰有《江南录》10卷。

“表”“状”类的著作则有罗隐《湘南应用集》3卷，《吴越掌记集》3卷，《启事》1卷（推测罗隐撰于五代时，姑列于此），林鼎《吴江应用集》20卷，杜光庭《历代忠谏书》5卷，《谏书》80卷等。[②]

大体吴越国时期浙江籍史学家主要以记叙当代史实为己任，虽无巨著，但对五代十国的史学仍有不可磨灭的贡献。

第三节 文学

吴越国文学虽然未能如唐代那样繁盛，但它是晚唐文学的延续，造就了如皮日休、罗隐等一批造诣颇深、诗文丰富的文学家，产生出像罗隐《谗书》之类的优秀作品，文体仍以诗赋为主。

一、诗歌

五代文学中的诗，南盛于北。《五代诗话》例言云：“十国文物，首推南唐西蜀，闽则韩（偓）、黄（滔）、翁（承赞）、徐（寅）诸君子连茵接轸，美秀而文……楚风不竞，而天策十八学士炳炳琅琅，亦拔戟自成一队。吴越似稍亚，然有罗江东一人，便大为浙水吴山生色。孙光宪之于荆南也亦然。”

吴越国统治者都擅长文学。吴越国创建人钱镠（852—932），好吟咏，通图纬学，喜作正书。《全唐诗》卷二九存诗2首。《全唐诗补编·全唐诗补逸》

① 关于钱惟演的著作，详见胡耀飞点校：《钱惟演集》，浙江古籍出版社2014年版。

② 《十国春秋》卷八三《文穆王子俨传》《忠懿王子世子惟濬传》，第1207—1208、1214—1215页；顾櫰三：《补五代史艺文志》，《二十五史补编》，中华书局1955年版，第7755—7757页。

卷一存诗 1 首，同书《全唐诗续补遗》卷一二存诗 15 首，同书《全唐诗续拾》卷四五存诗 2 首。钱镠之子、吴越国第二任国王钱元瓘（887—941），著有《锦楼集》10 卷。《全唐诗补编・全唐诗续补遗》卷一二存诗 2 首，同书《全唐诗续拾》卷四五存 2 句。史载，吴越国国王钱元瓘常从佛道思想中取材，抒写自己对社会和人生的感怀，从而促进了吴越国文学艺术（尤其是诗歌）的发展。如天福三年（938）七月，婺州金华县招隐乡民李满，于溪中得香炉一枚，钱元瓘颇为重视，亲为题写《题得铜香炉并序》以记其事。序文使用了天尊、道气、玄功、太上仙客等道教专用术语。其诗云："莫记年华隐水中，忽于此日睹灵踪。三天瑞气标金相，五色龙光俨圣容。节届初秋兴典教，时当千载庆遭逢。仙冠羽服声清曲，共引金台入九重。"钱元瓘之子、吴越国第三任国王钱弘佐（928—947，一作 928—963），《全唐诗补编・全唐诗续补遗》卷一二存诗 2 首。钱元瓘之子、吴越国第四任国王钱弘倧（928—976，一作 929—975），著有《越中吟》20 卷。《全唐诗补编・全唐诗续补遗》卷十二存诗 4 首。钱元瓘之子、吴越国最后一任国王钱弘俶（入宋改为钱俶，929—988），好吟咏，自编其诗为《正本集》，陶穀为序。《全唐诗》卷三七存诗 1 首，卷八七九有《吴越王与陶穀酒会》1 句。《全唐诗补编・全唐诗续补遗》卷十二存诗 12 首，句 2 个，同书《全唐诗续拾》卷四六存诗 2 首。

由于吴越国统治者重视文化，社会上也出现了不少文学家。罗隐的诗，抒泄感情，平淡自然，篇篇皆有喜怒哀乐。罗隐是一位讽刺诗人，为读者所喜爱，他与天台罗虬、同县罗邺，世称"三罗"，曾有"吟诗罢征鱼"的逸事流传湖上。据说钱镠爱吃西湖鱼，渔民每天都要送鱼给他，名"使宅鱼"，渔民颇以为苦。一日，钱镠请罗隐为一幅画姜子牙垂钓的《磻溪垂钓图》题诗，罗隐便在画上题诗道："吕望当年展庙谟，直钩钓国更何如？若教生在西湖上，也是须供使宅鱼。"[①] 这首诗歌开西湖讽喻诗之先河。由于罗隐这一巧妙的规劝进谏，钱镠随即下令停止送鱼。

① 〔五代〕罗隐：《罗昭谏集》卷四《题磻溪垂钓图》；《十国春秋》卷八四《罗隐传》注，第 1219 页。

不少有文学素养的僧人交结权贵和文人学士，他们酬答唱和，形成风气。钱镠对这些高僧礼遇备至。诗僧贯休(832—912)，俗姓姜，字德隐(一字德远)，号禅月大师，婺州兰溪（今属浙江）人。他是我国古代史上一位诗歌成就突出而著名的诗僧，曾居杭州灵隐寺。作为一位佛教高僧，他还创作了大量诗歌，《全五代诗》收录其诗601首。所作诗自成风格，脍炙人口，人称“姜体诗”（贯休俗姓姜）。著有《禅月集》。吴融称其诗“多以理胜，复能创新意，其语往往得景物于混茫自然之际，然其旨归必合于道”[①]。作品内容比较广泛，史载他曾献给吴越国开国国君钱镠《献钱尚父》诗：“贵逼身来不自由，几年勤苦蹈林丘。满堂花醉三千客，一剑霜寒十四州。莱子衣裳宫锦窄，谢公篇咏绮霞羞。他年名上凌烟阁，岂羡当时万户侯。”[②]这首诗颂扬了钱镠开创一方霸业，晋身富贵，声势煊赫；又和盘托出了作者自己的凌云壮志，期望能够“名上凌烟阁”，成为一个对国家和社会有用的人才。钱镠看了贯休的诗，非常喜欢，但却意有不足，希望贯休能将“十四州”改写成“四十州”，突显钱镠的雄心壮志及其霸业的兴盛，并作为两人相见的条件。哪知贯休是个刚直性了，他喟然回答说：“州亦难添，诗亦难改。余孤云野鹤，何天不可飞！”即日便杖锡离杭而去外地游览，只留下他所画的《十六罗汉图》在灵隐。他还有《秋过钱塘江》诗。其中也有部分能反映现实，如《酷吏词》控诉唐末统治者的苛酷，《少年行》《富贵曲》等鞭挞统治者的骄奢淫逸，都较有社会意义。其以诗言性理，成为宋诗之先驱。

据《全唐诗》《全唐诗补编》所收吴越国的浙江籍诗人，存诗以徐铉最多，其次为延寿、文偃。徐铉作为官僚，诗多应酬之作。如徐铉《观人读春秋》曰：

日觉儒风薄，谁将霸道羞。
乱臣无所惧，何用读春秋。

① 〔五代〕贯休：《禅月集序》，《四部丛刊》本。

② 《十国春秋》卷一一五《拾遗》，第1745页。

延寿、文偃作为佛教信徒，诗多劝人之作。延寿《永明山居诗》其中两首曰：

心地须教合死灰，藏机泯迹绝梯媒。
芳兰只为因香折，良木多从被直摧。
寒逼花枝红未吐，日融水面绿全开。
支颐独坐经窗下，一片云闲入户来。

巨浸层峦本自平，只缘人世强分明。
五侯门外悲欢意，长乐坡头去住情。
学道不如忘有念，修身争是了无生。
三祇功业犹难及，谁信尘劳直下明。

文偃《北邙行》（节选）：

洛阳城里千万人，终为北邙山下尘。
沉迷不计归时路，为君孤坐长悲辛。
昔日送人哭长道，今为孤坟卧芳草。
妖狐穿穴藏子孙，耕夫拨骨寻珠宝。

这类诗都表现出诗人对世事的不满和无奈。其余吟咏山川风景的诗作多有佳句，也不乏对世事的感叹。

兹据《全唐诗》《全唐诗补编》，将所收吴越国时期的浙江籍诗人作表如下：

吴越国时期浙江诗人名录

姓名	字号	籍贯	简历
释文偃（864—949）		嘉兴	俗姓张，嗣雪峰，住韶州云门山光奉院，创云门宗。《全唐诗补编·全唐诗续拾》卷五〇存诗30首

续 表

姓名	字号	籍贯	简历
唐希雅		嘉兴	工金错书，善丹青，与徐熙齐名。南唐元宗李璟闻其名，欲召之，人谓其嗜酒，无人臣礼，乃止。《全唐诗补编·全唐诗续补遗》卷一一存诗1首
沈韬文		湖州	事钱镠，为元帅府典谒，累官左卫上将军，改湖州刺史。《全唐诗》卷七六三存诗1首（缺首句）
释令参		湖州	嗣灵峰，在明州，世称翠岩和尚。钱王请居龙册寺，赐紫，赠为永明大师。《全唐诗补编·全唐诗续拾》卷四五存诗3首
吴　党		湖州	后周时人。《全唐诗补编·全唐诗续拾》卷四五存诗1首
释赞宁（919—1001）		德清	俗姓高。出家杭州龙兴寺，吴越武肃王署为两浙僧统。《全唐诗补编·全唐诗补逸》卷一八存诗2首，《全唐诗补编·全唐诗续拾》卷四六存诗5首并句若干、卷五八又存有“赞宁引谚”4句
释慧稜（854—932）		盐官（今海盐西南）	幼时出家苏州通玄寺，天祐三年（906）泉州刺史王延彬请住招庆，后闽王请居长庆院，号超觉大师，长兴三年（932）归寂。《全唐诗补编·全唐诗续补遗》卷一四存诗2首
释文益（885—958）	净慧	余杭	俗姓鲁。住金陵清凉寺，世称法眼宗。《全唐诗》卷八二五存诗1首
释延沼（896—973）		余杭	俗姓刘，一举不遂，乃出家。25岁谒镜清，后嗣南院慧颙，住汝州风穴山。《全唐诗补编·全唐诗续拾》卷四二存诗5首
释延寿（904—975）	冲立	余杭	俗姓王。曾为吴越国华亭镇将，因以官钱放生获罪，听其出家。著有《宗镜录》100卷、《心赋》1卷、《感通赋》1卷、《抱一子》若干卷。声被异国，高丽王曾投书问道，执弟子礼。《全唐诗补编·全唐诗续拾》卷四六存诗84首，另4句。《全唐诗》卷八五一存“吴越僧”诗6首，亦为延寿所作
钱元球（一作球）（？—937）		临安	钱镠之子，累官土客马步都指挥使、静江节度使兼中书令，封扶南侯，元瓘即位，出判温州，天福二年（937）被杀。《全唐诗补编·全唐诗续拾》卷四五存诗1首
钱仁伉		临安	钱镠之孙。官元帅府中书检校司徒。《全唐诗补编·全唐诗续拾》卷五七存有其“闻牡丹空中吁叹之辞”
钱弘儇	智仁	临安	钱元瓘之子。官静海军节度使判军州事，彰武军节度使知福州事。《全唐诗补编·全唐诗续拾》卷四五存诗1首
钱弘偡（928—？）	惠达	临安	钱元瓘之子。官湖州刺史，同中书门下平章事，封吴兴王。《全唐诗补编·全唐诗续补遗》卷十二存诗2句
钱　信		临安	钱元瓘之子。《全唐诗》卷八八七存诗1首
钱　昱（943—999）	就之	临安	钱弘佐之子。累官秀州刺史、台州刺史、彰武军节度使。入宋为知州、工部侍郎等。《全唐诗补编·全唐诗续拾》卷四六存诗3首

续　表

姓名	字号	籍贯	简历
钱惟治（949—1014）	世和	临安	钱弘倧之子。入宋，为镇国军节度使、左骁卫上将军，卒封彭城郡王。有集。《全唐诗补编·全唐诗补遗》卷一六存诗2首。同书《全唐续拾》卷四六存诗1首
杜　稜	滕云	新城（今属富阳）	唐广明间始事钱镠，累为常州制置使、镇海节度副使、两浙诸军都指挥使，润州刺史。《全唐诗补编·全唐诗续拾》卷四五存诗1首
杜建徽（863—950）	延光	新城（今属富阳）	杜稜之子。随钱镠征战屡建战功，官至丞相中书令，封郧国公。《全唐诗》卷七六三存诗1首
释遇臻		越州（今绍兴）	俗姓杨。嗣德韶，住婺州齐云寺。《全唐诗补编·全唐诗续拾》卷四六存诗1首
徐　铉（917—992）	鼎臣	会稽（今绍兴）	世为会稽人，父延休为吴江都少尹，遂家广陵。铉10岁能属文，长与韩熙载齐名江南。仕吴为校书郎。仕南唐历中书舍人、吏部尚书等。后入宋为直学士院，出为散骑常侍。《全唐诗》卷七五一至七五六存诗6卷298首，《全唐诗补编·全唐诗补逸》卷十六存诗2首，另2句。《全唐诗补编·全唐诗续拾》卷四四存诗1首，另1句
徐　锴（920—974）	楚金	会稽（今绍兴）	徐铉之弟。文辞与铉齐名，时号“二徐”。仕南唐，历集贤殿学士，右内史舍人，兵、吏部选事。《全唐诗》卷七五七存诗5首
释重机		黄岩	嗣师备。回浙中，钱镠钦重之，后住天龙寺。《全唐诗补编·全唐诗续拾》卷四五存诗1首
张文伏	德昭	仙居	后唐天成元年（926）进士。官淮东安抚司，太原刺史，后晋大中大夫。后隐盂川，后周及宋初屡征不起。《全唐诗补编·全唐诗续补遗》卷十存诗1首，同书《全唐诗续拾》卷四二存诗1首
释永安（911—974）		永嘉	俗姓翁。嗣天台德韶，住杭州报恩光教寺。《全唐诗补编·全唐诗续拾》卷四五存诗1首
释道忞（868—937）		温州	俗姓陈。丱年出家，后入闽谒雪峰，归越后先后住杭州天龙寺、龙册寺。《全唐诗补编·全唐诗续拾》卷四五存诗9首
释晓荣（920—990）		温州	俗姓邓。嗣德韶，幼依瑞鹿寺出家，曾住杭州龙册寺。《全唐诗补编·全唐诗续拾》卷四六存诗2首
释本先（？—1008）		温州	俗姓郑。嗣德韶，后住本州瑞鹿寺。《全唐诗补编·全唐诗续拾》卷四六存诗3首
杜光庭（850—933）	圣宾或宾至、宾圣，号东瀛子、登瀛子	缙云	唐末五代道教理论家。有传奇《虬髯客传》和《道门科范大全集》87卷等。《全唐诗》卷八五四存诗31首及句若干。《全唐诗补编·全唐诗补遗》卷一三存诗1首，另2句，同书《全唐诗续拾》卷五一存诗59首及句若干
释德韶（890—971）		龙泉	《全唐诗补编·全唐诗续拾》卷四五存诗1首

续　表

姓名	字号	籍贯	简历
彭　晓	秀川，号真一子	永康	昌利化飞鹤山道士。孟蜀授朝散郎守，尚书祠员外。《全唐诗》卷八五五存诗2首
刘昭禹	休明	婺州（今金华）	在湖南累为县令，后署天策府学士，终严州刺史。有集1卷。《全唐诗》卷七六二存诗9首，卷八八六存诗5首。《全唐诗补编·全唐诗续拾》卷四九存诗1首
江景防	汉臣	常山	仕吴越国钱弘俶为侍御史。钱弘俶"纳土归宋"时，江景防因吴越之民久苦苛敛，遂将图籍沉于河，宋太宗本欲诛杀，后允屏居田里。《全唐诗补编·全唐诗续拾》卷四六存诗1首

除了上述《全唐诗》《全唐诗补编》所收录的浙江籍诗人以外，钱镠十五子钱元璟"学礼闻诗"；钱镠二十八子钱元璝"好诗学武"；钱元瓘第十子钱弘亿"天资俊拔，善属文"，亦能诗，曾以"北方侯伯多贡淫巧蛊君心，因献诗风刺"；钱元瓘十四子钱俨不但是一位史学家，而且"文辞敏达富赡。当时国内文章向推罗隐、崔仁冀，而俨能与之颉颃"；钱元瓘孙子、钱弘偓之子钱昭度"俊敏，工为诗，多警句。有集十卷行于世"；钱弘倧之子钱昆，"善为诗赋，又工草隶，有文集十卷"[①]。

有些诗人籍贯不得而知，但他们身在浙江，亦收录之。兹将吴越国时期籍贯未详而身处浙江的诗人列表如下：

吴越国时期籍贯未详的在浙诗人名录

姓名（或号）	事迹
吴越佚名诗人	《全唐诗》卷七八五存诗5首
钱师悦（吴越时人）	《全唐诗补编·全唐诗续拾》卷四六存诗1首

① 《十国春秋》卷八三《子昆传》，第1201—1210页。

续 表

姓名（或号）	事迹
天目僧（与赞宁同时）	《全唐诗补编·全唐诗补逸》卷十八存诗 1 首
师 鼒	嗣雪峰，住越州越山。钱镠甚加钦重，赐号鉴真大师。《全唐诗补编·全唐诗续拾》卷四五存诗 3 首
德 谦	嗣德山，住婺州明招山。《全唐诗补编·全唐诗续拾》卷四五存诗 3 首
契 从	嗣德谦，居处州报恩院。《全唐诗补编·全唐诗续拾》卷四五存诗 1 首
瑜禅师	嗣德谦，住婺州普照院。《全唐诗补编·全唐诗续拾》卷四五存诗 1 首
保 初	嗣德谦，住婺州双溪寺。《全唐诗补编·全唐诗续拾》卷四五存诗 1 首
洪 寿	嗣德韶，住杭州兴教寺。《全唐诗补编·全唐诗续拾》卷四六存诗 1 首

吴越国时期，还有许多外省籍及外国籍诗人进入浙江。例如：

南康（今属江西）人谢鹗，唐末进士，后仕钱镠，其人“善为诗，有文名”，“文章雅赡，一时推许”，后有“进士裴说选其诗之善者六十余篇，行于世”[①]。

皮光业（877—943），字文通，世为襄阳（今属湖北）人，生于苏州（今属江苏）。唐末苏州军事判官、太常博士皮日休之子。“十岁能属文”，后因其文章得以进见吴越王钱镠，与沈崧、林鼎同被聘为幕僚，累官至浙西节度推官。美仪容，善谈论，性嗜茶。“常作诗以茗为‘苦口师’，国中多传其癖”。后梁贞明二年（916），钱镠遣使皮光业绕道入贡后梁。梁末帝朱瑱加钱镠诸道兵马元帅，特赐皮光业进士及第，并赐秘书郎，授右补阙、内供奉。钱元瓘继位，命皮光业知东府事。后晋天福二年（937），吴越国国王钱元瓘，拜皮光业为丞相。撰有《皮氏见闻录》13 卷及《妖怪录》5 卷，[②]《全唐诗》卷七九五存有其诗 2 句，《全唐诗补编·全唐诗续拾》卷四五存 1 句，《全唐文》卷八九八录有其文 2 篇。

① 《十国春秋》卷八五《谢鹗传》，第 1238—1239 页。

② 《十国春秋》卷八六《皮光业传》，第 1246 页。

流寓明州的侯官（今福建长乐）人林无隐，《全唐诗》卷七九五存其诗2句。

抚州南城（今江西南城）人元德昭（原姓危，后改元）随父奔杭，历任吴越国浙东节度巡官、钱塘县令、睦州军事判官、丞相，《十国春秋》卷八七《元德昭传》说德昭“及学文，师为避席者数矣”，《全唐诗》卷七九五存其诗2句。

历仕吴越国明州判官、检校秘书监、平江节度副使的福州人黄彝简，“能文，尤工诗”[①]，《全唐诗补编·全唐诗续拾》卷四六存其《山居诗》2句。

桐城（今安徽桐城）人蒋宗简，曾官明州评事，罢官以后居于奉州（今奉化大溪东），时与布袋和尚同游，世呼其为摩诃居士，布袋和尚卒后，移居东湖畔跨山，《全唐诗补编·全唐诗续拾》卷四五有其《颂布袋和尚》诗1首。

洪州南昌（今江西南昌）人钱朗，五经登科，唐文宗朝为南安都副使，以光禄卿归隐庐山，唐昭宗时，钱镠迎居钱塘，师事之，据说其时已150岁，后20年尸解，《全唐诗补编·全唐诗续拾》卷四五有其遗诗1首。

福州（今福建福州）人释神禄，住温州瑞峰院，《全唐诗补编·全唐诗续拾》卷四五存其诗1首。

高丽人释灵照，初住浙江齐云山，世称齐云和尚，后移住越州镜清院，钱弘佐造龙华寺，邀为住持，《全唐诗补编·全唐诗续拾》卷四五存其诗1首。

吴郡（今江苏苏州）人范赞时，仕吴越，官至秘书监，著有《资谈录》60卷，《全唐诗补编·全唐诗续拾》卷四六存其诗1首（缺2句）。

这些人身在吴越国，或从政，或修行、隐居，也为繁荣吴越国文坛作出了贡献。

二、散文

散文发展到晚唐有了新的变化，就是文风改革的进程，从文明道说发展到直接指陈时病。

罗隐是吴越国最负盛名的文学家。罗隐，本名横，字昭谏，杭州新城（今

① 《十国春秋》卷八七《黄彝简传》，第1261页。

罗隐像

浙江杭州市富阳区西南）人。因十举进士不第，乃改名隐。浪迹江湖，与人龃龉不合，落落寡欢，所以，他的诗文也有许多伤时愤世的作品。黄巢起义时，避乱归乡里，依附镇海军节度使钱镠。镠爱其才，光启三年(887)表奏为钱塘令，迁著作郎。天祐三年（906）充节度判官。后梁开平二年（908）授给事中。次年，迁盐铁发运使。

罗隐擅长杂文，笔锋犀利。罗宗强在《隋唐五代文学思想史》一书中认为，罗隐与当时的文学家一样，虽然仍以元结、韩愈为榜样，但着眼点不在于明古圣先王之道，挽救弊政，与朝廷合作。他们的主要倾向是把什么都看透了，冷眼旁观，不与朝廷合作。①所著《谗书》，《四库未收书目提要》云“皆愤懑不平之言，不遇于当世而无所以泄其怒之所作”。如其《英雄之言》充满了辛辣的讽刺：

> 物之所以有韬晦者，防乎盗也，故人亦然。夫盗亦人也，冠履焉，衣服焉；其所以异者，退让之心，贞廉之节，不恒其性耳。视玉帛而取者，则曰牵于寒饥；视家国而取者，则曰救彼涂炭。牵于寒饥者，无得而言矣；救彼涂炭者，则宜以百姓心为心。而西刘则曰：居宜如是。楚籍则曰：可取而代。噫，彼必无退让之心、贞廉之节，盖以视

① 罗宗强：《隋唐五代文学思想史》，中华书局 2003 年版，第 253 页。

其靡曼骄崇，然后生其谋耳。为英雄者犹若是，况常人乎？是以峻宇逸游，不为人之所窥者，鲜矣。

他在此文中利用庄子以来的旧话“救彼涂炭”，意指盗窃国家。借论秦末刘、项二人之言讽刺晚唐的时局。全文内容尖锐，文情跌宕，着实精彩，可视为罗隐小品文的代表作。还有抨击晚唐社会的直接干预时政，无情揭露社会矛盾，同样尖锐深刻。如《辩害》一文云：

虎豹之为害也，则焚山不顾野人之菽粟；蛟蜃之为害也，则绝流不顾渔人之钓网。其所全者大，所去者小也。顺大道而行者，救天下者也；尽规矩而进者，全礼义者也。权济天下，而君臣立、上下正，然后礼义生焉。力不能济于用，而君臣上下之不正，虽抱空器，奚所施设？是以佐盟津之师，焚山绝流者也；扣马而谏，计菽粟而顾钓网者也。於戏！

全文都是用比喻，前面以除虎豹、斩蛟蜃为例，以说明济天要“尽规矩而进”，然后引用汤武革命的历史，批判伯夷、叔刘扣马而谏的不识大体。文章表达隐而显，但立意还是非常明确。①

总之，罗隐的创作丰富多彩，内容充实，晚唐散文因他的存在而精彩。鲁迅在《小品文的危机》中说“罗隐的《谗书》，几乎全部是抗争和愤激之谈”，“正是一塌糊涂的泥塘里的光彩和锋芒”。他对后世的影响较大，主要是他的“气节凛然”，后世正直之士，往往以此为例，批评时政。恰如黄真辅所说：“读者当知公之气节尽在是书，而不可徒以其文辞例视之也。”②

值得一提的还有钱易、钱惟演、毛胜等几位文学家。

钱易为钱弘倧之子，“才学敏赡，数千百言援笔立就”，有《金闺》《瀛

① 王嘉良主编：《浙江文学史》，杭州出版社 2008 年版，第 143 页。

② 黄真辅：《罗昭谏谗书题辞》，见中华书局 1983 版《罗隐集》第 347 页附录。

州》《西垣制集》150卷，《青云总录》《青云新录》《南部新书》《洞微志》130卷，还有《钱氏家话》1卷。①

钱惟演（977—1034），钱弘俶第七子，“博学能文”，“文辞清丽，名与杨亿、刘筠相上下”，既是一位史学家，也是一位文学家。难能可贵的是还“尤喜奖厉后进”②。

毛胜，晋陵（今江苏常州）人。钱弘俶时期为功德判官，作《水族加恩簿》，假托沧海龙君之命，对42种水产，各按性状姿态、烹饪技巧、口味特色和药理作用，一一给予加官晋爵，构思独特，文章典赡，一时传为佳话。

章鲁封（一作鲁风），桐庐人，“少与罗隐齐名”，有《章子》3卷。③

此外，安国（今浙江临安）人水丘昭券、湖州人裴坚等，亦以擅文称。

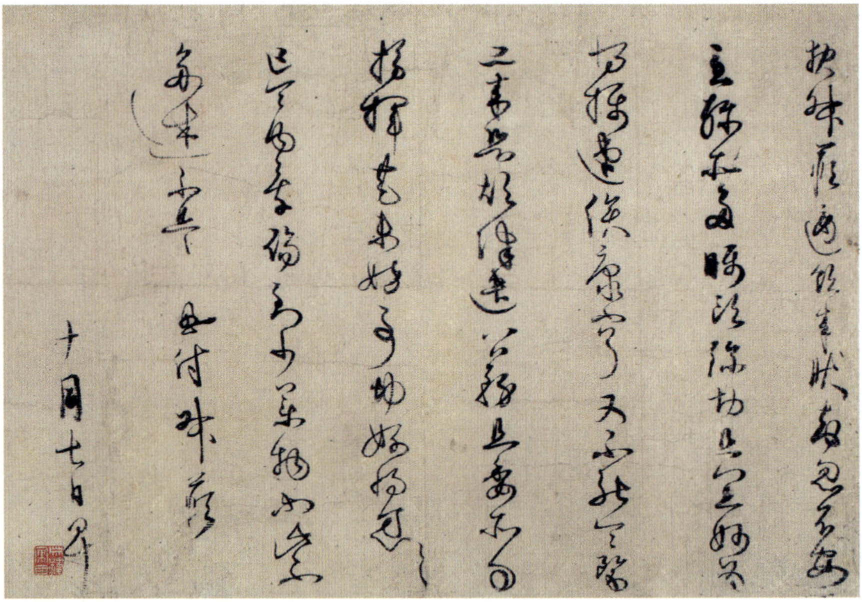

钱弘俶《草书手简》

① 《十国春秋》卷八三《钱易传》，第1211页。

② 《十国春秋》卷八三《钱惟演传》，第1214—1215页。

③ 《十国春秋》卷八五《章鲁封传》，第1237—1238页。

第四节　书画和石窟造像

吴越国在书画和石窟造像等艺术方面，也达到了较高的水平。特别是杭州作为一国首都，书画名家荟萃。

一、书法

五代十国时期，书法艺术主要承袭晚唐遗风。吴越国钱氏统治者对于书法的重视和雅好并不亚于绘画，甚至有过之而无不及，所以其繁荣也甚于画坛。而其法式似乎效法“二王”及初唐欧阳询、虞世南者较多。

史载钱镠本人“能书写，甚得体要”[①]。《宣和书谱》卷五说其“喜作正书”，作品“刚劲结密，似非出用武手”[②]。钱镠后人如三子钱元瑛“工草隶”，文穆王钱元瓘二子弘僎“能书”，钱元瓘第十一子弘仪“工草书，善弈棋，皆及上品”，第十三子弘仰“尤精书法”[③]。忠懿王钱弘俶擅长草隶，宋太宗“以王善草隶，遣中使取王草书笔迹。王以风疾，手不能握笔，命将往时所书绢图草字，遣世子惟濬同中使以进”，宋太宗为之下诏奖谕，并赐金盒玉砚一副，龙凤墨一百挺，红绿笔一千管，盈丈纸二百轴，白绢三百匹。[④] 浙江省博物馆收藏有五代十国时期吴越国国王钱镠、钱弘俶二王纸本合卷。此卷纵 29 厘米，横 101.4 厘米。全卷分为两段，前段系钱镠给崇吴禅院僧嗣匡的行书牒文，书于后梁龙德二年（922）十二月；后段系庆禅院僧崇定上奏楷书表文，有吴越国最后一位国王钱弘俶的批字和花押，据考系书于北宋太平兴国二年（977）闰七月。两段“钱王手泽”均得唐代书法精髓，是流传至今的五代墨迹，弥

① 《吴越备史》卷一《武肃王》，《五代史书汇编》，第 6218 页；《旧五代史》卷一三三《钱镠传》，第 177 页。

② 〔宋〕佚名：《宣和书谱》卷五，《丛书集成初编》本。

③ 《十国春秋》卷八三《武肃王子宁国公元玑传》，第 1194、1203、1207 页。

④ 《宋史》卷四八〇《吴越世家》，第 13907—13908 页；《吴越备史·补遗》，《五代史书汇编》，第 6274 页。

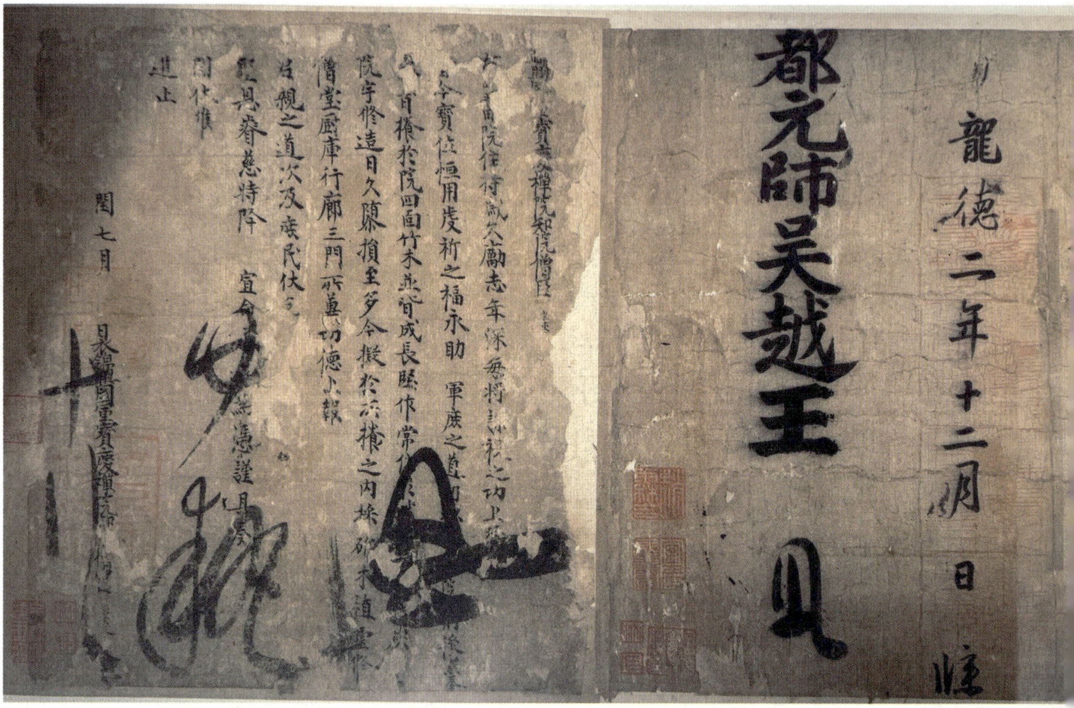

钱镠、钱弘俶二王批牍合卷（浙江省博物馆藏）

足珍贵。[①]

此外，忠献王钱弘佐长子钱昱擅长书法，宋太宗“闻昱善书，令进笔札，赐御书金花扇二、《急就章》一、御翰三十轴”。忠逊王钱弘倧之子钱易“善寻尺大书行草”。钱弘俶长子钱惟治“草隶擅绝，尤好‘二王’书，每曰：‘心能御手，手能御笔，则法在其中矣。’”宋太宗曾与翰林贺丕显评惟治书曰：“诸钱皆效浙僧、亚栖之迹，故笔无骨，独惟治工耳。”[②]“浙僧”即智永，亚栖即释亚栖，洛阳人，皆以草书闻名。

林鼎为吴越国时期在浙江书坛上较著名的书法家。林鼎（891—944），

① 以上引自《浙江通志》卷九〇《文物志》，第 529 页。

② 《十国春秋》卷八三《忠献王子富水侯昱传》等，第 1210、1211、1213 页。

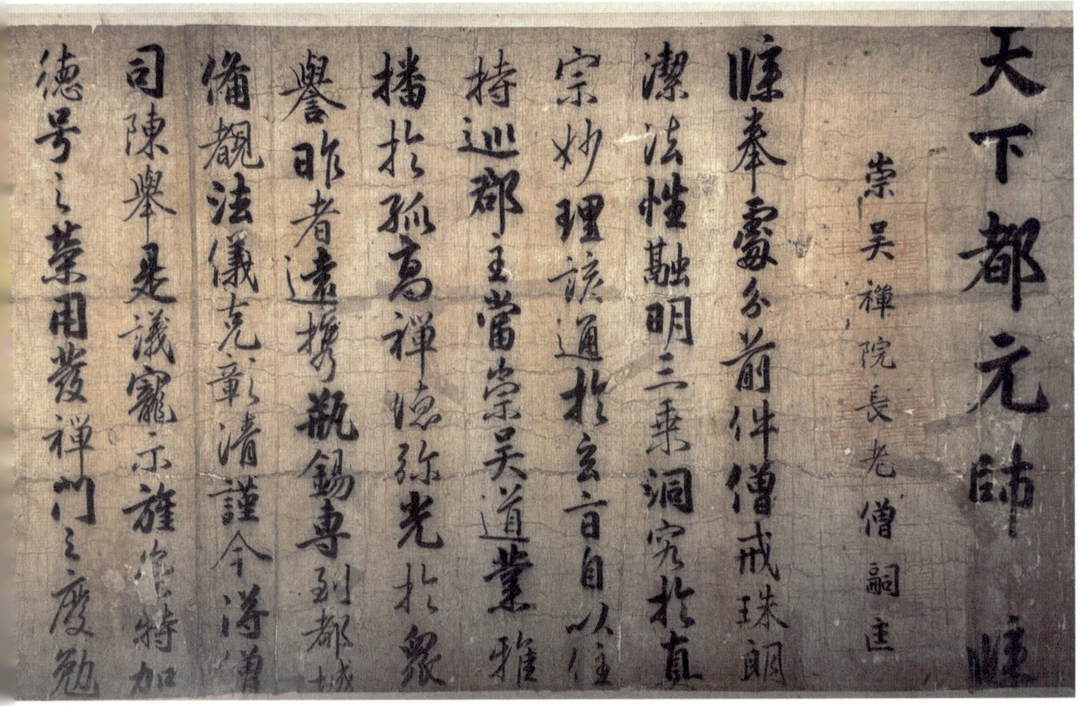

字涣文，原籍侯官（今福建长乐）。其父无隐流寓明州（今浙江宁波），依刺史黄晟。林鼎生于明州大隐村，及长，为武肃王钱镠观察押牙。文穆王钱元瓘袭位后，署镇海军掌书记、节度判官，官至丞相。林鼎书法，得欧阳询、虞世南笔法，颇为时人所重。

而在民间，当以贯休最为著名，他擅长书法，独创一体，作字奇崛，草书尤胜，人号为“姜体”。《宋高僧传》称其“篆文雄健”。钱镠初据两浙时，正想树堂立碑，大封功臣，要贯休题诗刊于碑阴，贯休遂向钱镠献诗一首。罗隐虽不以书法显名，但所作行书“尚有唐人典刑，无季世衰弱之习”[①]。

五代十国时期浙江籍著名书法家还有徐铉（917—992，字鼎臣）、徐锴

① 〔元〕陶宗仪：《书史会要》卷五《五代》，文渊阁《四库全书》本。

（921—975，一说920—974，字楚金）兄弟。徐铉著有文集30卷，《质疑论》若干卷及《吴录》20卷。徐锴为南唐内史舍人，后因徐铉使宋，忧惧而卒。著有《说文解字系传》40卷，《说文通释》40卷，《说文隐音》4卷，《说文韵谱》10卷，《历代年谱》2卷，《方舆记》130卷及《古今国典》《赋苑》《岁时广记》和其他文章若干卷。宋欧阳修《集古录》说徐铉、徐锴皆能八分小篆，在江南以文翰知名，号称“二徐”。宋江少虞说徐铉小篆，映日视之，画之中心有一缕浓墨，正当其中，至于屈折处，亦当中，无有偏侧，乃笔锋直下不倒侧，故锋常在画中，此用笔之法也。有《篆书千文》《武成王庙碑》《大钲铭碑》传世。为一代著名篆书书法家。[①]

二、绘画

五代时期，由于中原长期战乱，绘画重心遂向相对比较安定的西蜀、南唐及吴越地区转移。吴越国有没有像西蜀、南唐那样设立翰林院或画院，不得而知。但是，钱氏统治者对绘画确实相当重视，而且雅好有加，所以画坛也颇为繁荣。当时，他们将善于写真的画工称为“鸾手校尉”，这应是吴越的一种别称。文献记载，吴越国早在钱镠时，“常使画工数十人居淞江，号‘鸾手校尉’，伺北方流移来者，咸写貌以闻，择清俊福厚者用之”[②]，将画家的写真技艺用于政治。一次，钱镠得到一幅《磻溪垂钓图》，特意召著名诗人罗隐为之题诗。据说钱镠还工画墨竹，可惜其作品没有流传下来。[③]钱氏家族中善画者也不乏其人，如钱镠四弟钱铧“善丹青”，文穆王钱元瓘养子钱弘倧。“工于画艺”，忠献王钱弘佐长子钱昱亦“雅善琴画”，忠逊王钱弘倧之子

① 《十国春秋》卷二八《徐铉传》《徐锴传》，第400—405页；王伯敏主编：《中国美术通史》，山东教育出版社1987年版，第9册，第98页。

② 〔后唐〕冯贽编，张力伟点校：《云仙散录·鸾手校尉》，中华书局2008年版，第128页；《十国春秋》卷七八《武肃王世家下》，第1115页。

③ 〔元〕夏文彦：《图绘宝鉴》卷二，《丛书集成初编》本。

贯休《十六罗汉图》局部

钱昆工画，“常绘寒芦沙乌于团扇，人竞宝之”[①]。

吴越国的罗汉画，在当时的画坛上别具特色。罗汉像始于唐代而盛于五代。罗汉功德神通，随应所需，普度众生，极易深入民间，使人们有亲近之感，激发了广大民众的崇敬之情，而对罗汉供养和布施可以获得因果报应的这种十分现实的利益也促进了罗汉信仰的广泛流行。[②]这个时期画罗汉最著名的就是张玄和贯休。贯休“画罗汉十六帧，庞眉大目者，朵颐隆鼻者，倚松石者，坐山水者，胡貌梵相，曲尽其态”[③]。他自己说是梦中所见，醒后画之，因称“应梦罗汉”。所画造型生动逼真，用笔遒劲，线条紧密自如，在造型上富有艺术的夸张意趣。据说贯休在杭州时，曾受众安桥强氏药肆之请，画出罗汉一堂，谓“每画一尊，必祈梦得应真貌，方成之”“当时卿相，皆有歌诗”。宋太平兴国初，宋太宗搜访古画，程羽将贯休罗汉16帧进呈，欧阳炯作《禅月大师应梦罗汉歌》：“西岳高僧名贯休，高情峭拔凌清秋。天教水墨画罗

① 《十国春秋》卷八三《武肃王子宁国公元玑传》，第1193、1204、1210页并引《国绘宝鉴》。

② 樊珂：《论五代十国时期人物画的题材和功能》，《吉林艺术学院学报》2019年第3期。

③ 〔宋〕黄休复：《益州名画录》卷下《能格下品七人·禅月大师》，傅璇琮等主编：《五代史书汇编》，杭州出版社2004年版，第6153页。

汉，魁岸古容生笔头。……若将此画比量看，最是人间为第一。”[①]他的罗汉画，是古代佛教绘画史上的名作，可惜真迹传世绝少，多数是宋代摹本，还有不少是后人伪托。有的流传日本，有的刻本分散各地。杭州孔庙内尚存有他所画的罗汉刻石十六方，刻石原在西湖圣因寺内。清乾隆南巡，看到此碑，赞不绝口，并亲笔修改名号，题写赞词。

此外，五代吴越国的墓室壁画也达到了较高的水平。自 20 世纪 50 年代以来，先后在今杭州主城区及临安区两地发掘、清理了 9 座钱氏家族墓，这些墓葬大多在中后室墓壁发现有精美的壁画和天文星象图，殊为难得。

1962 年，浙江省文物管理委员会在临安县城南二里许功臣山下清理了五代钱元玩墓。墓室为土坑石椁，外加筑拱顶砖室，分前后两室，前室施彩绘，后室四壁上沿雕刻宽带状牡丹花图案，每组图案由一大一小的牡丹花纹组成，上面着有颜色。大花心施金色，花瓣涂红色，叶着石绿色；小花着色不同，花瓣红色，叶金色。四壁中部为四神浮雕。青龙腾跃于左，遍体披鳞，背鳍、腹甲和唇部着朱；白虎猛踞于右，腹部瘦长，背施黄黑间色斑纹，红地；朱雀昂首奋翼，通体染红，屏羽加点褐彩；玄武底色用黑，蛇缠龟体，蛇身施以朱绘。四壁下部浮雕十二生肖神像，自北壁正中的“子”开始，顺时针方向排列：东壁为寅、卯、辰，南壁为巳、午、未，西壁为申、酉、戌，北壁为亥、子、丑。每像各居一龛，双手拱在胸前，十二生肖抱于怀中。[②]

1996 年 12 月，在临安市西南 11 公里的玲珑镇祥里村发现五代马氏康陵。康陵墓室平面呈长方形，分为前、中、后三室；前室为砖砌，中、后室双重墓壁，外壁用砖砌拱券，内壁为石板结构，前室左右各有一个耳室，内壁石灰涂抹，彩绘牡丹树。后室四壁浅浮雕彩绘四神——青龙、白虎、朱雀、玄武，凿出十二个壶门形龛，龛内雕刻十二个手捧生肖动物的人物像，方柱、额枋上用金箔贴飞翔的凤凰，顶部刻有一幅完整的天文星象图，绘出银河，用金箔贴

① 〔宋〕黄休复：《益州名画录》卷下《能格下品七人 · 禅月大师》，傅璇琮等主编：《五代史书汇编》，杭州出版社 2004 年版，第 6153—6154 页。

② 浙江省文物管理委员会：《杭州、临安五代墓中的天文图和秘色瓷》，《考古》1975 年第 3 期。

康陵墓室彩绘白虎神像

康陵墓室彩绘缠枝牡丹和宝相花

康陵墓室后室和青龙全貌

康陵墓室后室后额枋金凤凰

（引自《五代吴越国康陵》）

饰 218 颗星。[①]

吴越国统治者对于绘画的重视和雅好，曾经吸引了不少外地画家如山东的王道求，高唐的李群，河北的张质、唐希雅等人进入吴越。《鲁峄书典》记载，山东画家王道求，高唐画家李群，皆因“钱越王所召”而“同时入吴越”。王道求为人物画家，善画鬼神及畜兽。入宋时曾去开封大相国寺作壁画，观者如堵，名重一时。李群也是人物画家，作品有《醉客图》《孟说举鼎图》等，但是只见著录，未见真迹流传。

风俗画家张质，据《图画见闻志》《图绘宝鉴》等记载，有《村田鼓笛》

① 杭州市文物考古研究所、临安市文物馆编著：《五代吴越国康陵》，文物出版社 2014 年版，第 34 页。

《村社醉散》《踏歌》等作品传世。张质原为定州（今河北定县）人，其所以来到吴越国，在画史上向被定为吴越画家，可能与钱氏重视绘画艺术、善招远方画家有一定关系。

唐希雅祖籍河北，因五代离乱，迁于江南，落籍嘉兴。唐希雅初学后主李煜金错刀法，后又吸取其他笔法作画，用颤掣笔势写竹画树，爱写荆棘荒野之景，气韵萧疏，别有意趣，尤长花竹翎毛，是一位堪与徐熙媲美的五代江南花鸟画代表画家。

吴越国时期浙江籍画家还有王畊、仁熙、钟隐、罗塞翁、蕴能、陆晃等人。

王畊，善画，尤精牡丹，一时被称为“丹青之冠”[①]。

仁熙，忠献王钱弘佐众从之一，能丹青，尤工水牛，多写于纨扇之上。

钟隐，天台人，因长期隐居钟山，遂以为姓名，实则为号。《图书闻见录》称钟隐作画师于郭乾晖，并深得其旨。常以画花竹禽鸟自娱，也善画山水、人物。有《周处斩蛟图》传世。

罗塞翁，罗隐之子，《宣和画谱》卷一四说其“善画羊，精妙卓绝，世罕见其笔”。北宋时，余姚陆家曾收藏一卷，精妙卓绝。后归孙元规家收藏。

蕴能，是一位画僧，浙江人。工杂画，善画佛像，也画山水、花卉。

陆晃，嘉禾人，善丹臒，多画村野人物及道像、天辰、神仙等，又喜为数称，如三仙、四畅、五老、六逸、七贤、山阴会仙、五王避暑之类。南唐元宗李璟闻其名而欲召之，后因听说此人好纵酒，少臣子之礼，才作罢。

此外，吴越民间画手也不乏其人，仅就杭州西湖雷峰塔所出吴越版刻《宝箧印经》，即可见其一斑。

我国五代时期的绘画艺术上承唐代传统，下开宋代画风。一方面是宫廷绘画依然带有浓艳华贵气息，但不少画家与社会保持一定的联系，艺术上有卓越的创造；另一方面在山水画和花鸟画上取得了令人瞩目的发展，对后世产生了深远的影响。其时浙江的画坛，虽然现存资料有限，但还是可以看出其表现的广度和深度，以及与其时我国整个画坛同步发展的趋势。

① 《十国春秋》卷八五《王畊传》，第1242页。

三、石窟造像[①]

石窟造像是佛教寺院的一种文化，源于印度，大约阿育王（？—前232）时代已有。其时，“苦修僧”们效法释迦牟尼（约前565—前486）苦修，于僻静山崖凿窟（亦称“石窟寺”）居住，白天外出行乞，晚上住寺修道。此后佛教信徒们为表达对佛的虔诚，捐舍“净财”，邀聘能工巧匠，或在石窟内雕凿佛像即所谓“石窟造像”，或在巉岩石壁上开窟凿像即所谓“摩崖龛像”，或在露天石壁上雕造佛像，用以祈求福禄，并逐渐成为风气。

石窟造像大约东汉以后传入中国，并首先在北方兴起，经过南北朝时期的发展，到了唐代，无论在数量上还是艺术上都达到了高峰，盛极一时。浙江早期的石窟造像有依山开凿的新昌大佛寺的石弥勒大佛，雕于南朝梁天监间（502—519），原为立像，元元统二年（1334）改为坐像。新昌石城山千佛岩石窟第一窟中两菩萨主像也具有南北朝时期风格。此外，绍兴柯岩造像和羊山造像，据说为隋唐时期作品。前者，《柯山小志》说：“石佛高五丈六尺……相传隋开皇间有石工发愿为此，未成而逝，以禅之子，子复禅孙，三世讫功。”后者相传隋朝采羊山之石筑罗城，罗城竣工后留下一处高数十丈、周十余丈孤石，工匠历经七世，终于就岩凿成大佛一座。除此以外，少有建树。

唐末以后，中原战乱，北方石窟造像逐渐衰落，长江流域四川、江浙一带，由于社会相对安定，佛教相对繁荣。随着佛教重心的南移，石窟造像在南方崛起，并形成了自己独特的风格。吴越国的石窟艺术虽不及云冈、龙门，但正好起到了承上启下的作用，使得中国石窟造像的历史没有被中断。这不仅对于佛教的发展有着重要的意义，而且在发扬中国的石窟造像艺术、延续中国的石窟造像历史方面，也有特殊的意义。[②]

吴越国王三代尊奉佛教，造像之风甚盛，尤其在国治杭州。因为这一带

---

① 为了叙述方便起见，这里所说的石窟造像既包括真正意义上的石窟造像，也包括摩崖龛像和摩崖造像等造像类型。

② 李志庭：《浙江通史》第4卷《隋唐五代卷》，浙江人民出版社2003年版，第395页。

浙江杭州慈云岭五代佛教造像
（引自浙江省文物局编《意匠生辉——浙江历史遗产的文化品读》）

寺宇林立，所以石窟造像也大多分布在这里，比较著名的如南塔寺（后改梵天寺）造像，凤凰山圣果寺“西方三圣”、罗汉造像，天龙寺无量寿佛、弥勒、无著、世亲等造像，慈云岭资延寺阿弥陀佛、观音、势至等造像，烟霞洞罗汉造像以及灵隐飞来峰“西方三圣”造像等。

慈云岭石窟造像，即慈云岭南坡东壁资延寺石窟造像，是五代吴越国杭州最著名的造像之一。后晋天福七年（942），吴越王遂在此兴建资延寺，并雕龛造像。《咸淳临安志》卷八二载："上石龙永寿寺，在慈云岭下，天福七年吴越王建，旧名资贤，大中祥符元年改今额。"阮元在《两浙金石志》中认为"贤"字是"延"字之误。慈云岭石窟造像是吴越国石窟造像规模较大的一处，佛像造型丰满，衣纹流畅，继承了晚唐的艺术风格。资延寺造像有主、副两龛。主龛为横式长形，龛高 5.8 米，宽 10 米，深 1.5 米，顶部呈弧拱状。正面佛像一龛，龛楣弧形，龛内造像 7 尊，中间 3 尊坐像。阿弥陀佛居中，高 2.45 米（连座高 3.34 米），高肉髻，螺发，额广平正，两肩圆满，身体正直，仪态端严，两耳垂肩。身披袈裟，半袒右胸。右手置于左手上，拇指相接，抑于脐下，作"禅定印"。面相温和，仪态端严。左侧为观世音菩萨像，头戴宝冠，冠上饰化佛，两侧宝缯垂肩，右手执柳枝，左手置脐前，容相丰满，神态端庄。右侧为大势至菩萨像，宝冠高髻，面相温和，笑容可掬。三尊坐像都作全跏趺坐式，两足交叉分置于左右股上，坐莲座上。莲座花瓣饱满，置于须弥座（又名金刚座）之上。下有须弥座，身后背光均作宝珠形，中间浮雕缠枝宝相花。边缘饰火焰纹。"弥陀三尊"两侧为菩萨立像，再两侧为金刚力士像。菩萨立像高 2.72 米，披薄纱，着长裙，挂瓔珞，手戴钏，宝缯乘肩，帛带飘绕，跣足露趾。金刚力士立像高 2.92 米，戴盔穿甲，腰系革带，足蹬武士靴，右手执长杆钺，左手臂上曲，竖掌指，作无畏手印，一派护法气势。龛内除主体 7 尊造像外，其上部又浮雕飞天和迦陵频伽，各于左右向中间飞舞。飞天头戴宝冠，身着天衣，肩披帛带，手举花束，朝着弥陀飘舞散花。迦陵频伽亦即好声鸟，上身人形，下体鸟状，尾随飞天展翅飞翔。空中鲜花点点，祥云朵朵，颇有动感。龛楣上刻毗婆尸佛、尸弃佛、毗舍浮佛、拘留孙佛、拘那含牟尼佛、迦叶佛等释迦牟尼以前六代佛，连同释迦牟尼，合称"七佛"。"七佛"皆作全跏趺坐式，端坐于莲花之上，其下以祥云绕托。龛楣两端，左边浮雕文殊菩萨骑狮，旁有拂菻；右边浮雕普贤菩萨，骑象，旁有獠蛮。资延寺造像主龛共造像 20 余尊，虽然性格不同，形象各异，但又以弥陀为中心，有机地形成一组既有外形变化，又有内在联系的群雕。资延寺主龛北侧另有一小龛，即副龛，坐北朝南。龛高3.90米（含龛楣），阔2.38米，顶呈弧拱状，中间雕地藏像，像高1.96米，光头大耳，面相圆润，深沉恬静。外披通肩袈裟，袒胸露腹，胸挂璎珞。左手摊放腿上，右手直举胸前。左足下垂，踏莲花上；右腿盘曲，为半跏趺坐式。台座上半部为宽大的袈裟所覆盖。地藏两侧侍立两供养人，男相，束发，穿交领衫，外罩右衽短衫，下系长裙。左侧供养人双手执物，右侧供养人拱手胸前。地藏造像面相圆润，深沉恬静，充分体现了佛经中所谓“安忍不动如大地，静虑深密如秘藏”的神态；供养人脸型丰腴，仪态端严，表现出恭敬虔诚的神情，也反映了匠师们高超的艺术造诣。地藏左侧又引出云头，绕向龛楣，云际间走在最前的一男一女头戴冠冕，贵人装束，合掌而行。此后依次为常人装束的一男一女；身长四手，既托日月，又持弓箭的阿修罗王；手执武器的牛首人身；赤身露体，瘦骨嶙峋的饿鬼和昂首而立的马匹，寓意天道、人道、阿修罗道、地狱道、饿鬼道、畜生道等所谓“六道轮回”。

慈云岭西面、玉皇山南麓的天龙寺有石窟造像，坐北朝南，共三龛。两龛中，前一龛一尊，后一龛七尊。一为无量佛造像，一为弥勒佛造像。乾德三年（965），吴越国国王钱俶建寺，这两龛造像应是建寺时所造。规模不及慈云岭造像，但雕刻很精美，还保持了一些晚唐时期的风格。东龛无量佛（即阿弥陀佛）造像，龛高2.11米，宽1.73米，深0.52米。无量佛作全跏趺坐式，身披袈裟，袒胸露腹，闭目禅定，表情安详。莲花座子。身后、头顶各有圈光一道，上饰火焰纹。由此西下数十步，为中龛，高2.71米，宽6.20米，造像7尊。弥勒造像居中，高1.76米，额部已残，方面大耳，着敞胸通肩袈裟，左手扶膝，右手举胸前，全跏趺坐式，端坐于须弥座上，座高0.67米，双足下垂踏于莲花上，容相慈祥，背后饰火焰纹头光和身光。弥勒两侧为无著（左）和世亲（右），高1.40米，身披袈裟，竖合指掌于胸前，脚踏覆莲座，作恭立状。再两侧为法花林菩萨（左）和大妙相菩萨（右），又再两侧为力士像。再两侧，左有法华林菩萨，高1.50米；右有大妙相菩萨，高1.44米，均身披薄纱，立于覆莲座上，饰火焰纹头光。再两侧为金刚，高1.29米，皆戴盔穿甲，立于覆莲座上，饰火焰纹头光，左掌作无畏印，右手执斧钺，形象威武。龛内上部左右各浮雕飞天一身，飞向本尊，飞天体态修长，上身昂起，下身平舒，作散花状。西龛一尊观音，高0.60米，头戴花鬘冠，发髻高耸，脸形丰满，鼻梁挺秀，口含笑意，颈挂璎珞。身躯略向后倾。体态秀丽，文静多姿。

凤凰山东侧山腰圣果寺有规模宏大的三石佛（弥陀、观音、势至）及十八罗汉像，均系吴越国王钱弘俶时造。[①]明代田汝成《西湖游览志》说："吴越王镌弥陀、观音、势至三佛，及十八罗汉像于石壁。"[②]两者或作于同时，唯罗汉今仅存十六。十六罗汉造像西北一高台岩壁为阿弥陀佛、观世音和大势至三尊大型造像，其上原有殿宇覆盖，早年已毁。本龛阿弥陀佛高6.20米，坐于高2.50米的须弥座上。造像大部已毁，但从残存的衣饰帛带及须弥座上，仍可看到线条流畅、雕刻精美的纹饰。左右胁侍观音菩萨和势至菩萨高5.10米，均坐于高2.50米的须弥座上，可惜均遭毁坏。但是从残存的衣锦帛带和须弥座上，仍可以看出其雕刻之精美。圣果寺本龛石窟造像以下岩壁上雕有罗汉像16尊，依岩壁走势分布，形态各异，线条流畅，可惜头部均遭毁坏。近年来有好事者信手补塑，结果反而弄巧成拙，使其不堪入目。这从另一个角度反映了吴越国匠师们高超的技术及深厚的艺术素养。

南高峰西翁家山南烟霞洞造像，在吴越国时期主要为罗汉。按《咸淳临安志》《武林梵志》所说，后晋开运元年（944），僧人弥洪曾在洞口筑室居住，后经神人指点，在洞内发现罗汉6尊。弥洪死后，托梦吴越国王钱氏："吾有兄弟一十八人，今方有六，王可聚之。"请吴越王补足十八罗汉。吴越国王梦觉，访得烟霞洞有六罗汉，遂增刻了12尊罗汉，以符所梦。然而《咸淳临安志》卷九说法的可靠性颇值得怀疑，因为唐五代我国主要流行十六罗汉，而且洞内实际上也只有十六罗汉，另外两尊实为布袋弥勒和披帽地藏，雕刻年代也已在宋朝。但此说也反映了这样一个事实，即烟霞洞内早在开运以前已有罗汉的雕刻，开运以后的吴越国时期又有增刻。十六罗汉中有一尊所刻

① 《咸淳临安志》卷七六《寺观二·圣果寺》，《宋元方志丛刊》，第4044页。

② 《西湖游览志》卷七《南山胜迹》，第82页。

杭州烟霞洞五代石刻造像

题记“吴延爽舍三千造罗汉”等字，“吴延爽”乃吴越国王钱元瓘的妻弟、钱弘俶的母舅，这有力地证明这些罗汉是吴越时所雕造的。烟霞洞十六罗汉依洞窟形势分布，容相奇特，或沉思，或禅定，或仰瞻，或俯视，或怒视，有的胸中现佛，有的手中执麈，还有玩狮、伏虎等状，姿态各异，栩栩如生，生动地反映了佛经上罗汉的性格和思想。

石屋洞造像：石屋洞原名石屋院，始建于五代开运年间（944—946），为吴越国国王所建。后晋开运元年（944），洞内开凿石刻造像。《咸淳临安志》记载：“周回镌罗汉五百十六身，中间凿释迦佛诸菩萨像。”[1]元永隆和尚重新造像记中说：此洞在石晋天福年中开山建院，洞中正面七尊大像同上面飞天，可能都是这时候的雕刻。其余小造像，每个都有供养人题记，其中有年月可凭的，从石晋天福年间，到北宋开宝年间。[2]可知都是吴越国时期雕造的。

① 《咸淳临安志》卷二九《山川八·洞》，《宋元方志丛刊》，第3632页。

② 浙江省文物管理委员会编：《西湖石窟艺术》，浙江人民出版社1956年版。

石屋洞五代石刻造像

飞来峰造像：位于飞来峰青林洞（又名金光洞、理公岩）、玉乳洞和龙泓洞等天然溶洞内外以及冷泉溪沿岸的崖壁上。始凿于五代后周广顺元年（951），历经两宋，盛于元代，明代有少量增凿。现存造像115龛、390余尊和大量摩崖题刻，其中较为完整的造像有345尊。青林洞内后周广顺元年（951）雕凿的弥勒、观音、势至即所谓“西方三圣”造像，为飞来峰现存有题记的造像中年代最早的一龛。像高0.33米，着半披肩袈裟，袒露右胸臂，全跏趺坐式，两手相叠，拇指相交，作禅定印，背光边缘饰火焰纹。题记署年为“时己未建隆元年三月十九日记”，大约己未年（959）始雕，建隆元年（960）三月十九日工毕作记。宋代罗汉造像成为飞来峰数量最多的造像题材，其中大多为北宋的小罗汉，而位于沿溪崖壁南宋风格的布袋弥勒像则是飞来峰造像中最大者和代表。飞来峰上（原神尼塔旁）有一龛菩萨像，亦为吴越国时期所造。该龛高 0.66 米，宽 0.50 米，像高 0.36 米，着天衣，佩璎珞，腕戴钏，作全跏趺坐式于莲座上，莲座又置于须弥座之上。背光边缘饰火焰纹。

吴越国石窟造像主要集中在国都杭州，与吴越国的政治、经济和文化中心相一致，也与其时佛教中心相一致。吴越国石窟造像以“西方三圣”为主，反映了净土宗在当时所占据的重要地位。吴越国石窟造像主要特征有：佛脸长圆，螺发高髻，衣纹较深；菩萨宝冠不高，而且较窄；罗汉长脸，颧骨较高；力士多作武士相，接近唐代造型。其风格上袭唐代，下启宋代，而且具有明显的江南特征。在唐末以来北方石窟造像逐渐衰落以后，吴越国石窟造像的

杭州飞来峰吴越国神尼舍得院石窟造像

崛起，不仅对于佛教的发展有着重要意义，而且在发扬我国的石窟造像艺术、延续我国的石窟造像历史方面，也有其特殊的意义。[①]

四、石刻艺术

吴越国与石头有关的文化艺术中，除了石窟造像，还有石刻艺术。

吴越国石刻范围很广，石塔、经幢以及墓室当中多有石刻，其中以梵天寺经幢、白塔及吴汉月墓等石刻最具代表。

梵天寺经幢位于杭州凤凰山东麓，系北宋乾德三年（965）吴越国王钱俶所建，共两座，幢高 15.76 米，是浙江省现存经幢中最高的两座，与全国最高的赵县经幢亦相差无几。幢身八面，下为三层束腰基座，底层浮雕“九山八海”，上两层四面雕刻佛像。基座之上为幢身，左幢刻《大佛顶陀罗尼经》，

1963 年东阳中兴寺塔出土的吴越国贴金彩绘石雕经函

① 本节主要参考王士伦、赵振汉：《西湖石窟探胜》，上海人民出版社 1981 年版；浙江省文物局编《文物考古资料》第 1、4 册等。

右幢刻《大随求即得大自在陀罗尼神尼经》。幢身之上叠有华盖、腰檐、山花蕉叶、宝珠、仰莲、方柱、覆莲等构件。幢顶为日月宝珠。华盖下部浮雕迦陵频伽，上端饰如意云纹。腰檐仿木构建筑，用斗拱挑出，每面铺间一朵，为六铺作双杪单下昂偷心造，顶部凿出瓦、檐、脊和戗兽，檐口刻出滴水、瓦当。每层短柱上刻壶门壁龛，龛内雕刻佛像和佛教故事。整个经幢线条流畅，形象生动。①

白塔耸立在杭州闸口钱塘江岸白塔岭上，建于吴越国末期。系采用白石建造，作仿木构楼阁式雕刻。外观八面九层，逐层收分，出檐深远，起翘舒缓，轮廓挺拔秀丽。最下面为基座，雕刻山峰、海浪，象征“九山八海”。其上立须弥座。束腰上刻佛经。再上分为九层，每层由塔身、塔檐和平座三部分组成。塔身每面转角处皆有倚柱，收分明显，柱头卷杀。中间又有两根槏柱，将每面分成三间，其中四个壁面的明间刻有壶门，并雕出实榻大门，门上雕有门钉，上部为直棂窗。倚柱之间，架以阑额，上刻“七朱八白”。塔身上浮雕佛像及经变故事。檐下斗拱为五铺作，单杪单下昂，隔跳偷心造。塔檐雕出椽子、飞子、筒瓦板垄，檐口刻出勾头和滴水。翼角雕出老角梁、仔角梁和脊饰。平座即廊子下斗拱为四铺作，单杪计心造，平座前沿有柱洞。②

梵天寺经幢、白塔，不但反映了吴越国建筑方面的杰出成就，而且也是吴越国石刻艺术最精美的珍品。

吴越国的石刻艺术在吴汉月墓中也有杰出的展示。吴汉月为吴越国第二任国王钱元瓘妃子，吴越国最后一任国王钱弘俶生母。后周广顺二年（952）六月去世，同年八月归葬。墓址在杭州城南施家山南坡。墓为石廓墓，前有斜坡形墓道。墓穴呈长方形，全长 7.60 米，宽 2.87 米，深 3.10 米，分前后两室，前室长 2.60 米，后室长 5 米。整个墓穴建筑用材，除前后两室门框采用整块火青石凿成外，其余全用红砂石板砌成。石板交接处用榫卯衔接。此墓早年被盗，随葬品被窃取一空，但墓内雕刻保存完整。墓穴前室门扉上，浮雕两

① 浙江省文物局编：《文物考古资料》第 1 册，1984 年，第 87 页。
② 浙江省文物局编：《文物考古资料》第 1 册，第 89 页。

浙江杭州五代吴越国吴汉月墓墓门浮雕倚门侍女和墓室浮雕青龙
（引自宿白主编《中华人民共和国重大考古发现》）

尊侍女立像，高 0.88 米，头挽双髻，饰有簪花，穿广袖长衣，领襟对斜，腰带舒展，垂于身旁，下着长裙，裙沿拖垂盈盖于足面，露出方端鞋，双手拢于胸前，合持长杆，杆上挂幡，迎风飘逸，脸型丰润，容相端丽，眉目传神，颇具真实感及人间韵味。后室四壁上部浮雕一条由宝相花组成的带状花边；中部浮雕东方青龙、西方白虎、南方朱雀、北方玄武等所谓“四神”像。其中东壁青龙全长 2.45 米，高 0.70 米，昂首吐舌，张牙舞爪，体态矫健，作飞奔状；西壁白虎与青龙相对，大小亦同，头部像虎，身躯细长，四爪锐利，体态动作与青龙相似，也许为了与青龙相对称，所以石刻鳞甲；南壁即二门框背面浮雕朱雀，已毁；北壁雕刻椭圆形花头龛，龛内雕刻玄武，其中龟张四爪，伏地昂首，蛇身缠龟，头部朝下，与龟互相呼应。四壁下部雕刻十二生肖神像，分别立于壶门式龛内，保存较完整者七尊，均作道童状，头戴方瓣莲花冠，旁有簪孔，有扣带系于颚下，衣着与前门门扉女侍像相同，双手拱于胸前，各捧一生肖像，容相丰满，仪态庄严。此外，后室顶盖阴面还刻有二十八宿星象图，制作精细。

吴汉月墓的石刻，虽然规模不大，但是造型生动，风格古朴，堪称艺术珍品。①

第五节　宗教

隋唐时期，道教作为中国本土宗教而得到了统治阶级的尊崇，唐朝甚至将其推崇为国教。作为外来宗教的佛教，已基本完成了它的中国化进程，也得到了统治阶级的扶持。加之隋唐时期合适的氛围，以及宗教自身的长期发展，从而使道教和佛教都得到了兴盛。隋唐时期的浙江，由于世代相传的淫祀习俗，以及东晋南朝以来道教、佛教传布中所产生的精神、文化的影响，也由于浙江秀丽的山川、宜人的气候等优越地理环境，既适合道教徒的享受人生，也适合佛教徒的修身养性，所以道教、佛教也迅速发展起来并很快进入兴盛时期。

经过隋唐时期的发展，并臻繁荣的道教、佛教，在吴越国继续受到统治集团的扶持和人们的信从，所以保持着繁荣的局面。

一、佛教

五代是佛教盛行的时期。近代史学大师陈垣说："五季乱而五宗盛。"然而在禅宗临济、沩仰、曹洞、法眼、云门五宗中，除临济宗盛行于北方外，其余都盛行于南方。此外，以南方为根据地的净土宗、天台宗也分别获得了程度不同的发展。因此，南方佛教之盛，僧侣影响之广，北方远远莫及。

（一）东南佛国

吴越国诸王大力提倡佛教，热心奉佛护法，厚礼僧人，使这一地区成为佛教的一大中心。武肃王钱镠晚年深信佛教，当时高僧云集，吴越国的佛教非常兴盛。到了钱元瓘、钱弘俶，也都奉佛甚笃，大兴寺塔，招揽佛教精英，如德韶、羲寂、延寿等。因此，吴越国的佛教文化特别盛行，其被誉为"东

① 浙江省文物局编：《文物考古资料》第 1 册，第 73—74 页。

南佛国”，具体表现在大兴佛寺、雕刻佛经、建造佛塔、石窟造像等方面。这构成了吴越国一种独特的宗教文化。

吴越国对于佛教的推崇，不但与佛教在江浙地区长期传布所形成的浓厚氛围有关，也与佛教人士的积极活动有关。据《宋高僧传·洪諲传》：“（洪）諲有先见之明。武肃王家居石鉴山，及就戍应募为军，諲一见握手，屏左右而谓之曰：‘好自爱。他日贵极，当与佛法为主。’”后来果如洪諲所言，钱镠不但屡建战功，而且很快升任杭州刺史。钱镠富贵不忘故人指点，“奏署諲师号，见必拜跪，檀施丰厚，异于常数”。洪諲临终时，钱镠还为之“执丧礼”，表示怀念其“微时之言”，并由此而大力推崇佛教。

钱元瓘继承其父钱镠的佛教政策，优礼高僧，还专为高僧道怤建造龙册寺。《宋高僧传·道怤传》称“吴越禅学自此而兴”。吴越国诸王中尤以忠懿王钱弘俶对佛教最为热忱。钱弘俶与佛教跟钱镠有几乎同样的机缘，在其尚为台州刺史时，天台名僧德韶就认为钱弘俶他日必当为王，并说：“他日为霸主，无忘佛恩。”所以在其嗣位之初，即将德韶迎至杭州为国师，执弟子之礼。自此以往，直至其“纳土归宋”，钱弘俶对佛教始终倾注以极大的热忱。

贵族妇女出资建造佛寺、建塔、造像、写经等也极为普遍。如五代吴越国国王钱俶为庆贺王妃生子，出资于南屏山雷峰显严院建塔，藏佛螺髻发，民间称为王妃塔，俗称雷峰塔。塔高 40 余丈，金碧璀璨，吴越王为之撰写《建塔记》。王妃孙氏曾施一宝物与龙兴寺，形如筷子，寺僧不知何物，偶为波斯人认出，宝物为日本“龙蕊簪”，即刻以 12000 缗巨资买去[①]。

浙江省博物馆也收藏有不少五代吴越国的玉制或金属制作的菩萨造像。如：

1957 年，金华万佛塔地宫出土吴越国菩萨造像。（1）吴越国铜观音菩萨立像，通高 28.5 厘米。菩萨头戴花冠，冠带于耳后下垂至双肩。颈身饰璎珞，结花落于胸前。左肩斜披络腋，下着贴身长裙，帛带绕双肩顺体侧飘垂。左手下垂持净瓶，瓶插莲枝，右手上举执柳枝。跣足立于莲座之上（惜座已

① 《十国春秋》卷八三《忠懿王妃孙氏传》，第 1191 页。

失）。身后为葫芦形背光，外缘饰火焰纹，内饰缠枝宝相花，间以二道凸弦纹带相隔。（2）吴越国铜大势至菩萨立像，通高39.5厘米。菩萨面相丰圆，长眉细目，直鼻小口。束高髻，戴花冠，冠饰宝瓶，冠带于耳后打结垂搭两肩。颈划三道肉纹，饰缀花项圈。身披广袖天衣，内着贴体长裙，裙腰外翻。左手曲起胸前捧经书，右手下垂，食指虚握。跣足立于束腰仰莲台座，莲台嵌插在宝装覆莲座上，座下连铸多边形叠涩台座，出如意形圭脚。通身葫芦形大背光系头光和身光两部分组叠，装饰繁缛，外缘镂空火焰纹，内饰缠枝牡丹。（3）吴越国铜地藏菩萨坐像，通高44.5厘米。地藏僧貌，广额方颐，双目微合，双耳垂肩。颈饰项圈。身穿双领下垂式广袖袈裟，内着僧祇支，帛带于胸前横系打结。左肩下有系袈裟的挂环。右手斜举胸前施印，左手置左膝上，托夜明珠。右腿横盘，左腿下踏自元宝中涌出的小莲花上。袈裟半遮方座。圆轮状背光，周缘两侧及顶部饰三束火焰纹。座前阴刻题记："女弟子□三为四恩有造地藏一身永充供养。"（4）吴越国铜地藏菩萨坐像，通高44厘米。僧貌，身披双领下垂式广袖袈裟。左手托夜明珠。右手斜举胸前施印。舒相座于须弥方座上。圆轮状背光，周缘饰火焰纹。座前及侧阴刻题记："府内女弟子吴二娘为己孙十二娘子造地藏一身永充供养。"（5）吴越国铁佛坐像，通高24厘米。佛低平肉髻，满饰螺发，肉髻与发髻之间饰髻珠。面形丰圆，头微颔，闭目，颈饰三道蚕纹。身穿通肩圆领广袖袈裟，领于胸前呈"U"字形悬垂。双手在腹前交叉并指，作阿弥陀如来中品上生印，结跏趺坐于莲座上，莲座已失。[①]

1987年11月，黄岩县灵石寺塔出土吴越国数座佛像和相关实物。（1）石佛坐像，通高51厘米，莲座高6厘米，须弥座高8厘米，背高20厘米。背光座边沿饰火焰纹，佛像头顶即背座顶端雕刻一小佛像，头饰肉髻，面部丰满，全身贴金，着袒右式袈裟，双手结印于胸前，结跏趺坐莲台，神态超然。背座阴面写有赭色文字。（2）石菩萨立像，高41厘米，座高15.5厘米，径18厘米。面相圆润丰满，颈饰项圈，肩饰披巾，下着长裙，跣足立于仰莲座

① 浙江省文物管理委员会：《金华万佛塔出土文物》，文物出版社1958年版，第58—61页。

黄岩灵石寺塔出土的五代吴越国刻铭千佛砖（引自《吴越胜览：唐宋之间的东南乐国》）

之上。面部、颈部等多处留有赭色彩绘。（3）模印彩绘千佛砖，长 26 厘米，宽 20 厘米，高 3 厘米。长方形，砖坯呈灰白色，火候较高。此砖为全模制作，上方两角模印反字“千佛”两字，佛像坐序分上下两排，每排 5 尊，均模制，佛上方及两侧边缘均饰垂飘幡幔，间饰菩提。佛像着通肩式佛衣，饰火焰纹背光，施禅定印或说法印，结跏趺坐于仰覆莲座之上。佛像面部贴金，佛衣、背光及装饰均施彩绘，颜色有红、赭、青等。砖背面有 7 行墨书，字迹模糊，可见字为：“灵石寺主大德……缘造一万身纳一行中身舍入……”彩绘泥塑阿弥陀佛坐像，通高 67 厘米，底径 37 厘米。脸部和手指皆贴金，现多已脱落。螺发有肉髻。披袈裟，袈裟用红、橙、绿等多色彩绘。脸形圆润丰满，额有白毫，作上品上生手印，结跏趺坐莲台，体态匀称，眉目传神，慈祥庄重。（4）彩绘泥塑迦叶立像，通高 70 厘米，莲座高 8 厘米，底径 20 厘米。面相和蔼，额高眉阔，颊见鬓须，双目含笑。双手合掌于胸前，作外缚印，跣足立于莲台上。塑像造型生动，富有艺术感染力。（5）彩绘泥塑阿难立像，通高 69 厘米，莲座高 8 厘米，底径 20 厘米。面相端庄，额间有白毫，眼眸低垂，双手合十，跣足立于仰莲台上，仪表虔诚，神态肃然。1989 年修复，彩绘略有褪色。塑像造型生动，比例匀称，有断代依据，可作为同时代佛教造像的标准，具有较高的艺术价值和科学价值。[①]（6）地宫出土鎏金铜释迦牟尼佛说法像，高肉髻，螺发，面相方圆，眉目修长，双目微睁，眉间有白毫，双耳垂肩，颈部饰三道蚕纹。身穿双领下垂袈裟，下摆披覆莲座上，内着僧祇支。左手抚膝，右手施说法印，结跏趺坐。莲座下有盘龙柱及镂空壶门双层须弥座、方床，像身后是镂空火焰纹大背光。（7）地宫出土吴越国玉观音菩萨坐

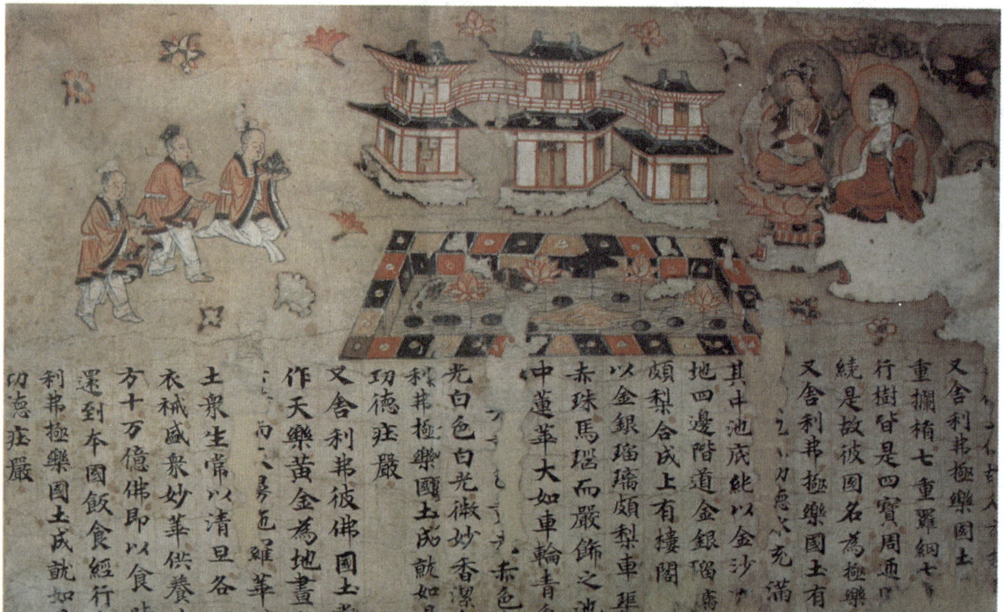

龙泉金沙寺华严塔出土的唐五代《佛说阿弥陀经》变相图（引自《吴越胜览：唐宋之间的东南乐国》）

---

① 台州地区文管会、黄岩市博物馆：《浙江黄岩灵石寺塔文物清理报告》，《东南文化》1991 年第 5 期。

雷峰塔地宫出土的吴越国佛头面

雷峰塔遗址出土的五代吴越国文物

像，以羊脂白玉雕琢而成，双面刻花，面部、服饰、莲花座等细部均为阴刻。头戴花冠，身穿对襟广袖长衫，肩搭披巾，左手托物，结跏趺坐于莲座上。[①]

2003 年，海宁市硖石东山智标塔地宫出土吴越国鎏金铜佛坐像。佛像通高 20.8 厘米。螺发，面目丰满，双眼微睁，两耳垂肩，着双领下垂式佛衣，内着僧祇支，佛衣边襟上饰有细小的花纹。右手上举施说法印，结跏趺坐于莲花座上，原有背光。佛像底端后侧的中部，铸有一个用以插入底座、加强佛像平稳度的榫头。底座质地为坚硬的泥质灰陶，外壁施有土黄色陶衣，由莲花座和底盘两部分构成，高 12.8 厘米。其中莲花座平面呈圆形，直径 17.4 厘米，束腰，座身外壁以浮雕的仰覆莲为装饰，瓣面丰腴，瓣端形似桃尖，

① 参见浙江省博物馆编：《浙江省博物馆典藏大系·东土佛光》，浙江古籍出版社 2008 年版，第 36—44 页。

瓣芯描绘成朱红色，使其更具立体感。同时，莲花座以束腰处为界分作上下两层，其中上层高4.8厘米，座面上有一个可插入佛像底部榫头的长方形卯眼。下层座身与底盘连体，座身面的中间和后面各有一个圆形小孔，用暗销的方法与上层座身固定。座盘平面呈八边形，边径10.4厘米，对径19.8厘米，高4厘米，每边均镂刻成形似壶门顶端的纹样。[①]

（二）大兴佛寺

吴越国为了弘扬佛教，在境内大事修建寺院。吴越国境内，寺院林立。按《咸淳临安志》，“九厢四壁，诸县境中，一王所建，已盈八十八所，合一十四州悉数之，且不能举其目矣”[②]。尤其是国都杭州，“内外及湖山之间，唐已前为三百六十寺，及钱氏立国，宋朝南渡，增为四百八十，海内都会，未有加于此者也”[③]。后周世宗显德二年（955）五月，后周世宗柴荣下诏：天下寺院，凡未经赐额者，一律取消。检校杭州寺院，存者凡480所。[④]据《咸淳临安志》初步统计，吴越国在杭州创建和扩建的寺院约有150所。以西湖为例，这里是道教、佛教的主要场所。尤其是佛教寺院，吴越国钱氏三代五王除钱弘倧（在位仅几个月）外，其余几位在寺院建设方面都颇有建树，仅新建的寺院就有不少。钱镠创建的有：五百罗汉院，钱镠于下天竺翻经院旧址建；惠因寺，后唐天成二年（927）建，位于太子湾西赤山，北宋时因与高丽僧人交往密切，改名高丽寺；垂云院，后唐天成二年建，位于葛岭下，宋改额宝严院；瑞龙寺，后唐天成三年（928）建，位于太子湾西等。钱元瓘创建的有：菩提院，后晋天福元年（936）建，位于宝石山东麓，宋赐额大昭庆律寺；清涟寺，后晋天福三年（938）建，位于仙姑山西青芝坞，又名净空院，因有玉泉而通称玉泉寺；法相寺，后晋天福四年（939）建，位于南山赤山埠

① 浙江省文物考古研究所、海宁市文化广电新闻出版局编著：《海宁智标塔》，科学出版社2006年版，第59—63页。以上引自《浙江通志》卷九〇《文物志》，第716—717页。

② 〔清〕王士禛、郑方坤：《五代诗话》卷一《吴越王钱镠》，傅璇琮、徐海荣、徐吉军主编：《五代史书汇编》，杭州出版社2004年版，第2646页。

③ 《西湖游览志余》卷一四《方外玄踪》，第210—211页。

④ 《十国春秋》卷八一《吴越五·忠懿王世家》，第1154页。

颖秀坞等。钱弘佐创建的有：观音看经院，后晋天福四年（939）建，位于上天竺白云山，清乾隆赐名法喜寺；圆兴院，后晋天福四年（939）建，位于杨梅坞东下满觉，宋改额满觉院；玛瑙寺，后晋开运三年（946）建，位于孤山玛瑙坡，南宋高宗在此建四圣延祥观，玛瑙寺迁北山葛岭东；释迦院，后晋天福年间（936—944）建，位于吴山，宋改名宝成寺等。钱弘俶创建的有：烟霞寺，后周广顺三年（953）建，位于南高峰西麓；慧日永明院，后周显德元年（954）建，位于南山慧日峰下，宋高宗改名净慈报恩光孝神寺；资庆寺，后周显德五年（958）建，位于大麦岭，宋大中祥符初改名法空寺等。

创建于东晋咸和三年（328）的灵隐寺，到五代吴越国时期发展到顶峰。后汉天福十二年（947），钱弘俶接国王位，立即着手扩建整修灵隐寺。后周显德七年（即宋建隆元年，960），钱弘俶见灵隐寺倾圮颓败，从奉化雪窦寺迎请延寿禅师来灵隐寺主持扩建整修工作。正殿为觉皇旧殿，后为千佛阁，最后为法堂。东建百尺弥勒阁，西有祇园（即紫竹林），在大雄宝殿前月台置有石塔两座，同时扩建僧舍，廊庑回曲，自山门左右连接方丈。扩建后的灵隐寺更名为灵隐新寺，全寺共有九楼、十八阁、七十二殿堂，先后共建殿宇房舍 1300 余间，住寺和挂单僧人多时达 3000 余人，谱写了灵隐寺历史上的极盛篇章。五代后梁至北宋间律宗高僧、佛教史学家赞宁（919—1001），就曾住灵隐寺。五代诗僧贯休曾题咏：“元是西天住，飞来莫去休。未凭仙佛国，好是帝王州。”今大殿前东西两石幢，八角九层，有佛像浮雕，就是吴越国时的遗物。

法喜寺，又称上天竺寺，位于天竺路上，背依白云峰。五代后晋天福四年（939），有僧人道翊在天竺白云峰下结庐修行。一天夜晚，见山涧里有祥光发出，走过去一看，得一奇木，遂请名匠孔仁谦雕刻成观音像。天福十二年（947），吴越国王钱弘俶即位，据说曾梦见白衣大士请求其修建住所，于是遍访湖山诸寺，而认定上天竺神木观音感梦，遂在上天竺开路筑基，建“观音看经院”，门刻《佛顶尊胜陀罗尼经》，并建幢记事，末行正书“吴越国王造”，这是上天竺寺院最早的名称。为此，后人将道翊称为“白云开山祖师”。

后汉乾祐年间（948—950），僧人从勋自洛阳奉佛舍利至此，将其安放在观音雕像上，“妙相庄严，端正殊好，昼放白光，士民崇信”，上天竺观音香火由此而盛。

净慈禅寺，五代后周显德元年（954）吴越国王钱弘俶建，赐名“慧日永明院”，迎衢州道潜禅师入寺，开坛说菩萨戒。因此，道潜为净慈寺的开山祖师。道潜圆寂后，钱弘俶又从灵隐寺请延寿法师住持寺院，成为净慈寺第一位住持。北宋太平兴国二年（977），宋太宗赐慧日永明院为“寿宁禅院”，并加以修葺。

昭庆寺坐落于杭州宝石山东麓，面向西湖。始建于五代后晋天福元年（936），由吴越国国王钱元瓘创建，初名菩提院。相传当时各寺僧人为建白莲社，诵经放生，行香礼佛，以昭示钱王护教利生的功德，故改名为昭庆寺。北宋乾德二年（964）重修后，由灵芝大师建坛传戒，盛极一时，遂成江南著名律宗道场。

苏州的佛寺，在唐末战乱中多遭焚毁，但在五代吴越国时得到重兴。宋

净慈寺外景

代朱长文《吴郡图经续记》卷中《寺院》载:“唐季盗起,吴门之内寺宇多遭焚剽。钱氏帅吴,崇尚尤至,于是修旧图新,百堵皆作,竭其力以趋之,唯恐不及。郡之内外,胜刹相望,故其流风余俗,久而不衰,民莫不喜蠲财以施僧,华屋邃庑,斋馔丰洁,四方莫能及也。寺院凡百三十九。”[①]

此外,宁波的慧灯寺(万寿寺)、天封寺等许多前朝旧寺,在吴越国时期都进行了修缮、重建或扩建。至于其他各州县所建的也有不少,此不一一赘述。

吴越国新建的197所寺院分布于11州54县,范围遍及全境,几乎每县都有寺院兴建,其中以杭州最多,为45所,其次为台州,共34所,杭州和台州可称是吴越的佛教中心。杭州作为都城所在,其在佛教中的地位也更为重要。吴越国所建197所寺院中,建于后梁的有12所,后唐22所,后晋54所,后汉10所,后周24所,宋初(吴越国“纳土归宋”以前)46所,其余称作吴越国建的17所,五代建的7所,称作武肃王钱镠建的3所,忠懿王钱弘俶建的2所,时间上跨越整个吴越国历史。这说明吴越国对于佛教的推崇自始至终,贯穿三代五王,在各时代当中又以后晋时期和宋初为多。

吴越国与后晋的关系有些微妙,钱元瓘一方面接受后晋王朝所授“吴越国王”的封号,另一方面又遣使向徐知诰劝进帝位。徐知诰即立帝位以后又立即遣使致贺。钱元瓘对待徐知诰的态度是否表明自己也有这种图谋,并因此而众建寺院以求得佛佑,不得而知。而在宋朝初年吴越国朝不保夕的这些年里大量兴建寺院,显然包含着企求佛教神灵保佑其延续国运的愿望。

按照清雍正《浙江通志》所录以及寺院陈陈相因的原则,统计杭州地区自六朝至后周共有寺院86所(包括后周显德二年以后兴建的在内),而后周显德二年(955),钱弘俶按照周世宗诏令检点寺院(周世宗诏令所有寺院应有敕额,无敕额者均予停废)称:杭州寺院有敕者凡480所。则《浙江通志》所录寺院仅及原有额寺院的18%。《浙江通志》所录浙江省境内寺院有三国孙吴时期的9所,两晋39所,南朝98所,隋朝8所,唐朝202所,五代197所,

① 〔宋〕朱长文:《吴郡图经续记》卷中《寺院》,第30页。

共计553所。鉴于清雍正《浙江通志》撰修“寺观”篇章是“释其最著者”，所以吴越国时期浙江境内所建寺院应该远不止197所之数。如果仍按寺院陈陈相因的原则，并按18%比例计算，浙江在吴越国时期当有寺院为3085所，俨然一个“佛国”了。

（三）浙籍及外籍在浙僧人

按宋赞宁《宋高僧传》记载统计，五代高僧共97人，除原籍未详者21人外，原籍浙江的有16人，为数最多，占总数的16.5%。清吴任臣撰修《十国春秋》，收录高僧100人，其中收入吴越国卷的25人，位居第二。《十国春秋》所收录的100名高僧中，除45人不著原籍外，其余原籍浙江的17人，位居第二。《宋高僧传》《十国春秋》所记载浙江高僧辈出的情况，在某种程度上也反映了五代时期吴越国佛教的繁盛。

兹将浙江籍及外籍在浙江的僧人列表如下：

吴越国时期主要浙江籍及外籍在浙僧人表

僧名	简历
延寿	俗姓王，字冲立。余杭人。7岁诵《法华经》。28岁为华亭镇将，以官钱放生坐死罪，文穆王钱元瓘赦之，听其出家，住天台智者岩习定。建隆元年（960）忠懿王钱弘俶扩建灵隐寺，命延寿主其事。后迁永明道场。赐号智觉禅师。开宝八年（975）卒，谥永明宗照大师。著有《宗镜录》100卷、《万善同归集》6卷等。延寿声闻海外，高丽王尝投书问道，执弟子礼
虚受	嘉兴御儿人。纳戒后，于上都学习，内外博通，传讲数本大经论，不惮宣导。广明中京阙兵乱，逃抵越州（今绍兴）大善寺，讲《涅槃》《维摩》二经
文偃	俗姓张，嘉兴人。幼依空王寺志澄律师出家。后抵韶州（今广东韶关）灵树山，参如敏禅师。文偃倡导灵树云门凡30年，机缘语句，实立云门宗之始。南汉乾和七年（949）卒，谥大慈云匡真宏明禅师
皓端	俗姓张，嘉禾人。9岁舍家入灵光精舍，由师传授经法。又至四明阿育王寺，希觉律师授南山律。寻投金华云法师学名数并《法华经》。武肃王钱镠召入王府罗汉寺演训，及真身塔寺宣导。忠献王钱弘佐赐紫衣，别署大德，号崇法。撰有《金光明经随文释》10卷及传、录、记、赞约70卷。宋建隆二年（961）坐灭，俗年72岁
令参	湖州人。嗣法福州雪峰禅师，并大张法席，发扬光大。钱王请居龙册寺，称永明大师
契此	或云四明（今浙江宁波）人，常以杖荷布囊入肆乞讨，人称长汀子布袋和尚。后梁贞明三年（917）示灭于岳林寺（或说天复中终于奉川）

续 表

僧名	简历
子麟	四明（今浙江宁波）人。后唐清泰二年（935）前往高丽、百济、日本诸国传授天台教法。高丽遣使李仁日送归，吴越国王钱镠令于郡城建院以安其众
师翌	五代乾祐中于慈溪之白龙慈化院结宇而栖，日诵《法华经》
员远	慈溪人。戒行清苦。吴越国时创庵于荪湖，讲演经教，声浃海隅
全付	会稽（今绍兴）人。其先随父为估客，至豫章（今江西），闻禅会之盛，遂出家于宜春仰山礼南塔。后还东府（今浙江绍兴），文穆王钱元瓘赐紫方袍，不受，改赐衲衣，号纯一禅师。天福二年（937），东府为其辟云峰山建清化院。开运年间坐灭
道育	新罗国（今朝鲜半岛）人。自唐景福元年（892）来游天台山，迟归而挂锡于平田寺。为人慈爱接物，人或求之，随意皆获。然而始终不舍本国语言，对晤宾客，只云“伊伊”二字。后晋天福三年（938）终，享年八十有余
宗靖	台州人。初参雪峰，密承宗印。归故乡，住六通院。后吴越国王命居龙兴寺。广顺初，以81岁高龄于寺内殿演无上乘。称六通大师。显德元年（954）示灭
明真	黄岩人。自元妙处得法后，回入浙中，钱镠请说法住持上堂
德韶	俗姓陈，处州龙泉人。15岁依龙归寺剃发。18岁诣信州（今江西上饶）开元寺受满戒。后得文益指点，平生凝滞涣若冰释。尝游天台。忠懿王钱弘俶迎入杭州，尊为国师。开宝五年（972）跏趺而逝
羲寂	居天台国清寺，善弘教法。时国内天台宗智者教经大多散落，唯高丽国收藏齐备。羲寂遂通过德韶进言忠懿王钱弘俶，王遣使持国书贽币往高丽抄录并求取。高丽国乃命国僧谛观报聘，以天台教部归还吴越国。谛观既至，禀学羲寂于螺溪之上。钱弘俶为之建定慧院，并赐羲寂号净光大师
保暹	字希白。金华普惠院僧，能诗
仪晏	俗姓许，湖州人。因不满婚姻而出家。曾于江郎岩石龛禅定逾年，并由此成名。忠懿王钱弘俶赐号开明禅师。宋太宗尝召入便殿言禅定事。淳化元年（990）卒，相传寿150岁
遇缘	衢州南禅禅师，俗士谓之“铁脚”
文益	俗姓鲁，余杭人。7岁依睦州（今淳安西）僧全伟落发，已而旁通儒典。又诣明州（今宁波）希觉听讲释书。南唐元宗李璟重其人，迎住报恩院，赐号净慧禅师。后周显德五年（958）跏趺而逝，俗年74岁

续　表

僧名	简历
晉光	一作“晉光”，俗姓吴，字登封，永嘉（今温州）人。自幼出家，于陶山寺剃度。有诗名。长草隶
鸿莒	俗姓唐，永嘉（今温州）人。早年出家于越州龙宫寺，诵《法华经》。曾趋长安学律。后唐长兴四年（933）跏趺长逝
鸿楚	俗姓唐，字方外，永嘉（今温州）人，鸿莒之弟。出家于越州龙官寺。唐大顺中曾主持修复大云寺。钱镠于杭州龙兴寺开度戒坛，召鸿楚临坛，赐紫衣并号。尝撰《上生经钞》，刺血写《法华经》一部。长兴三年（932）无疾而逝，俗年 75 岁
德伦	永嘉(今温州)人。常以锥刀自随，曰“此刀坠地，则天下太平”。世称“锥刀尊者”。未几，忠懿王“纳土归宋”，人以为验。相传国城西河，为德伦所凿
愿齐	俗姓江，钱塘（今杭州）人。初与忠懿王参天台德韶，后往游雁荡山，结庐平阳县。为建普照道场，忠懿王钱弘俶以平阳一乡之赋赡焉
道忞	俗姓陈，字顺德，永嘉（今温州）人。少年落发于本州开元寺。继而抵闽谒雪峰禅师，妙契宗旨，时谓小忞布衲。归东府（今绍兴）镜清寺后，倡雪峰之法。吴越国文穆王钱元瓘命主天龙寺。后创龙册寺，延请道忞居之。后晋天福初示灭
清昱	永嘉（今温州）人。忠懿王钱弘俶尝召入问道，创建奉先寺以居
文喜	俗姓朱，嘉兴义和镇人。7岁为僧，戒律精严。往参洪州(今江西南昌)仰山禅师。礼五台，筑室千顷山。黄巢起义时，避地湖州，住仁王院。唐光启三年(887)，钱镠请住龙泉寺，后又住圣果寺，号无著。光化三年（900）跏趺而逝（文喜虽为唐末僧人，因其后期多与钱镠往来，故列入吴越国）
昭	通术数。为武肃王钱镠所重，号曰国师
幼璋	唐相国夏侯孜从子。7岁出家。尝游天台山，于静安创福唐院。唐天祐三年(906)钱镠邀至西府（今杭州），署志德大师，馆于功臣堂。宝正四年（929）逝
自新	为文穆王钱元瓘所重
灵照	高丽人。初入闽中（今福建），得雪峰禅师妙旨。后居杭州龙华寺。后晋天福中卒于大慈山
赞宁	俗姓高。先祖渤海（今山东滨州）人，隋末徙居德清。宝正中，舍身杭州灵隐寺为僧。已而入天台山，受具足戒，习四分律，通南山律，时人称其为“律虎”。太平兴国三年（978）忠懿王入宋，赞宁奉舍利真身塔以朝，为宋太宗所重。撰有《宋高僧传》30 卷、《内典集》150 卷、《外学集》49 卷等

续 表

僧名	简历
弥洪	夙有道行。开运元年（944），结庵于杭州烟霞洞口，虔祀洞内六罗汉。据说因忠懿王钱弘俶尝梦见僧言有十八罗汉，遂补刻十二像
清耸	福州（今福建福州）人。初参法眼禅师文益，后阅《华严经》，感悟，止于明州四明山卓庵。忠懿王钱弘俶命于衣锦军两地开法，后居国城灵隐上寺，署了悟禅师
道翊	未详何地人。后晋天福四年（939）卓庵天竺山。尝以木作观音大士供奉。宋治平二年（1065），郡守蔡襄上表其事，赐其供奉所为灵感观音院
可周	俗姓傅。晋陵（今江苏常州）人。出家于本部建元寺。习《法华》、慈恩《大疏》。后梁乾化二年（912），受杭州龙兴寺之召讲演。钱镠赍中金如意并钵、紫衣一副，加号精志通明。后唐天成元年（926），终于观音院本房。撰有《评经钞》5 卷、《音训》5 帖、《法华序钞》1 卷
道潜	俗姓武，河中（今山西永济西南）人。受清凉法眼开悟。后至三衢（山名，今常山北）古寺阅藏经。钱弘俶命人府受菩萨戒，署慈化定慧之号，并于后周显德元年（954）建慧日永明寺［南宋绍兴九年（1139）改额净慈报恩光孝寺］，请道潜居为开山祖
志逢	余杭人。幼年出家于临安东山朗瞻院，依年受具，通贯三学，了达性相。后晋天福中，游方抵天台云居，参韶国师。吴越国王召赐紫衣，署普觉禅师，命住临安功臣院。忠懿王钱弘俶建普门精舍，请扬宗要，为开山始祖。宋开宝四年（971）五云山创建华严道场，施志逢以终老之所
行修	俗姓陈，泉州（今福建泉州）人。于金陵（今江苏南京）瓦棺寺祝发受具。吴越天宝时至四明山说法，宝大时至杭州法相院禅定。后汉乾祐初跏趺而化。人称“长耳和尚”，定光佛应身
宗季	俗姓俞，临安人。少时曾遭雷击，死而复生，遂于欣平寺出家。后往衢州投巨信论师，学名数论。学成，至杭州龙兴寺召讲。后汉乾祐元年（948）疾终于本房。撰有《永新钞》、释《般若心经》、《晖理钞》解《上生经》、《弥勒成佛经疏钞》、《补猷钞阙》等数十卷
契盈	闽（今福建）人。通内外学。后周广顺中来居杭州龙华寺，赐号广辨周智禅师
希辨	苏州常熟(今江苏常熟)人。自幼出家，礼本邑僧启祥。已而诣楞伽山听讲僧律，寻谒天台山受心印，与德韶齐名。乾德初，忠懿王钱弘俶命住东府清泰院，署慧智禅师。太平兴国初，忠懿王人觐宋，希辨随宝塔至，为宋太宗所重

续　表

僧名	简历
岩	居钱塘（今杭州）湖心亭，专诵《法华经》
汇征	忠懿王钱弘俶命为僧正，赐号光文大师。善诗文
缘德	俗姓黄，临安人。少事东山勤公剃发为沙门，后至襄州清溪修道，久之住洪州上蓝精舍。南唐后主阿其名，召人禁中，问佛法大意，收建寺于庐山。宋太平兴国二年（977）逝
文遂	俗姓陆，杭州人。尝为《楞严经》作注释。南唐后主署雷音觉海大导师
匡逸	明州（今宁波）人。文益高座弟子。南唐后主诏居金陵报恩院，署凝密禅师
慧稜	俗姓孙，杭州盐官（今浙江海盐）人。13岁祝发苏州通玄寺。往来雪峰、元沙间29年。闽王请居长庆院，号超觉大师。后唐长兴三年（932）卒

（四）佛教著作

吴越国时期浙江高僧的佛教著作，主要有：可周撰《评经钞》5卷，《音训》5帖，《法华序钞》1卷；宗季撰《永新钞》、释《般若心经》、《晖理钞》解《上生经》、《弥勒成佛经疏钞》、《补猷钞阙》等数十卷；延寿撰《宗镜录》100卷、《万善同归集》6卷、《唯心诀》1卷、《定慧相资歌》1卷、《神栖安养赋》1卷、《警世》1卷等；皓端撰《金光明经随文释》10卷及传、录、记、赞约70卷；鸿楚撰《上生经钞》，刺血书写《法华经》一部；赞宁撰《高僧传》30卷、《内典集》150卷、《外学集》49卷等；文遂尝为《楞严经》作注释；等等。其中以延寿《宗镜录》《万善同归集》影响最大。

延寿是禅宗大师。禅宗原本的主旨是强调精神的领悟直指人心，见性成佛。虽然有着鲜明的神秘直觉体验的性质，但是剔除了繁杂的宗教修行和深奥艰涩的经典，明快简易，因而适应了社会的需要，成为唐代后期佛教的主流。但是到了五代禅宗却走向了极端，由强调主体意识发展到呵佛骂祖、毁佛谤法；由不重视佛教经典发展到否定经典、不识义理；而且派别纷呈、矛盾相攻，其弊端已充分显现。延寿在《宗镜录》卷一中说："今详祖佛大意，经论正宗，削去繁文，唯搜要旨，假申问答，广引证明，举一心为宗，照万物如镜，编联古制之深义，撮略宝藏之圆诠，同此显扬，称之曰录。"写作《宗镜录》就是为了解决禅宗与其他宗派及禅宗内部各派的矛盾，弘扬佛经真谛。所以延寿在《宗镜录》中反复强调"一心"，提出"经是佛语，禅是佛意，诸佛心口，必不相违"（卷一），不能完全抛弃佛经；提出以心为宗，唯心唯识是禅教的共同性，不必相互矛盾攻击。

《万善同归集》则强调悟与修的统一，反对"守愚空坐，以滞真修"，号召禅者回到修诸善行的实处，主张禅净合一，禅净双修；并对禅宗流行的轻视佛教善行、轻视佛教经典、轻视佛教其他修行等方面提出了批评。

延寿一方面继承了华严五祖宗密的禅教一致思想，另一方面又结合浙江天台宗固有的圆融统一传统，从而成功地将禅、天台、净土、华严四宗结合起来，形成吴越国佛教的特色，并且影响了全国，使中国的佛教发生了巨大的变化，形成了新的结构。[①]

（五）佛经的搜寻、整理和雕刊

吴越国不仅大建寺塔，广纳高僧，而且对佛经也相当重视，尤以忠懿王钱弘俶最为热忱。原来隋唐时期天台宗在浙江颇为繁盛，但是受"会昌法难"的影响，自唐末以来逐渐衰落，天台宗论疏在国内也渐至散佚殆尽。僧人羲寂获悉海外新罗等国收藏齐备，因而建议德韶设法搜求。德韶言之于国王钱弘俶，钱弘俶遂"遣使者往彼国缮写，备足而回"[②]。接着，高丽僧人谛观又奉其王诏，携带天台诸部论疏来华，给予吴越国搜集天台宗佛教经典以极大的支持。同时，钱弘俶还出金请日本人抄录天台宗佛经。《皇朝类苑》卷七八引杨文公《谈苑》说："天台智者教五百余卷，有录而多阙。贾人言日本有之。钱俶置书于其国王，奉黄金五百两，求写其本，尽得之。"钱弘俶、德韶、羲寂等人，以及高丽、日本僧人共同努力，终于搜集了散佚多年的天

① 陈荣富：《浙江佛教史》，华夏出版社 2001 年版，第 327 页。

② 普济：《五灯会元》卷一〇《天台德韶山国师》，中华书局 1984 年版，中册，第 567 页。

台论疏，并使天台宗能在宋初得以中兴。

吴越国不仅重视搜集散佚的天台论疏，也非常重视刻印佛经。后周显德三年（956）钱弘俶曾仿阿育王故事，制作金涂塔84000座，内藏《宝箧印经》，颁行海内外。日本木宫泰彦《中日交通史》说：《龙山胜相寺记》谓钱弘俶以五百塔遣使者颁诸日本，日本方面史料未之见，仅见由日本僧人赍回者。日本康保二年（965）七月二十二日，僧道喜作《宝箧印经记》云："去应和元年（961）春，游在扶风。于时肥前国刺史（多治比实相）称唐物，出一基铜塔示我，高九寸余，四面铸镂佛菩萨像，德字四角，上有龛，龛形如马耳，内亦有佛菩萨像，大如姜核。捧持瞻观之顷，自塔中一囊落，开见一经。其端纸注云：天下都元帅吴越王钱弘俶折本《宝箧印经》八万四千卷之内安宝塔之中，供养迴向已毕，显德三年丙辰岁记也。文字小细，老眼难见，即雇一僧，令写大字，一往视之，文字落误，不足耽读，然而粗见经趣。"可见其在日本的流传与影响。

其后的宋初乾德三年（965）又一次刻印了《宝箧印经》。如1971年在绍兴城关塔基粗木筒内发现的一卷经卷，即题有"吴越国王钱俶敬造宝箧印经八万四千卷永充供养时乙丑岁记"。乙丑岁即宋乾德三年（965）。

钱弘俶还刻印过《一切如来心秘密全身舍利宝箧印陀罗尼经》《一切如来心秘全身舍利宝箧印陀罗尼经》等。前者曾发现于1917年吴兴天宁寺经幢象鼻中，经首有"天下都元帅吴越国王钱弘俶印宝箧印经八万四千卷在宝塔内供养显德三年丙辰岁记"4行字，字后为人礼塔像，再后为经文，每行8字或9字、10字不等，末空1行，有《宝箧印陀罗尼经》字样，可惜经卷当时便散佚，后经再三动员并给以厚酬始得两卷，其中之一即藏吴兴县立图书馆，其一归湖州张氏，后下落不明。据说1971年安徽无为县宋代舍利塔地宫的木函中亦发现与天宁寺同样的经卷。后者在倒塌的杭州雷峰塔塔砖孔中有发现，经卷框高5.7厘米，长205.8厘米，经首钤刻"天下兵马大元帅吴越国王钱俶造此经八万四千卷舍入西关砖塔永充供养乙亥八月日记"3行文字，文左镌刻佛说法图，再左为经卷全文。上引文中"乙亥"即宋开宝八年（975）。

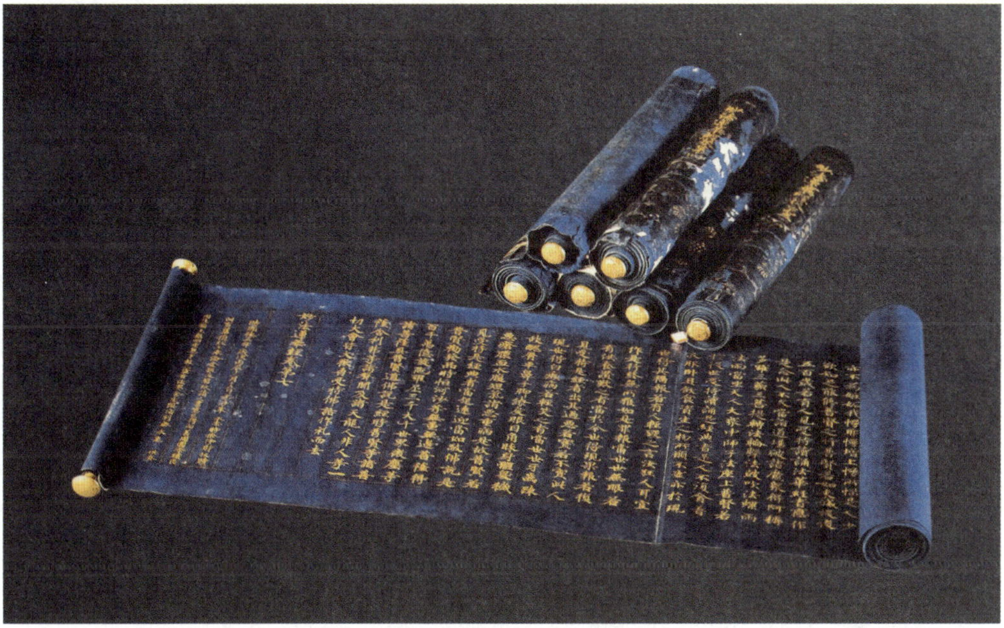

苏州瑞光寺塔出土的五代吴越国碧纸金书《妙法莲花经》七卷（浙江省博物馆）

曾经受钱弘俶之命主持修建过灵隐寺的延寿是一位著名的刻经人，曾亲手印过《弥陀塔图》14 万本。据学者研究，钱弘俶与延寿所印佛教经像咒语等，有数字可考者，共计 68.2 万卷（本）。如此大规模、有系统地刻印佛经，在印刷史上堪称空前，亦少有来者。同时，由于吴越国刻印的佛经遍施寰海，所以在佛教发展史上也具有深远影响。①

吴越国佛教有“东南佛国”之称。这个“东南佛国”，大体以杭州为中心，以寺多、塔多、僧多、经多、石窟造像多为形象，以提倡禅宗与天台宗相融合为基本特点。②

吴越国佛教还必须提及的是关于三教合一的提倡。吴越国高僧延寿曾撰《宗镜录》100 卷，书中保存了唐代各宗的大量资料，并对各宗教义进行了评述。

① 顾志兴：《浙江出版史研究——中唐五代两宋时期》，浙江人民出版社 1991 年版，第 8—10 页；滕复、徐吉军等：《浙江文化史》，浙江人民出版社 1992 年版，第 157—158 页。

② 杜继文主编：《佛教史》，中国社会科学出版社 1991 年版，第 332—334 页。

这些评述，体现了作者以“心”为宗、调和各家的愿望，受到钱弘俶的特别重视。钱弘俶在为延寿所撰《宗镜录》作序文时说：“详夫域中之教者三。正君臣，亲父子，厚人伦。儒，吾之师也。寂兮寥兮，视听无得，自微妙升虚无，以止乎乘风驭景，君得之则善建不拔，人得之则延贶无穷。道，儒之师也。四谛十二因缘，三明八解脱，时习不忘，日修以得，一登果地，永达真常。释，道之宗也。惟此三教，并自心修。”也就是说，儒、释、道三教各有特色，互有相通，都是当时世间修心的必要科目。钱弘俶的这一说法，对于协调自唐朝以来三教互争长短高低的纠葛、开创宋代三教合一说具有重要意义。

二、道教

大概受到唐朝宗教政策的影响，吴越国崇尚道教。钱镠在基本控制浙西并担任唐朝武胜军团练使、苏杭等州观察使之初，出于“洎大唐创业，以元元皇帝为祖宗，崇尚元风，恢张道本”[①]，即着手修复临安大涤山天柱观。从乾宁二年（895）到光化二年（899），他花了4年时间，建立殿堂，改观南向，最后进图上报唐昭宗备案，并为之撰写《天柱观记》，明确说明重修天柱观、复兴道教的目的在于“保国家之景祚，福两府之烝黎”。他还邀集道士闾丘方远、郑茂章等30余人于此“为国焚修”。

吴越国宗室也颇有崇信道教者。据《吴越备史》卷一《武肃王上》所载，天复元年（901）十月，淮将李神福等寇衣锦城，钱镠命顾全武、方密率师御之，顾全武等为贼所执。时钱镠以衣锦城被寇，命玄同先生闾丘方远下元金箓醮于龙瑞宫。其夕大雪，惟醮坛之上星斗灿然，殿宇无所沾洒。身为吴越国第二任国王钱元瓘妃子、恭懿夫人的吴汉月，即“颇尚黄老学”，甚至“居常被道士服，惟布练而已”[②]。吴越国最后一任国王钱弘俶，亦曾为道士朱霄外修建天台白云观，还于白云观上清阁西北筑室，用以收藏道经，并赐金银

① 〔五代〕钱镠：《天柱观记》，《全唐文》卷一三〇，第572页。

② 《十国春秋》卷八三《文穆王恭懿夫人吴氏传》，第1189页。

字经二百函及三清铜像。在唐末五代经籍散佚之际，钱弘俶尽量保存境内道书，对道教发展裨益匪浅。[①] 除了历史的传承以外，正是由于吴越国统治集团的积极扶持，道教在两浙继续保持着繁荣。

（一）宫观

吴越国时期浙江境内见诸记载的新建道观不多，大约主要是继承前代而对其中有些道观进行重修。兹根据清雍正《浙江通志》所录，列表如下：

吴越国浙江境内主要道观表

州县名	道观名	地址	兴废经过
杭州钱塘县	开元宫	泰和坊内	唐开元中刺史陆彦恭奉诏建。乾符五年（878）毁于火。吴越国王钱元瓘复其旧
	真圣观	石龟巷	唐时为紫极宫。吴越天宝元年（908）改真圣观。元朝改名元妙观
杭州钱塘县	重阳庵	吴山之右	唐开成间道士韩道古结茅以居。元大德间西川道士冉无为盖三清宝阁、元帝圣殿
	上清宫	秦望山	吴越宝大二年（925）建
余杭县	天柱观	大涤洞前（今位于临安）	汉元封三年（前108）始建宫坛。唐弘道元年（683）本山潘先生奉敕面南建天柱观，中宗朝赐观庄一所，后有朱法师改北向。乾宁二年（895）武肃王与闾丘方远相度山势复改南向，并重修
临安县	天清宫	东天目山	梁大同二年（536）建，名太清宫，后改天清宫。宋朝宣和六年（1124）赐额紫阳宫。相传张伯端（？—1082，号紫阳）曾修炼于此
於潜县	塑春观（即许游观）	县西桃源山（今位于临安）	许迈所游之地，故名许游观。宋绍兴间重建
秀州嘉兴县	崇福宫	初在南城外，后移入城古万寿宫基	吴越武肃王建。旧名崇福宫，宋治平中赐额崇道宫

① 卿希泰、唐大潮：《道教史》，中国社会科学出版社 1994 年版，第 143 页。

续 表

州县名	道观名	地址	兴废经过
秀州嘉兴县	雨金岳宫	新城镇	唐景云二年（711）里人翁岚建
	神仙宫	今嘉善东关外2里	唐开耀间创建，垂拱间敕赐神仙宫额
湖州乌程县	开元观	子城西北150步	梁大同二年（536）建，号元凤观。唐改龙兴观、开元观。宋初改为元通观
	龙清观	子城	梁大同二年（536）建。唐开元二十六年（738）名曰龙清观，后居女道士。宋重修
长兴县	冲真观	县东1里	东晋咸康元年（335）建。殿侧有八角井，世传为葛仙翁炼丹井。元末废。明初重建
	洞元观	县治西南20里方山	孙吴时建。元末毁。明初重建
安吉县	紫阳观	县西天目山	梁大同五年（539）建，昭明太子勒碑记
德清县	紫极观	县西文墅山	梁大同间吴兴太守沈道思请以故宅舍为观。宋治平二年（1065）改额紫极观
明州鄞县	真圣观	府治东南太和坊	唐天宝二年（743）天下皆置紫极宫。后梁开平二年（908）改为真圣观
慈溪县	清道观	县东3里	唐天宝八载（749）建。南宋绍兴三十年（1160）重建
奉化县	虚白观	县治东北	旧名兴唐观，叶靖天师讲经处。唐光启中建，昭宗时赐额虚白观。宋元祐中复兴
象山县	蓬莱观	县西南250步蓬莱山下	相传秦时徐福、梁时陶弘景皆隐迹于此。隋大业元年（605）废。唐天宝十三载（754）台州刺史袁仲宣复置，大中元年（847）令杨弘正重修。宋治平二年（1065）改额栖霞观
越州会稽	思真观	府东3里	陈武帝永定二年（558）舍宅建。宋太平兴国九年（984）改额乾明观
	千秋观		贺知章舍宅为观，宋乾道间移旧额重建
	龙瑞宫	县东南25里，大禹探灵宝五符治水之所	唐神龙元年（705）置，名怀仙观。开元二年（714）改为龙瑞宫。宋嘉定年间重建

续 表

州县名	道观名	地址	兴废经过
赡县（今嵊州）	金庭观	县东 27 里	相传王羲之舍读书楼为馆，初名金真馆，后改金真宫。唐高宗赐名金庭观。宋宣和七年（1125）改崇妙观
	桃源观	县城内	唐武德八年（625）置，号太清观，后废。后汉乾祐三年（950）重置，改额桃源观
台州临海县	白云观	县治西北大固山下	旧名白云庵，唐中和中建，道士王乾符、朱霄外主之，钱弘俶葺为观，与天庆观号称东西两宫（天庆宫或即临安天清宫）。宋大中祥符中赐额栖霞宫
台兴县（今天台）	桐柏宫	县东北 25 里	旧名桐柏观，唐景云二年（711）司马承祯建。太和、咸通中道士徐灵府、叶藏质新之。吴越天宝初改观为宫，后道士朱霄外建藏殿。宋大中祥符元年（1008）改额桐柏崇道观
台兴县（今天台）	天台观	桐柏山西南瀑布山下	吴赤乌二年（239）葛元建，旧名天台观。唐咸通中刺史姚鹄建老君殿。宋大中祥符四年（1011）改额福圣观
永安县（今仙居）	隐真宫	县东南 25 里	梁天监五年（506）建
	凝真观	在县东南括苍洞	唐天宝七载（748）建。宋宣和时毁，建炎元年（1127）重建
婺州金华县	宝婺观	子城西南	隋平陈，太史以其地当婺女，乃立祠于城西北隅。唐开元中徙其像于开元观。吴越国时刺史钱俨移于子城西南。宋淳熙间赐额
	赤松宫	县东北 20 里	宝积观印赤松宫，按观碑二皇君因赤松子传授以道而得仙，邦人遂建赤松宫。旧宫殿庭宇廊庑甚盛，为江南道宫之冠。武肃王钱镠重修。宋大中祥符元年（1008）改额为宝积观
汤溪县	崇仙宫	县西 10 里	梁大同二年（536）苏府君建，招接十方仙道之所
兰溪县	灵瑞观	县东 120 步	唐建。宋治平中改名浩然观
东阳县	元宝观	县南 40 里	齐中兴二年（502）邑人陈元宝舍宅建。宋天禧间改名元宝观
永康县	宝林观	县东南	梁大同元年（535）建，旧名宝林。宋大中祥符间改额延真观
	招仙观	县东 30 里	梁大同二年（536）建，旧名招仙。宋大中祥符间改额紫霄观

续 表

州县名	道观名	地址	兴废经过
衢州龙游县	崇仙宫	县东	梁大同中建
	集善宫	县西东华山下	梁大同四年（538）建。元至正间县尹张答剌孙迁创于此
睦州建德县	龙兴观	府城内西北	唐景龙中建，名龙兴观。宋大中祥符元年（1008）诏天下建天庆观，改名天庆观
淳安县	常乐观	县东北 40 里	五代后汉乾祐元年（948）建。宋重和元年（1118）赐名天乐观
温州永嘉县	真华观	华盖山麓	唐开元间建。清康熙二十年（1681）重建
瑞安县	集真观	县治东	南朝梁天监中建。旧名集元，避宋讳，改名集真。明洪武间立成丛林
处州丽水县	开元观	府治东南	晋时老君庙，唐开元间改开元观。宋大中祥符元年（1008）改天庆观。元元贞间改名元妙观
丽水县	龙兴观	在少微山	唐贞元间建。唐天师叶法善尝居此。宋改名妙成观
	冲真观	柳城镇北 6 里	唐叶法善建
缙云县	仙都观	仙都山	唐天宝戊子（748）以黄帝飞升之地敕封仙都建山，名仙都观，岁度道士 7 人以奉香火。宋治平乙巳（1065）改名玉虚宫
青田县	崇道观	县西	唐天宝初建
松阳县	洞阳观	县西 1 里，雪岩之阳	梁大同元年（535）建，旧名洞阳观。宋宣和间改名逍遥观
	永宁观	县西 20 里	唐叶法善建。宋宣和初毁于兵，后再造
遂昌县	登云观	县南	梁时有异人炼丹于此，赐额登云观。唐叶法善亦炼丹于此。宋政和三年（1113）赐额紫极寿光之宫。宣和辛丑（1121）经寇，绍兴甲子（1144）又圮于水，后重建
	太虚观	邑西 50 里大柘东楼山下	唐乾宁二年（895）建
龙泉县	宝圣宫	县西 4 里	唐乾元中建，名宝圣宫，宋庆历二年（1042）重建，改名太和宫。宋徽宗赐额万寿宫

（二）道士

吴越国时期浙江籍道士及外籍在浙江的道士，其著者主要有钱朗、闾丘方远、韩必、吴崧、张契真、暨齐物、朱霄外、厉归真、谭峭、杜光庭等人。

钱朗，洪州（今江西南昌）人，少时即以五经登科，累官光禄卿。唐文宗时归隐庐山，得补脑还化之术。据说当其曾孙、玄孙数辈皤然皓首时，作为长辈的钱朗依然貌若童子，故钱镠特将其邀至西府（今浙江杭州），以师礼事之。相传他活了 170 余岁。

闾丘方远（？—902），舒州宿松（今属安徽。一说青州人，或说齐人，即今山东一带）人。16 岁学《易》于庐山陈元晤。29 岁问大丹于香林左元泽，并事仙都山隐真岩刘处静，学修真出世之术。34 岁受法箓于天台山玉霄宫叶藏质，得真文秘诀。闾丘方远精黄老之术，而又酷喜儒业，博学多闻，尝诠注《太平经》13 篇行于世，声名播于江淮间。唐昭宗初年朝廷多次征召，他婉拒不赴，遍游名山。唐景福年间（892—893），始居天柱观。曾与钱镠谈论儒家的《春秋》大义，话语投合，尽日而罢。于是钱镠厚加礼遇，一起相度洞霄宫形势，将天柱观由北向改为南向，并重建太极宫以居。又奏请唐朝赐紫，并赐号“玄同先生”，使之成为吴越一方道教领袖。唐昭宗赐号洞元先生、妙有太师。方远为人严谨，如罗隐曾就方远受子书，方远必瞑目而授，余无他论。方远弟子夏隐言问曰：罗隐乃钱镠上客，先生何不与之语？方远答曰：“（罗）隐才高性下，吾非授书，不欲辄及他事也。”①

五代吴越国四灵八卦纹铜镜（引自《吴越胜览：唐宋之间的东南乐国》）

① 《十国春秋》卷八九《闾丘方远传》，第 1294 页。

韩必、吴崧，与吴珙、吴项、皮光业、林昇、罗隐、何肃等在唐末曾同居长城八座山（今浙江长兴西南），号曰“八友”。已而稍稍散去。武肃王钱镠时，韩必、吴崧两人相偕隐于洛坞（其地未详），日以炼丹为事。钱镠遣罗隐招之，两人避而不见。

张契真，字齐一，钱塘（今浙江杭州）人。幼孤，依上清宫胡法师浮游江浙，上会稽，探禹穴，历缙云，游赤城，以访仙道。在天台遇朱霄外，得授要诀。未几，又受灵宝箓，独居钱塘吴山真圣宫数年，翻译蕊笈琅函之秘，深得微旨。忠懿王钱弘俶命主三箓斋事。入宋以后，为宋太宗选居太乙宫，赐紫，令校道书。赐号元静大师。[①]

暨齐物（一作物齐，又作济物），杭州人，字子虚。师玉清观朱君绪受法箓神符秘方。后随入大涤山中，依岩洞为室。又筑垂象楼，贮道书几千卷，朝夕讨论，贯穿精微，听者莫不忘倦。忠懿王钱弘俶欲为赐度弟子，齐物云：“乐静已久，不愿有也。”[②]

朱霄外，台州道士，素有道术。忠懿王钱弘俶获悉后，遂命葺台州之白云庵为栖霞宫，以霄外主之。[③]

厉归真，台州唐兴县（今天台）人，嗜酒。精于水墨。据说归真尝游洪州（今江西南昌）信果观，见观内塑像为雀蛤粪秽，遂于壁画一雕，笔迹奇异，自是鸟雀无复栖者。[④]

谭峭，泉州（今属福建）人，字景升。不入科举仕途，酷好黄老之书。师事嵩山道士十余年，得辟谷养气之术。后又炼丹于南岳。曾游历三茅山。相传海盐谭仙岭为其炼药得道处。人称紫霄真人，著有《化书》（据说谭峭以此书授宋齐丘，齐丘窃为己作，故《化书》又名《齐丘子》）。书中强调

① 《十国春秋》卷八九《张契真传》，第 1295 页；〔清〕嵇曾筠等：雍正《浙江通志》卷一九八《仙释·张契真》，中华书局 2001 年版，第 5581 页。

② 《十国春秋》卷八九《暨齐物传》，第 1295 页。

③ 《十国春秋》卷八九《朱霄外传》，第 1295 页。

④ 〔清〕嵇曾筠等：雍正《浙江通志》卷二〇〇《仙释三·厉归真》，中华书局 2001 年版，第 5638 页。

一切都在变化，认为统治者的剥削压迫才是导致叛乱之原因，幻想无亲、无疏、无爱、无恶，君民同劳动、共享受的社会。约于后周时卒于蜀中青城山。[①]

杜光庭（850—933），字圣宾（一云宾圣），号东瀛子，处州缙云（今属浙江）人（一曰括苍人，一曰长安人），唐末五代著名道士和道教学者。少年习儒，喜读经史，“博极群书，志趣超迈”，工于词章翰墨，为当时名儒。唐咸通（860—874）中，曾赴京都长安参加“九经举”，不第。科举失利后，他愤然弃儒皈道，赴天台山拜应夷节为师，成为唐代著名的上清派宗师司马承祯的五传弟子。受天台道风的影响，杜光庭对当时各派道法进行了深入研究。《历世真仙体道通鉴》记载，杜光庭就是由礼部尚书、集贤殿大学士郑畋推荐进京的，“郑畋荐其文于朝，僖宗召见，赐以紫服象简，充麟德殿文章应制，为道门领袖”。中和元年（881）从帝入蜀，竟留居蜀地，得到了前蜀两代皇帝的重用，为太子元膺师，并在后者主导下大力发展川蜀地区的道教。此后，杜光庭得到的尊崇越发隆重。“（永平三年）六月丙子，以道士杜光庭为金紫光禄大夫、左谏议大夫，封蔡国公，进号广成先生”[②]，“（乾德五年八月）帝受道箓于苑中，以杜光庭为传真天师、崇真馆大学士，起上清宫，塑王子晋像，尊为圣祖至道玉宸皇帝，又塑高祖及帝像侍立于左右。又于正殿塑玄元皇帝及唐诸帝，备法驾朝之”[③]。杜光庭在青城山积极从事道教宫观的建设与修缮，建飨和阁，奉行上清紫虚吞日月气法，并对道教义理进行了系统研究。[④]

此外，还有马氏二女，庆元（今属浙江丽水）人，系姐妹二人。因感叹红颜易老，企求以金丹永驻青春，而拒绝出嫁，遂结庐于百丈山头，每夜焚香求度世。据说其后忽感真人密授口诀，姐妹俩依法修炼，终于丹成。[⑤]

---

① 〔清〕雍正《浙江通志》卷一九九《仙释二·谭峭》，第 5597 页；卿希泰、唐大潮：《道教史》，第 147—148 页。

② 《十国春秋》卷三六《前蜀二·高祖本纪下》，第 519 页。

③ 《十国春秋》卷三七《前蜀三·后主本纪》，第 539 页。

④ 以上内容主要参见：《十国春秋》卷四七《杜光庭传》，第 674 页；〔元〕赵道一：《历世真仙体道通鉴》卷四〇，《道藏》第 5 册，文物出版社、上海书店、天津古籍出版社 1988 年版，第 330—331 页。

⑤ 〔清〕雍正《浙江通志》卷二〇一《仙释四·马氏二女》引《两浙名贤外录》，第 5671 页。

侨居金陵（今江苏南京）、世仕南唐的会稽人钟谟，其女“博通孔、老书，尤善讲说，后为洞真宫女道士，名守一”[①]。

大体而言，这一时期的道教仍以茅山宗的传系为最。但是作为祖庭的茅山已非昔比，茅山宗的活动似以天台山为显。茅山宗自司马承祯居天台山传道始，这一时期出自司马承祯门下的弟子相当活跃，许多著名道士不仅名于当时，而且影响于后世，诸如应夷节、叶藏质、刘元靖、闾丘方远、聂师道、王栖霞等等，杜光庭、谭峭等人也与茅山宗中许多人有关，所以说这一时期的道派仍以茅山宗为主流。而上述所举道士当中，除刘元靖、聂师道、王栖霞等人以外，其余或为浙江籍人士，或与浙江有密切关系，足见浙江在唐末五代道教中的地位。

（三）杜光庭对道教建设的贡献

杜光庭一生致力于道教神话、理论、方术、斋醮科仪的研究以及道经的搜集和编修。他常说：“道法科教，自汉天师暨陆修静撰集以来，岁月绵邈，几将废坠。遂考真伪，条列始末，故天下羽褵永远受其赐。”[②]为重振道教声势以劝化时俗，杜光庭对科律仪轨再次进行了全面系统的整理。他所整理删定的科律，属陆修静灵宝法一系。陈国符断定，杜光庭在道书经唐末五代战火摧毁之后于蜀中重建《道藏》[③]。日本学者窪德忠也肯定，由于杜光庭同几位道士的努力收集，才有北宋真宗时代“称为《道藏》的道教的一切经典”[④]。

杜光庭学识渊博，精通儒道经典，注重《道德经》研究，一生著作宏富。宋代张唐英《蜀梼杌》记载，曾“有文千余卷，皆本无为之旨”[⑤]。存世著作多达30余种，250余卷。其中仅收入《道藏》的著作就有27种，《全唐文》收有他的文章302篇。据学者考证，杜光庭在蜀中（主要是在成都地区）的著述，

① 《十国春秋》卷二六《钟谟传》，第374页。

② 〔元〕赵道一：《历世真仙体道通鉴》卷四〇，《道藏》第5册，文物出版社、上海书店、天津古籍出版社1988年版，第330页。

③ 陈国符：《道藏源流考》，中华书局1963年版，第131—135页。

④ ［日］窪德忠：《道教史》，第179—181页。

⑤ 〔宋〕张唐英撰，王文才、王炎校笺：《蜀梼杌校笺》卷二，巴蜀书社1999年版，第172页。

主要有《广成集》《王氏神仙传》《洞天福地岳渎名山记》《历代崇道记》《墉城集仙录》《道教灵验记》《道德真经广圣义》《录异记》《神仙感遇传》《毛仙翁赠行诗》《青城山记》《续成都记》（已佚）等12部。诗文方面，能确证其在蜀中所写的诗有《题仙居观》《题鸿都观》《题都庆观》《题鹤鸣山》《题北平沼》《题平盖沼》《题本竹观》《题福唐观二首》《题莫公台》《读书台》《题剑门》《题龙鹄山》《景福中作》等。文章除《洞天福地岳渎名山记序》《录异记序》等外，还有《太上洞元灵宝素灵真符序》《道德真经元德纂序》《墉城集仙录序》《修青城山诸观功德记》《无上黄箓大斋后述》等。另有一些石刻碑记，如青城《冲妙观记》、资中《醮坛山北帝院记》、金堂《功德记》、泸州《刘真人碑记》等。这些碑记已全部亡佚，仅存碑目而已。[①] 对道教经典、思想源流、历代帝王崇道、神仙怪异、洞天福地、道门科范、斋醮科仪等多有论述。尤其是《道德真经广圣义》堪称道教理论建设上一部承前启后的著作，在道教思想发展史上有着重要的地位。

杜光庭对道教的建设至少有以下几方面的贡献：

第一，将以往各种神化老子的传说系统化。在《道德真经广圣义》中，专列释老子事迹、氏族、降生年代等内容，全面叙述了道教关于老子神奇的来历、神力、尊神的位统、世代国师等各种神话，使老子作为道神人三位一体的概念更加系统、充实和明晰，竭力树立起了老君至尊的神圣形象。

第二，对《道德经》的研究进行了总结。杜光庭采摭众书之长，发扬唐玄宗御注主旨，纂成《道德真经广圣义》50卷，论述了《道德经》产生的时代及历史背景；对以往诸家《道德经》注释进行了总结并条分缕析；对以往诸家《道德经》诠疏笺注进行了比较考察，在概括了各家意向和宗旨后，提出了自己的看法。

杜光庭具体列出《道德经》宗意38条，认为《道德经》“以自然为体，道德为用。修之者，于国则无为无事，自致太平；于身则抱一守中，自登道果。得之者，排空驾景，久视长生”。杜光庭还认为《道德经》“非谓绝仁

① 参见王瑛：《杜光庭蜀中著述考略》，《成都大学学报（社科版）》1993年第3期。

义圣智，在乎抑浇诈聪明，将使君君、臣臣、父父、子子，见素抱朴，泯合于太和，体道复元，自臻于忠孝”，仁、义、乐、礼、智、信与天地之德、宜、和、节、辩、时相合，“宏淳一之源，成大同之化，混合至道，归仁寿之乡”，“故仲尼、亚圣皆默而得之，隳体绌聪，遗形去智，超乎物表，永为真人”。将孔孟之道与老君之道统一到一起，强调以无欲、无为、无事、谦下、守柔、积德、崇善去恶、曲己求全等为理国治身的基本思想。

第三，从神仙实有、仙道多途和历代崇道等方面展开了对道教信仰的宣传。值得注意的是，杜光庭在论证仙道多途时，将那些尘世间积功累德、行善乐施、忠臣孝子、贞夫烈妇和心不忘道、勤苦独修之人，均说成其行为可以感动太上，其死后可以进入神仙之列，表现出杜光庭强烈的融儒入道色彩。这不仅是对传统道教神仙思想的发展，而且在使道教更世俗化，从而更利于道教的广泛传布和发展方面有着重要的意义。

第四，对斋醮科仪进行了修订。杜光庭修订的道门科教，署名收入《正统道藏》的就有 10 余种 200 卷，其中主要为关于金箓斋、黄箓斋、明真斋、神咒斋、释表仪等仪礼规制，并将传统的斋戒思想与道门戒律相结合，设立了道场戒约，以约束参与道场的道士，保证道场斋仪的神圣性。杜光庭修订的道门科教对道教的发展影响很大。南宋吕太古在《道门通教必用集》卷一《历代宗师略传 · 杜天师传》中即说“尝谓道门科教，自汉天师、陆修静撰集以来，岁久废坠”，至杜光庭“乃考真伪，条列始末”，故天下道士至今遵行。

就道教思想而言，唐代以前的道教虽然还不能说已经形成了统一的教团，在信仰、方术、科仪、符箓等方面各家各派都有自己的一套，但是信仰仙界之实有、成仙之可能的思想是一致的，所以神仙思想是道教的根本观念之一。而这一观念在五代以后开始逐渐发生了变化，其一是对神仙可成、仙界实有的思想发生了动摇；其二是对于尘世的态度，不但不以俗为累，反而关心起了俗世间的苦难。其时的道士，一类因对习儒业、求仕进感到失望，于是退归林下，修习方术，做了道士，这些人未必真信神仙之实有，因此并不投帝

钱镠 63 岁钱塘湖水府告文银简（浙江省博物馆藏）

钱元瓘 53 岁钱塘湖水府告文银简（浙江省博物馆藏）

王所好，为他们点金合药，而是劝他们关心国家治乱和百姓疾苦；另一类因遭遇乱世而习道教方术，或以自保，或助善除恶、惩霸安良以助人，这种行为又逐渐转化为神仙的度世救人，并从道教思想方面转变为神仙的入世和救世思想。①

总之，在唐末五代的动荡时期，杜光庭的大量著作，不仅反映了他所处时代的道教面貌，“也为道教在北宋的再度复兴准备了一定条件”②，成为道教发展史上一位承前启后、卓有影响的重要人物。总之，“杜光庭可以说是唐末道教重要的代表人物，他继承与总结了唐代崇道风尚下庞大的道教文化，

① 任继愈主编：《中国道教史》，上海人民出版社 1990 年版，第 440—446 页。

② 卿希泰：《中国道教》第 1 册，知识出版社 1994 年版，第 287 页。

为之画上了完美的句号”[①]。

（四）金龙玉简

青龙、白虎、朱雀、玄武合称四方之神，为道教信奉的神灵。薛驹《东斋纪事》云：道家有金龙玉简学，龙以铜制，玉简以阶石制，历代帝王大多投龙为国斋醮。吴越国统治者钱镠等也不例外，尊崇道教，确信道教能为其霸业和统治带来实际利益。因此，每年依道法斋醮，向国内洞府名山河湖遍投龙简。如钱镠在《投告太湖龙简文》中，自称“大道弟子、天下都元帅、尚父、守中书令、吴越国王钱镠”，并云：“自统制山河，主临吴越，民安俗阜，道泰时康，市物平和……仰自苍昊降佑，大道垂恩。今则特诣洞府名山，遍投龙简，恭陈醮谢，上答玄恩。”从文献记载和考古资料来看，历代吴越国国王钱镠、钱元瓘、钱弘佐、钱弘俶经常举行“投简”仪式，经常向杭州西湖、绍兴鉴湖、苏州太湖等水府名山投入刻有告文的银简，他们先后通过这种道教形式，祈求国泰民安，风调雨顺，百姓乐业。同时，小铜龙充当通神使者。

西湖中还出土过五代吴越国铜制的“金龙”，也是与“投龙”典礼有关的遗物。铜龙高 5 厘米，通长 10 厘米。四足，作站立状。双目炯炯有神，龙角后伸，长尾上扬，神情肃穆。现藏于浙江省博物馆。[②]

银简在吴越国首府所在地杭州西湖发现最多，为研究吴越国的历史、社会、风俗提供了珍贵实物资料。在 1955 年进行的杭州西湖疏浚工程中，就曾出土过五代吴越国国王投龙银简。投龙简是封建皇帝举行“投龙”典礼时所用的刻有祭文的银牌。西湖疏浚所出土的吴越国投龙银简共计 5 枚，现藏于浙江省博物馆。钱镠 63 岁银简，系后梁乾化四年（914）时投放。告文共 6 行 242 字，每行 25—54 字，刻字娟秀。纵 38.4 厘米，横 8.1 厘米。钱镠 66 岁银简，后梁贞明三年（917）时投放，告文共 6 行 253 字，每行 30—49 字。纵 38.4 厘米，横 8.1 厘米。钱元瓘 53 岁银简，后晋天福四年（939）时投放，

---

① 郑志明：《杜光庭〈道德真经广圣义〉的神人观》，《道家与道教——第二届国际学术研讨会论文集》，广东人民出版社 2001 年版，第 223 页。

② 黄涌泉、王士伦：《五代吴越文物——铁券与投龙简》，《文物参考资料》1956 年第 12 期，第 56 页。

告文共6行223字，每行29—44字。纵32.8厘米，横13.8厘米。银简告文中“钱”字下方未刻名字，根据末尾所刻“太岁乙亥”，推断此枚银简为钱元瓘所投。钱弘佐15岁银简，后晋天福七年（942）时投放，告文共8行247字，每行22—34字。纵32.8厘米，横12.8厘米。银简正面刻告水府文，简文8行，楷书，内容是祈求风调雨顺、国泰民安。钱弘俶23岁银简，后周广顺元年（951）时投放，告文共10行281字，每行16—38字。纵33.6厘米，横14.3厘米。

第六节　科学技术

、天文学

吴越国的天文学成就在当时的天文星图中有充分反映。

吴越国的天文星图，迄今已相继在钱宽墓、水丘氏墓、钱元瓘墓、吴汉月墓、康陵中发现了五幅。

钱宽为钱镠之父，卒于唐乾宁二年（895）四月十八日，时值战事方亟，直至光化三年（900）十月二十五日才下葬于临安县锦北乡清风里之南原（今临安锦城街道西墅社区明堂山）。钱宽墓早年被盗，1978年11月西墅砖瓦厂取土时发现此墓，随即进行发掘。其天文星图以金箔作星，矾红绘线，绘于墓室顶部石灰壁上。[①] 所绘制的为我国古代天文学对于天域所划分的北斗星座及东宫苍龙（角、亢、氐、房、心、尾、箕）、北宫玄武（斗、牛、女、虚、危、室、壁）、西宫白虎（奎、娄、胃、昴、毕、觜、参）、南宫朱鸟（井、鬼、柳、星、张、翼、轸）等二十八宿，即28个星空区域。

水丘氏为钱镠之母，卒于唐光化四年（901）九月初四，下葬于钱宽墓东侧。水丘氏墓于1980年7月至9月进行了发掘。其天文星图绘制在后室顶部石灰

① 李之川：《陵园长在　芳草萋萋——临安的吴越国文物遗迹》，周峰主编：《吴越首府杭州（修订版）》，第174—175页。

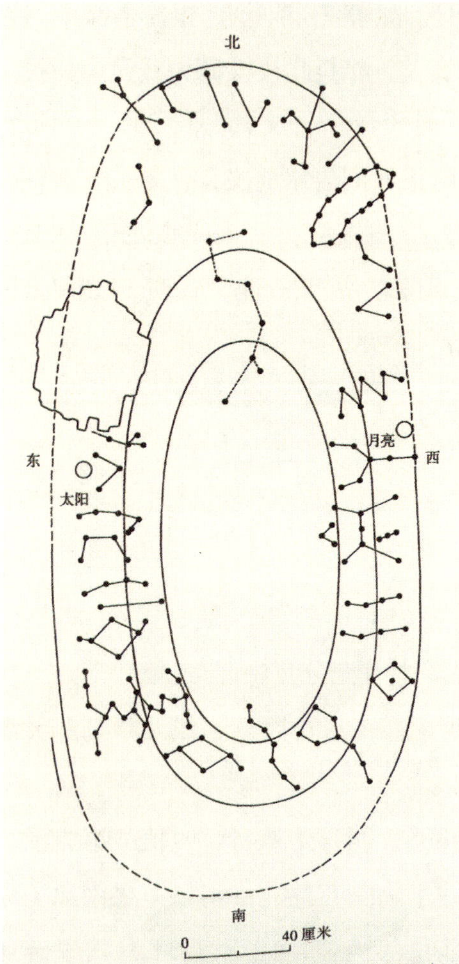

钱宽墓天文图

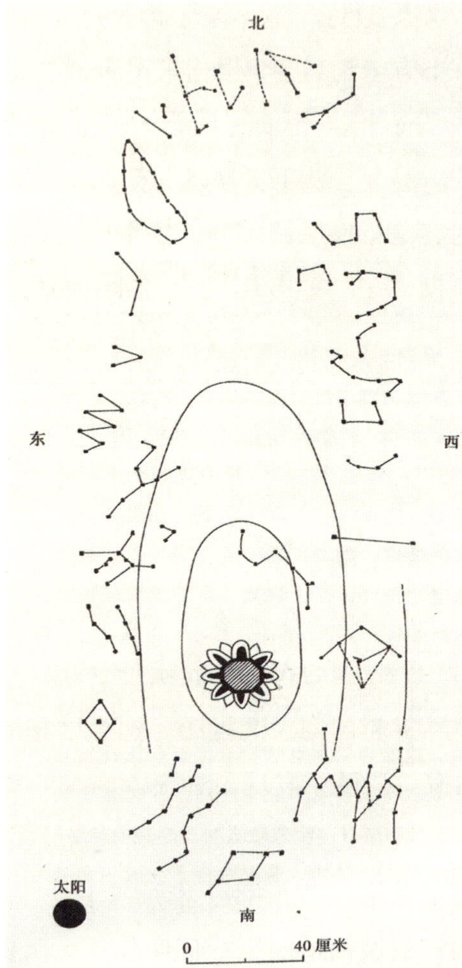

水丘氏墓天文图

（引自《晚唐钱宽夫妇墓》）

层表面。星图上绘有三重椭圆线圈，系传统天文图中盖天图的几个特定纬度圈在椭圆形墓室中的变形，中间一圈则代表赤道。墓顶中心偏南处凹腔内置有铜镜一面，暗窗周围彩绘重瓣莲花一朵，星星以莲花为中心，顺着三条线圈作椭圆形分布。星图东南方彩绘红日一轮，直径 12.5 厘米。月亮由于色彩与石灰色接近，已经难以辨认。星星共有 185 颗，其中二十八宿和北斗 168 颗，附属星座 8 座 17 颗。星星用金箔贴成，呈方形，宽 1—2 厘米。同一星座的星星用红线相连。

以水丘氏墓天文星图与钱宽墓天文星图相比较，水丘氏墓天文星图补上了钱宽墓天文星图上少画的毕宿一颗正星和斗室外三颗正星；在附属星座中水丘氏墓图补上钱宽墓图“长沙”一星；附属星座的“坟墓”四星和“附耳”“钺”各一星，两者都没有画出。水丘氏墓图附属星座“钩钤”中则多画了一星。也就是说，就星数来说，水丘氏墓天文星图稍胜于钱宽墓天文星图。但是不知出于什么原因，水丘氏墓天文星图却相互置换了东、西两方的星宿，

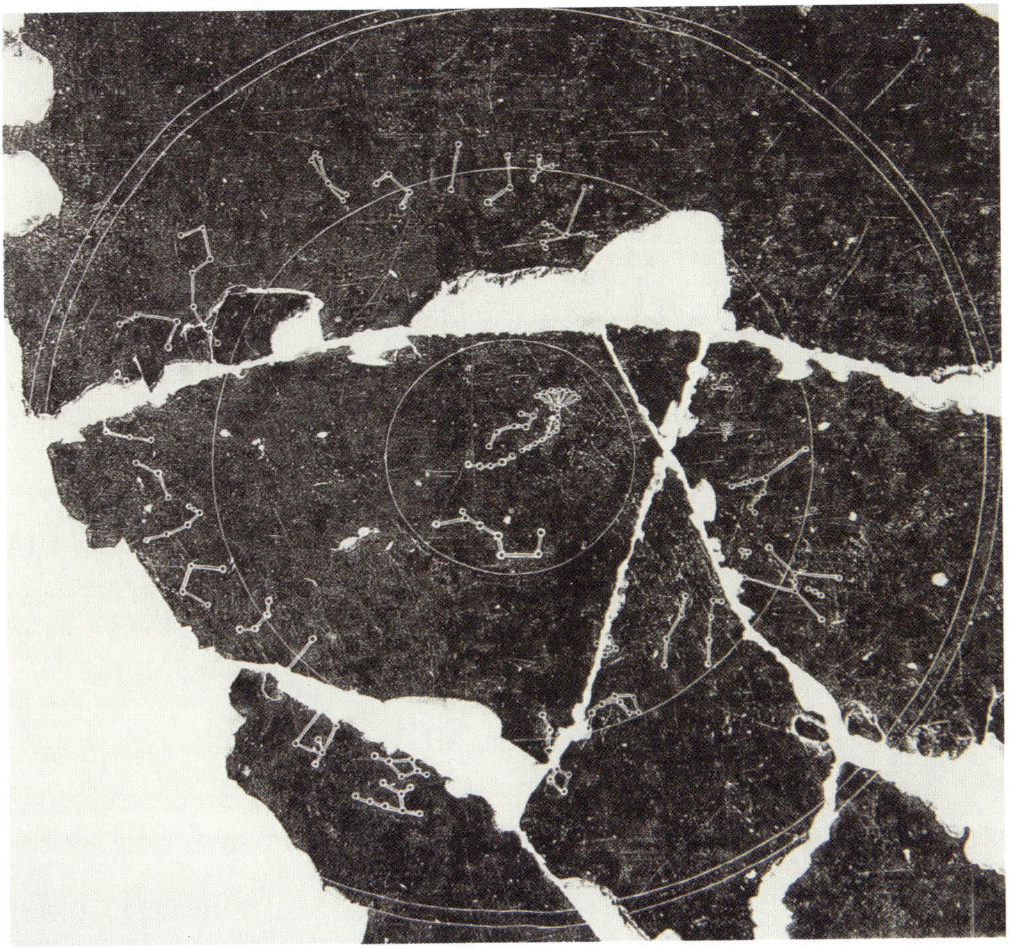

钱元瓘墓天文图（引自《物华天宝——吴越国出土文物精粹》）

而且整个星图的位置向东南方有了转动。[①]

钱宽墓天文星图绘制于 895 年至 900 年之间，水丘氏墓天文星图绘制于 901 年，代表了唐朝末年或者说吴越国前期的天文学及天文星图的绘制水平。

钱元瓘为钱镠第七子，吴越国第二任国王，卒于后晋天福六年（941）八月二十四日，天福七年二月十九日下葬于杭州龙山之南原（今杭州玉皇山南麓）。其墓于 1965 年发掘。后室顶盖有阴刻天文星图，这石刻星图是盖在墓顶上，系用红砂石刻成。星图以北极为中心，画有三个同心圈，用阴线刻出紫微垣及二十八宿，分别代表北极常显圈、赤道和南极恒隐圈。天文星图外围圆圈直径 1.895 米，内规圆圈直径 0.495 米。应有星数 218 颗，现存 183 颗星星，缺星 35 颗。所刻星象位置，逼真准确，并刻有基本坐标线，现藏杭州碑林内。[②]

康陵后室顶部石板正中刻有一幅星象图，用单线阴刻紫微垣和二十八宿，并刻有三个直径分别为 46 厘米、190 厘米、200 厘米的同心圆，表现内规、外规和重规。在同心圆外缘有一道宽 4 厘米的白色条带穿过，颇似银河。星呈圆形，大多直径为 1.2 厘米，个别的直径 0.7 厘米。整个星象图共绘有 218 颗星，原均用金箔贴饰，现已部分脱落。星与星之间用单线相连，连线及三个同心圆原亦都贴金箔，但也部分脱落。而星象图中标示银河的做法，不见于以往发现的钱氏家族墓。图中内规即天球北极，可见有北极、勾陈、华盖、北斗七星。内规与外规之间刻有二十八宿，所刻位置相当准确。这是目前已发现的世界上最早的一块石刻星象图，对研究我国天文学史具有很高的科学价值。[③]

---

① 明堂山考古队：《临安县唐水丘氏墓发掘报告》，《浙江省文物考古所学刊》，文物出版社 1981 年版，第 94—104 页。

② 浙江省文物局编：《文物考古资料》，1984 年印，第 2 册，第 93 页；浙江省文物局编：《文物考古资料》，1984 年印，第 3 册，第 40 页。

③ 杭州市文物考古所、临安市文物馆编著：《浙江临安五代吴越国康陵发掘简报》，《文物》2000 年第 2 期；杭州市文物考古研究所、临安文物馆编著：《五代吴越国康陵》，文物出版社 2014 年版，第 34 页。

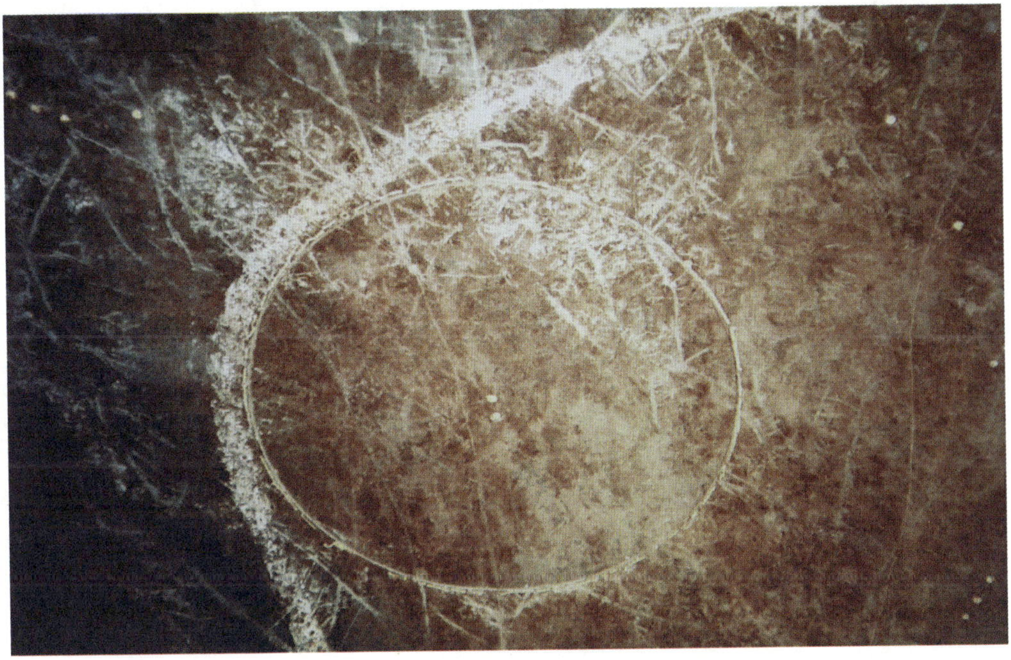

康陵后室天文星象图局部（引自《五代吴越国康陵》）

吴汉月为钱元瓘次妃，钱弘俶生母。卒于后周广顺二年（952）六月十一日，八月下葬于钱塘慈云岭之西原（今杭州施家山南坡）。其墓于1958年发掘。后室顶盖有阴刻天文星图。天文星图外围圆圈直径1.80米，内规圆圈直径0.426米，刻有北斗星座及二十八宿，应有星数189颗，缺11颗，现存星数为178颗。[①]

钱元瓘墓天文星图与吴汉月墓天文星图由于已经残破，因而无法进行具体星数完整程度的比较。但就星座而言，钱元瓘墓比水丘氏墓图增画了正座3座和附座5座；吴汉月墓图也增画了正座和附座各1座。从天文星图的质量来看，钱元瓘墓图质量更高。这两幅天文星图，反映了吴越国中后期的天文学及天文星图制作水平。

我国古代对天文学历来非常重视，而且取得了很大的成就。隋唐时期，

① 浙江省文物局编：《文物考古资料》，第3册，第33页；浙江省文物局编：《文物考古资料》，第1册，第73—74页。

无论是天文仪器的制作，还是对于日、月、星辰的观察，都有了进一步的发展。尤其是僧一行（683—727）对天文学的研究，突破了前人的成果，取得了重大的成就。随着天文学知识的发展和流传，还出现了观天认星的天文学普及读本《步天歌》（唐代王希明著，一说隋代丹元子著），以七字一句的诗歌形式，专门介绍三国时期吴太史令陈卓星图中 283 个星官，1464 个星辰，将整个天空分成 31 个天区，每个天区绘制了星图，图与诗歌互相配合，用以介绍天文科学知识。在敦煌发现的绢质星图，画有 1350 多颗星星。敦煌星图大约绘制于 8 世纪初，是现存世界上最早的星图，而且可能是更早的星图的抄本。[①] 唐末五代时期，浙江一带出于适应日益发展的农业生产以及航海贸易需要等原因，对于天文学自然更为重视。天文星图作为丧葬礼仪和习俗而被应用，以致屡屡在吴越国墓葬中被发现，充分说明了人们对天文学的重视。已被发现的上述五幅天文星图，在我国已发现的古代石刻天文图中，不但时间最早，准确度也最高，就此而言，不能不说是吴越国在天文学上的杰出成就。[②]

二、制瓷技术

吴越国的制瓷技术相当高超，特别是越窑秘色瓷制作之巧妙精美，已远远超过了唐朝，以至于时人有将秘色瓷直接断定为钱氏吴越国的特种瓷品者。如宋朝赵令畤在《侯鲭录》卷六云：“今之秘色瓷器，世言钱氏有国，越州烧进，为供奉之物，不得臣庶用之，故云‘秘色’。”称秘色瓷是越窑中的皇家用品。赵氏接着又考证其名说：“比见唐陆龟蒙《集越器》诗……乃知唐时已有秘色，非自钱氏始。”但从时人误以为出自“钱氏有国”中也可以看出秘色瓷始于晚唐，而盛于五代。经统计，吴越国向中原上贡秘色瓷器的次数至少有 9 次（详见

---

① 杜石然等：《中国科学技术史稿》，科学出版社 1982 年版，第 334 页。此图在 1907 年被英国人斯坦因带走，现藏于大英博物馆。

② 以上参见蓝春秀：《浙江临安五代吴越国马王后墓天文图及其他四幅天文图析》，《中国科技史料》1999 年第 1 辑；伊世同：《最古的石刻星图——杭州吴越墓石刻星图评介》，《考古》1975 年第 3 期；伊世同：《临安晚唐钱宽墓天文图简析》，《文物》1979 年 12 期。

第六章所列吴越国进贡中原王朝表），被记载为“金棱秘色瓷器”“金银棱瓷器”“秘色瓷器”（瓷器，古代又作磁器）等，虽然表述不一致，但可知吴越国用于上贡中原的瓷器基本为秘色瓷，且部分秘色瓷还采用金银釦工艺。

这种秘色瓷，考古工作者在陕西法门寺和五代吴越国王及其亲属的墓葬中多有发现，主要出产于浙江慈溪一带。2015 年以来，浙江省文物考古研究所等单位在浙江慈溪市桥头镇上林湖中部发现了后司岙窑址，编号 Y66。这里是上林湖越窑遗址的最核心位置，出土了一批秘色瓷及瓷质匣钵，发现了约 30 种秘色瓷，被确定为晚唐五代时期秘色瓷的最主要烧造地。

从历年调查的情况来看，产品中秘色瓷比例高，质量精，种类丰富，是晚唐五代时期秘色瓷的最主要烧造地。这里出土晚唐五代秘色瓷的产品种类相当丰富，以碗、盘、钵、盏、盏托、盒为主，亦有执壶、瓶、罐、碟、炉、盂、枕、扁壶、八棱净瓶、圆腹净瓶等，每一种器物又有多种不同的造型。许多器物为首次出土，不见于公私博物馆馆藏与历年来的考古出土品中。[①] 钱元瓘墓中出土的青瓷，有肩腹上浮雕双龙的大瓶、划花壶、方形盘等，晶莹滋润，华丽异常。又如临安区钱宽夫人水丘氏墓中出土的青瓷熏炉，形制端丽，通体绘褐彩云纹，安装虎头兽足，这种制作精

浙江杭州五代吴越国钱元瓘墓出土的青釉蟠龙罂（引自宿白主编《中华人民共和国重大考古发现》）

① 郑建明：《秘色瓷的发现历史》，《东方收藏》2018 年第 1 期。

致的青瓷即使在唐代越瓷中也是少见的。现列举几件浙江省博物馆、临安博物馆珍藏的五代越窑精品。

越窑青瓷钵：1971 年临安板桥吴越国钱氏王族墓出土。高 8.8 厘米，口径 19.8 厘米，底径 8.4 厘米。口微敛，卷唇，折腹斜收，平底。通体施青绿釉，釉面晶莹润泽。

越窑青瓷蟠龙罂：钱元瓘墓出土。高 30 厘米，口径 10.6 厘米，底径 14.2 厘米。敛口，圆肩，深鼓腹，圈足外撇。肩、颈部安对称双股双复系。肩腹部浮雕双龙戏珠纹，龙身刻鳞纹，旁缀云纹。胎质青灰，细密坚致。通体施青绿色釉，釉层匀净润泽。龙瓶的造型浑厚，器物出土时龙身处残附三小片涂金，印证了古文献中“金银饰陶器”和“金棱秘色瓷器”的有关记载。

越窑青瓷带盖执壶：康陵出土。高 11.4 厘米，口径 4.4 厘米，足径 7.6 厘米。带盖，直口，长颈，圆鼓腹，矮圈足略外撇。肩部置长弧形流，与流相对的一侧是扁泥条近倒“U”字形把。盖为子口，宽沿，浅弧盖面，圆柱状纽。灰白色胎，胎质细腻坚致。通体施天青色釉，釉层薄而均匀，釉面莹润，足底有泥点垫烧痕迹。

越窑青瓷敞口盆：康陵出土。口径 20.9 厘米、底径 7.6 厘米、高 6.8 厘米。敞口，宽沿略下斜，深腹斜弧收，平底略内凹。灰白色胎，胎质细腻坚致。通体施天青色釉，釉层薄而莹润。外底有多个泥点垫烧痕迹。

越窑青瓷盖罐：康陵出土。高 15.6 厘米，口径 4 厘米，足径 6.6 厘米。直口，短颈，溜肩，四弧棱形长圆鼓腹，平底，矮圈足略外撇。肩部有纵向三泥条形系一对。头盔形盖，宝珠钮，盖缘一侧有两个小圆形镂孔。灰白色胎，天青色釉，釉层薄而均匀。

越窑青瓷唾壶：康陵出土。高 9.8 厘米，口径 16.8 厘米，足径 6.6 厘米。大盘口，束颈，扁圆鼓腹，矮圈足略外撇。灰白色胎，天青色釉，釉层薄而均匀，釉面莹润。

越窑青瓷盏托：康陵出土。高 6.7 厘米，口径 7.6 厘米，足径 6.9 厘米。喇叭形高托柱，大盘形盏，下承喇叭形圈足，中空。灰白色胎，天青色釉，釉层薄而均匀，釉面莹润。

越窑青瓷粉盒：康陵出土。通高 3.4 厘米，口径 8.3 厘米，底径 5.8 厘米。子母口，尖圆唇，浅直腹，下腹弧收成小平底。盖面平，盖壁略直，盖面与盖壁间有细凹弦纹一道。灰白色胎，天青色釉。

越窑青瓷倭套盒：康陵出土。高 6.7 厘米，口径 13.8—14 厘米，足径 14.3 厘米。方形倭角，子母口，锐唇，浅盘，直壁，盘壁作须弥座状，壁内中空，下层每面有两个如意云形镂孔，孔外框以凸莲花纹。灰白色胎。天青色釉，釉面莹润。[①]

越窑青瓷虎形枕：残高 9 厘米。枕面呈倭角长方形，中间凹弧，两侧向上弧翘，一侧已残。枕座呈俯伏状虎形，眉眼低垂，双耳下耷。尾卷至腹部一侧。椭圆形底足，中空。盖面饰海涛纹，虎身通体刻画细毛。釉色青绿纯正，胎质细而呈灰白色。

从以上列举的五代越窑瓷器中，可见吴越国制瓷技术的高超，已达到了当时青瓷制造的最高水平。有学者总结五代时期的越器，具有以下几种特点：（1）就色釉来说，从初期青中带有微黄的一种不成熟的还原色调，已经改进为一泓清漪的湖绿色，釉层很薄，而且比较匀净，比之唐代青釉有极大的进步，这为后来宋代的青瓷打下了基础；（2）就器物纹样来说，唐代越器的纹样草率而简单，五代越器的纹样则有多种多样；[②]（3）就器物形制及其装饰来说，越器至五代而有雕瓷、镂空、开光的手法。例如鸽形的有盖瓷盒，是一件非常突出的作品，盖上有浮雕的狮与凤、镂空的花与草，以及人物的局部画像。[③]从以上三点可知，五代越器的烧造具有卓越成就。[④]

① 杭州市文物考古研究所、临安文物馆编著：《五代吴越国康陵》，文物出版社 2014 年版，第 70—84 页。

② 陈万里：《越器图录》“自序”，中华书局 1937 年版，第 3—4 页。

③ 陈万里：《中国青瓷史略》，上海人民出版社 1962 年版，第 12 页。

④ 祝慈寿：《中国古代工业史》，学林出版社 1988 年版，第 384 页。

三、建筑技术

吴越国是浙江历史上建筑业大发展的时期。其时建筑业的大发展主要表现在城垣、宫室、台馆和寺观佛塔的大量兴建。

（一）海塘建造

吴越国的建筑技术突出体现在钱镠所筑的捍海塘上。唐末五代之初，杭州湾钱塘江“江挟海潮为杭人患，其来已久”[①]，“堤岸冲啮殆尽。自秦望山东南十八堡数千万亩田地，悉成江面，民不堪命”。针对这一地理形势，钱镠于吴越天宝三年（后梁开平四年，910）八月，发动20万民工，在候潮、通江门之外开始兴工修建“捍海石塘”[②]。此次修建海塘，整个工程从八月开始，只花了两个月时间即告完成。海塘自六和塔至艮山门堤长338593丈，用钱10944缗，世称“钱氏捍海塘”或“钱氏石塘”，并与万里长城、大运河一起被称为中国古代的三大建筑工程。

钱氏捍海塘的原始面貌长期不为人所知，直到1983年初，杭州市南星桥凤山道口附近的江城路立体交叉桥施工现场发现了其中一段钱氏海塘遗迹，才使这一伟大的历史工程重见天日。此次出土的海塘遗迹，与文献记载基本相符。从这次考古发掘看，钱氏捍海塘是用石头、竹木和细沙土等材料筑成的。海塘基础宽25.25米、面部宽8.75米、残高5.05米，属“竹笼石塘”结构而非当时常见的“版筑之法”。整个海塘由扎实稳固的基础、立于水际的巨大“滉柱”和建筑讲究的塘面保护层三部分构成。基础由护基木桩、“竹笼沉石”等设施组成。基础的内侧是一排护基木桩，用拉木套接加固。护基木柱排列密集，间距很小。柱高2米、直径0.2米左右，柱尖削成圆锥状，紧贴泥塘斜向打入塘基。在木柱向泥塘一侧，紧贴一道竹篱笆，篱笆上还附贴一层芦苇草席。笆长3.8米、高1.1米左右，竹笆用竹篾编织的辫绳捆缚于护基木桩

① 《咸淳临安志》卷三一《山川十 · 捍海塘》，《宋元方志丛刊》，第3645页。

② 《钱氏家乘》卷一〇《古迹·筑钱塘》，第202页；〔五代〕皮光业：《吴越国武肃王庙碑铭》，《全唐文》卷八九八，第4155—4158页。

杭州江城路吴越国捍海塘考古发掘现场（原刊《杭州文物精萃》）

盛放石块的大竹筐（原刊《文物》1985年第4期）

上。在护基木桩的上部还缚扎一根横木，这根横木将一根根护基木桩连成一体。横木和护基木桩也用竹绳缚扎，每扎一道都用一根细长木棍绞紧。护基木桩每隔2米左右，用一根长约3米的拉木加固。护基木桩经过这样加固，可以避免松软地基承重受压向外挤开。基础的外侧既要解决因松软地基承重受压而向外挤开的问题，又要防止潮汐冲击塘岸引起倒塌，因而其建筑结构远较内侧复杂。外侧基础由四排护基木桩、置于这四排护基木桩间的“竹笼沉石”以及护基木桩外的“竹笼沉石”等部分组成。第一，四排护基木桩之间是一只只矩形大竹筐，盛满巨石。筐长3米、宽2.5米、高1.5米左右。筐的四角均用一根直径0.1米左右的木桩固定，在筐的内面用竹筋纵横缚扎夹住。第二，三排护基木桩插在筐内，并用竹绳和纵向框木相绑，以起到固定位置的作用。上述设施再用长达8—9米的大木拉住加固。外侧四排护基木桩中的第一、二、三排垂直打入塘基，而第四排是斜向打入塘基，向内倾斜角为15°左右。桩木由里向外逐渐加长变粗，第一排木柱高2米上下，第三排则在3米左右，这三排木桩排列稀疏，桩木直径都不超过0.25米；而第四排护基木桩粗大，

塘基础内侧护基木桩（原刊《文物》1985年第4期）

杭州江城路吴越国捍海塘巨木捆扎细部（原刊《杭州文物精萃》）

五代吴越国捍海塘遗址出土的木桩（浙江省博物馆藏）

高度在5米以上，直径0.3米左右，排列密集，间距和里侧护基柱相同。[①]

关于“滉柱”的情况，文献记载说法不一。据沈括《梦溪笔谈》的记载，钱塘江在吴越国时曾筑石堤，堤外立大木桩十余行，称为“滉柱”（这种滉柱是用来保护堤防、减少潮水的冲击，现在一般叫“深水桩”）。宋仁宗宝元、康定年间（1038—1041），曾有人提议拔掉滉柱，可得几十根上好木料。当时杭州的地方长官觉得很有道理，便下令拔木取材。结果发现这些木桩都已经腐朽了，没什么用处；但石堤因为缺少了滉柱的保护，从此以后便受潮水直接冲激，不断塌陷。沈括说，当初吴越国人埋下木桩，本来就是为了消

① 以上据浙江省文物考古研究所：《五代钱氏捍海塘发掘简报》，《文物》1985年第4期。

减潮水的势头，避免潮头直接冲击大堤。因为有滉柱的保护，尽管一百多年来受潮水冲击，但大堤安然无恙。杜杞担任两浙路转运使时，有人建议在浙江税场以东一带，将大堤后移几里，做成“月堤”（大概是一种呈月牙形的弯堤，筑在大堤之外以保护大堤）。很多水工都同意兴筑月堤的意见，只有一个老水工不以为然，悄悄对同伙说，修筑月堤之后不会再有水患了，我们这些人还靠什么生活呢？那些同伙觉得对自己有利，都附和他的说法。转运使杜杞不知他们的奸计，没有修筑月堤，而将大批的钱财花在原来的大堤上，因此潮水的祸害仍年年不断，未彻底解决。沈括在写《梦溪笔谈》时，杭州又开始认识到月堤的好处了，江涛之害减轻了许多，但沈括认为月堤终究不如滉柱好，只是因为修造滉柱费用太大，所以一直没有修复。[①]

考古中发掘的“滉柱”排列错落有序，杜距 1 米左右。“滉柱”是海塘所用桩木中最粗大的，长度超过 6 米，直径不下 0.3 米，稍细的两根并立。在离塘岸的水际植打“滉柱”，既可以抗击潮水的冲击，又可以使潮水带来的泥沙在这里迂回沉积，起到保护海塘的作用。

钱氏捍海塘的内外坡保护层由于其功用和性质不同，采用了不同的建筑方法。内坡的保护层大部分用含铁量较高的砂石和带炭屑的炉渣状物质筑成，这种含铁量较高的物质遇到盐分氧化板结，形成坚硬牢固的保护层，厚度一般在 0.1 米左右。局部地方，保护层用黏黄泥筑打而成，厚度与此相当。这一植面保护层对保护塘沙、避免雨水冲刷流失，起到良好的作用。塘外坡是迎水面，它要迎接巨大浪潮的冲击。钱氏捍海塘系用抛石护岸的办法，即在培土筑塘的过程中，外侧铺上一层厚厚的石块，形成石头护塘面。海塘的顶面因被北宋堆积扰乱破坏，没有发现类似的加工层，但从海塘内坡面和整座海塘建筑讲究的情况看，塘顶面原来也应有与内坡相同的保护面。据估计，钱氏捍海塘的筑塘步骤和过程大致如下：第一步，先在塘基外线打下大木桩作为基桩，内外两侧同时进行。外侧先在拟放矩形竹笸的地方铺上竹簟，将

① 〔宋〕沈括著，胡道静校证：《梦溪笔谈校证》卷一一《官政一》，上海古籍出版社 1987 年版，第 429—430 页。

护基木柱和“滉柱”打入塘基和离岸的水中，然后套装“竹筐沉石”，编制“竹笼沉石”，缚扎竹篱笆，连接拉木，形成一个互相牵连的整体；内侧则是先打桩，然后将桩周围的土挖去一部分，形成一条工作槽，再缚扎竹笆，扎“位林木”，连接拉木。第二步工作是挑土筑塘，抛石护岸。最后是塘面的加工。[①]

据专家研究，这种用“石囤木桩法”修建的海塘，其抗御潮击的能力远远超过之前的泥塘，有效遏制了江潮的冲刷。这种竹笼填石与滉柱相结合的筑塘固塘方法，是中国海塘修建史上的一次重大突破，是海塘技术史上一次质的飞跃，标志着我国筑塘技术进入到一个新的历史阶段，具有划时代的意义，堪称当时世界上最先进的海塘施工法。史载“筑塘以石，自吴越王始”[②]，足见其对后世海塘修筑的巨大贡献。当然，钱氏捍海塘修成之后，并非一成不变，在宋时即“辄坏而复理”[③]，但这种建筑结构及其相应的措施，长期为后代所利用，直到元代才被“木柜石塘”所取代。

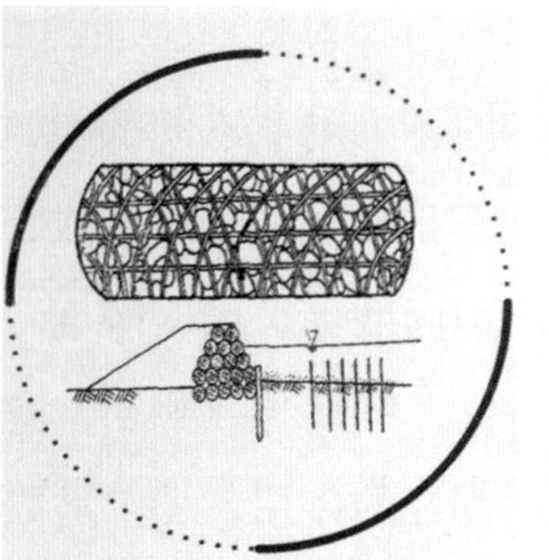

五代吴越国竹笼石塘示意图（浙江省博物馆）

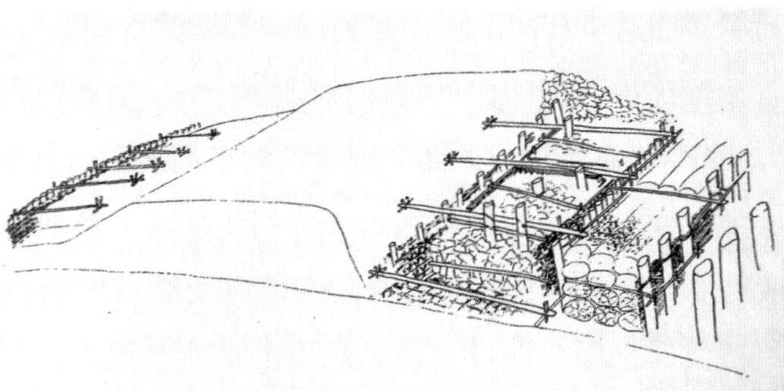

五代吴越国捍海塘示意图（引自《五代钱氏捍海塘发掘简报》，《文物》1985 年第 4 期）

① 参见王国平总主编、徐吉军主编：《钱塘江通史》第一卷，杭州出版社 2023 年版，第 497—500 页。

② 〔清〕《两浙海塘通志》卷二〇《艺文》，王国平总主编：《钱塘江文献集成》，第 3 册，杭州出版社 2014 年版，第 305 页。

③ 〔宋〕李焘：《续资治通鉴长编》卷八二“宋真宗大中祥符七年五月壬辰”，中华书局 1985 年版，第 1874 页。

据学者研究，钱氏捍海塘的技术创新包含四项内容。其一是筑堤的材料是用竹笼装载巨石，再用巨大的木材使其就地定位，这种修筑方法与都江堰宝瓶口的修筑方式如出一辙，而与普通的堤坝则大不相同，它不是实心坝，而是潮水和海水都可以穿行的乱石坝。正因为汹涌的海潮可以穿过坝体，因而海潮的冲力在坝的前方得到了极大的削减，从而减轻了海潮对坝的冲力，确保堤坝修成后可以长期保持牢固。其二，在堤的后背，不是直接接触需要保护的农田，而是沿着江岸留下了2丈9尺宽的空地作为缓冲。在涨潮时可以积满海水，因而称之为塘。这也与普通的江堤河堤修筑不同。其目的是留下一个极大的缓冲带，以容纳过量的海水，避免涨潮时的巨量海水直接冲刷被保护的农田。能够意识到这一修补办法的必要性，显然是当地民众常年与海水拼搏的经验总结，绝不是内陆居民可能凭空想象出来的技术措施。单这一点，就足以证明钱氏所依托的社会文化，显然没有照搬传统经验，而是在特定的文化背景下做出了不同寻常的创新。其三，这样修筑的堤塘结构并不是封闭的储水塘，而是以江流和大海连为一体的互通水域及文中所说的按神禹之古迹，考前人之治堤，具水仍导入海。等海潮退去后，储积在塘中的水要彻底排入江海，形成空地，以备迎接下一次的海潮光临。虽然说是按照神禹之古迹，但就实质而言他与大禹治水有本质的区别，不是将汹涌的降水导入堤内，而是利用海潮的落差发挥缓冲水势的作用，因而这也只能是滨海民众才可能想出的创新之举，内地汉族居民断然不可能做出这样的创意。其实用巨木为桩加固海堤，这样的技术措施与内地江河堤塘的修筑也大不一样，这些木桩都是打在河床的水陆交界面，涨潮时要浸泡到海水中，退潮后又会全部露出地面，凭常理推测似乎很易腐烂，难以做到长年稳固。殊不知，在海陆交错地带，木桩的表现会与陆地上大不一样。这是因为海水和河水的交错作用以及木材的不断水侵和不断晾干，内河生长的河水生物和海里生长的生物都不能在这些木桩中壮大群落，这才使得看似容易腐烂的木材，一旦这样利用后，反而能够确保百年不毁。这同样是滨海居民才可能积累起来的本土生态知识和特有技术。钱氏只不过是能够将这些滨海居民的特有知识和技术融会贯通罢了。由此可见，修堤的成功，不仅是特定社会文化的产物，也是当地民众智慧的结晶。[①]

（二）佛塔建造

佛塔作为珍藏舍利和佛经的处所，是一种佛教设施；作为建筑物，则是一种特殊的高层建筑。清代著名学者朱彝尊《曝书亭集》在概括五代十国的佛教建筑时曾说："寺塔之建，吴越武肃倍于九国。"[②]吴越国寺塔建设众多，就宗教信仰而言，固然反映了佛教的兴盛；就建筑而言，则反映了吴越国建筑业的繁荣和建筑技术的发展。

吴越国时期的佛塔建筑，浙江境内现存的具有代表性的有临安功臣塔，义乌双林东铁塔，杭州应天塔（保俶塔）、六和塔、白塔、灵隐寺双石塔，台州瑞隆感应塔，黄岩灵石寺塔，安吉灵芝塔、温州宝胜寺双塔等。江山缸甫底现存清代重建的百祐塔，可能也创建于吴越国时期。此外，今日苏州虎丘山上的云岩寺塔、上海龙华寺塔，都是吴越国时期建造的。

临安功臣塔，位于临安区锦城街道功臣山（原名大官山）山巅，因山得名，大约创建于后梁乾化五年、贞明元年（915），为现存吴越国时期最早的佛塔。因钱镠镇压黄巢起义，又讨平了董昌叛乱，唐昭宗以钱镠有功于唐，下诏改大官山为功臣山。梁乾化五年（915），钱镠亲巡衣锦军，舍功臣堂为功臣寺，建功臣塔大概就在这一年。功臣塔为砖砌筒形结构，平面方形，立面自下而上逐层收缩，无塔心柱，轮廓比较缓和，继承了唐塔的遗制。塔为四面五层仿木结构楼阁式砖塔，由基座、塔身、塔刹组成，通高 25.12（一作 25.3）米。基座用青砖直接砌筑在岩石上，方形，直壁，边长 5.36 米，高 0.44 米。塔身分为五层，高 22.06 米。各层均由平座、正身和腰檐组成，每面隐出两个槏柱，将每面划分为 3 间，当心间辟门。正身每面隐出转角倚柱、槏柱、地栿、腰串、阑额及重拱，正中均设壶门，门内通道顶部设藻井，以叠涩法砌成穹窿顶，

① 刘闯：《与潮水的抗争——从钱镠"射潮"看五代时期杭州地区居民的生存环境》，《原生态民族文化学刊》2014 年第 6 卷第 4 期。

② 〔清〕王士禛、郑方坤：《五代诗话》卷一《吴越王钱镠》，《五代史书汇编》，第 2646 页。

一二层为八角形，三四五层为方形。塔檐用叠涩手法伸出。其中一、二、三层各配置斗拱两朵，为五铺作单拱造。又设平座（廊子），也用叠涩手法伸出，但是浅不实用，其下也各配斗拱两朵，为四铺作。门内甬道顶上饰有八角形藻井，用平砖叠涩作收缩。塔壁厚 1.26 米。塔内空心，上下直通，塔壁厚 1.26 米（底层）。原有楼，现无存。塔顶装置覆钵、宝匣、宝瓶、刹杆，均为生铁铸造。功臣塔是吴越国所建诸塔中仅存的砖木混构方塔，1982—1984 年全面维修，2001 年公布为全国重点文物保护单位。①

保俶塔，在杭州市西湖区北山街宝石山巅上，原名应天塔，又称保叔塔、宝所塔、宝石塔，塔旁原有崇寿寺。其创建历史，各书所载不一：《西湖志》云，吴延爽请东阳善导和尚舍利，建九级宝塔于崇福院；《武林梵志》云，吴越相吴延爽于崇福院内建九级浮图，名应天塔；《涌金小品》云，钱弘俶奉宋太祖之召去京师，百姓思望，乃筑塔，名保俶；《霏雪录》云，原名宝所，俗误保俶；《西河清话》云，保叔者，宝石之讹，盖以山得名。吴延爽

临安功臣塔

临安功臣塔内景

（引自《杭州文物精萃》）

① 以上参见《浙江通志》卷九〇《文物志》，第 190—191 页。

为吴越国王钱弘俶母舅，曾任都指挥使，兄弟五人于宋初建隆元年（960）因谋乱而被放逐外郡。所以建塔时间应在吴越国后期、建隆元年之前，其时钱弘俶当未进京。该塔既为吴延爽安置东阳善导和尚舍利而建，按照《三藏法数》卷二七所谓“感即众生，应即佛也。谓众能以圆机感佛，佛即以妙应应之，如水不上升，月不下降，而一月普现众水”，可能“应天塔”为其始名，此名与清乾隆十四年（1749）于塔下所发现的造塔记碑文中“感应舍利”之说亦可相符。其余“宝石塔”应为俗名，“保所塔”“保叔塔”为后起之名，“保俶塔”则为讹传。[①] 该塔原为砖木混合结构楼阁式塔，九级，可登临。宋咸平（998—1003）中改为七级，以后几经毁建，已非原来面目。现塔于民国二十二年（1933）重修，1996—1997 年维修。八面七层，仿木结构楼阁式，砖砌、实心，由塔基、塔身、塔刹组成，通高 45.3 米。台基条石砌筑，边长 6.65 米。塔基高 1.98 米。塔身砖砌，底层边长 3.26 米，逐层向上收分，层高随之递减，至七层顶部转为圆形素身。每层八面皆辟格扇式实心窗，转角处砌出圆形倚柱。挑檐极浅，与平座同施平身科、角科，皆为一斗三升扶壁拱。塔身第一层北面嵌有民国《重修宝石塔记》碑。塔顶置铁铸塔刹，高 10 米。[②] 保俶塔为西湖胜景标志，有“保俶如美人，雷峰如老衲”之称。

白塔，在钱塘江北岸、杭州市上城区南星街道闸口的白塔岭上。吴自牧《梦粱录》卷一五《僧塔寺塔》载：“龙山儿头岭，名白塔岭，岭有石塔存焉。”建于吴越国末期，塔身上刻有“乾德三年乙丑岁六月庚子朔十五日甲寅日天下大元帅吴越王钱俶建”29 字。白塔用白色湖石雕刻砌筑而成，仿木构楼阁式，外观八面九层，通高 14.4 米，由塔基、塔身（含平座、腰檐等）、塔顶（含塔刹等）组成。逐层收分，出檐深远，造型挺拔秀丽。塔基雕刻“九山八海”。须弥座束腰刻佛经。塔身九层，每层均由平座、正身和檐子三部分构成。每面设倚柱、兼柱，分成三间，明间辟壶门，雕实榻大门，上部设棂窗，阑额上刻七朱八白。塔身上浮雕佛、菩萨和经变故事，共有造像 140 尊，

① 施莫东主编：《西湖志》卷九《塔幢·保俶塔》，上海古籍出版社 1995 年版，第 462—466 页。
② 以上参见《浙江通志》卷九〇《文物志》，第 190 页。

形象生动。平座和塔檐均施斗拱，塔檐椽飞、瓦陇，檐口勾头滴水，翼角角梁、脊饰，雕刻精细。塔顶置铁铸塔刹。这种八边形楼阁式型肇始于吴越国，是现存五代吴越末期仿木构塔建筑中的精品，在当时北方是很少见到的。1988 年，闸口白塔被公布为全国重点文物保护单位。[①]

闸口白塔旧影

六和塔，位于钱塘江岸月轮山南侧。此地原为吴越国国王的南果园，有仁王院。后梁开平五年（911），钱镠于仁王废院掘地得大钱，以为瑞应，因建大钱寺，设宝幢二座于寺门。北宋开宝三年（970），钱俶命智觉禅师在园址造塔。“六和”一词是从佛经里来的，所谓“身和同住，口和无争，

清末的六和塔

宋代六和塔复原图（梁思成绘）

① 以上参见《浙江通志》卷九〇《文物志》，第 189 页。

意和同悦，戒和同修，见和同解，利和同均”，又名“六合塔”，六合是指天、地、东、南、西、北的意思。塔“高九级，五十余丈，撑空兀突，跨陆俯川，海船夜泛者，以塔灯为指南焉”，“塔下为龙山渡、鱼山渡，隔岸剡中诸山，历历可数”。[①] 相传以镇江潮。吴越国时期，钱塘江上交通频繁，塔上明灯高照，成为夜航的“灯塔”。每年八月中秋，钱塘江潮水澎湃，六和塔也是观潮的好地方。

南塔，其地有寺，称南塔寺[②]，在杭州城南柳浦以西凤凰山东麓。南塔之建，与吴越国著名造塔匠师喻皓有关。宋沈括《梦溪笔谈》云：“钱氏据两浙时，于杭州梵天寺建一木塔。方两三级，钱帅登之，患其塔动。匠师云：‘未布瓦，上轻，故如此。’乃以瓦布之，而动如初。无可奈何，密使其妻见喻皓之妻，贻以金钗，问塔动之因。皓笑曰：‘此易耳！但逐层布板讫，便实钉之，则

民国佚名绘《西湖雷峰塔》

① 《咸淳临安志》卷八二《佛塔·六和塔》，《宋元方志丛刊》，第 4118—4119 页；《西湖游览志》卷二四《浙江胜迹·六和塔》，第 295—297 页。

② 北宋治平间改寺名为梵天寺，塔亦因此名为梵天寺塔。

不动矣。’匠师如其言，塔遂定。盖钉板上下弥束，六幕相联如胠箧，人履其板，六幕相持，自不能动。人皆服其精练。”[①] 这就是喻皓著名的“六幕相持”论。

与南塔相呼应，吴越国于后唐天成四年（929）在杭州城北还建造了北塔，“一如城南之制”。[②]

雷峰塔，在南屏山雷峰上，据《咸淳临安志》卷八二记载，“郡人雷氏居焉”，因而得名。但经卷题记有“舍入西关砖塔”，可见本名为西关砖塔（西关在今长桥附近）。大约宋开宝八年（975），吴越王钱俶建雷峰塔，又称王妃塔（据雷峰塔地宫出土的钱俶手书《华严经跋》，称皇妃塔）。因其地植黄皮木，后人又叫“黄皮塔”。据《吴越王钱俶记》载此塔“始以千尺十三层为率，爰以事力未充，姑从七级”[③]。以砖石为心，外建木构楼廊。明嘉靖间（1522—1566），倭寇入侵，雷峰塔被毁，民国十三年（1924）9月25日下午1时40分雷峰塔突然倒塌。2000—2001年，为配合雷峰塔重建工程，浙江省文物考古研究所对雷峰塔遗址进行两次考古发掘，揭露面积达4000平方米。雷峰塔的塔身建在塔基上。塔基主体为八角形生土台基，每边置方形石础4个，外缘包砖砌石，对径近43米，高出地面1.2—2.5米。东侧的塔基基座为双重石砌须弥座，石面上雕刻象征佛教“九山八海”的须弥山、海涛和摩羯等图案。西侧因地势较高，为单层须弥座。塔基的东、西两侧居中位置设有踏步以登副阶。地宫居于塔心室中央，掩埋在地坪下2.6米深处。为方形竖穴式，边长0.6米、深0.72米，四壁及底部用砖砌成，外表涂石灰。地宫口用边长0.92米、厚0.13米的方形石灰岩盖板封顶，在上面覆盖0.3米厚的堆土和边长1米、厚0.3米的顶石，顶石上面再覆盖回填土及夯土，整个地宫密封程度良好。地宫内出土文物共51件（组），铁函居中，它的下面

① 〔宋〕沈括：《梦溪笔谈》卷一八《技艺》，胡道静：《新校正梦溪笔谈》，中华书局香港分局1975年版，第186—187页。

② 《吴越备史》卷一《武肃王》，《五代史书汇编》，第6216页。

③ 《咸淳临安志》卷八二《佛塔·雷峰塔》，《宋元方志丛刊》，第4118—4119页。

雷峰塔地宫遗址

及与砖壁的空隙处堆放大量铜钱和多种质料的供养品。紧贴西北壁放置一尊高大的鎏金铜坐佛，其余三壁粘贴鎏金小铜佛、毗沙门天王像。其他出土物还有鎏金银腰带、银臂钏、铜镜、漆镯、贴金木座以及玉、玛瑙、琉璃等象征“七宝”的小件装饰品。铜钱共有3000多枚，近30个品种，最早的为西汉“半两”，最晚者为“宋元通宝”，以“开元通宝”居多，有鎏金、鎏银的，还发现一枚玉质“开元通宝”。铁函内放置鎏金镂空银垫、盒、阿育王塔、腰带等金银器及玻璃瓶、方形铜镜等。此外，地宫内还发现许多经卷、丝织品等残片，在西北壁砖缝间还发现鎏金银钗和“开元通宝”等。发掘中见到，有的塔砖上模印有“辛未”“壬申”等纪年文字。由它们的出土状况推断，雷峰塔的始建年代在壬申年（开宝五年，972）或稍后。地宫的营建时间也不会晚于公元972年，上限为辛未年（开宝四年，971）。雷峰塔遗址及地宫的考古发掘，为研究五代时期佛塔形制、地宫构造、寺院布局，了解吴越国末期的历史背景、佛教文化、工艺水平等提供了不可多得的第一手资料。尤其是雷峰塔地宫的发掘，弥补了五代十国时期佛塔地宫考古的空白，对研究唐宋时期地宫及舍利埋藏制度的演变、南北方地宫形态结构的差异等问题具有重要价值。①

义乌双林铁塔，位于义乌市佛堂镇寺前街村双林寺西侧。双林寺由傅大士于梁普通元年（520）建造，至唐代已名扬天下。约在五代吴越国中期，当地人朱禄捐资铸造两座铁塔，均为八面五层仿木结构楼阁式，通体用生铁采用分铸法铸造而成，是我国现存最早的铁塔之一。塔成以后，朱禄又以余铁铸十八罗汉分授子孙，并于五代后周广顺二年（952）撰成《铁罗汉记》一文。

① 浙江省文物考古研究所：《杭州雷峰塔五代地宫发掘简报》，《文物》2002年第5期。

义乌双林寺铁塔

以后双林寺屡经毁建，但铁塔依然屹立。清康熙二十二年（1683），铁塔因地陷倾斜，寺僧扶直如初。现铁塔仅存一座，残塔塔身两层，有塔座、钩栏、塔身、腰檐、塔顶等，高约2.20米。塔周设单钩栏，由望柱、蜀柱、地栿、华板、云拱、盆唇、寻杖组成。塔基须弥座，三层重叠、铸为一体，逐层收缩成台阶形，满铸“九山八海”。塔身存两层，第一层塔身八面，其中四面设壶门，隔间上下层错开。四面辟假窗，另四面无假窗而铸造出佛教纹样，檐下出铺作。塔身按二三排列，铸有人物、动物、佛像、花卉、水波等图案，其中佛像为36尊；第二层亦八面，每面按四三排列，铸有佛像96尊。各层每面塔身上设额枋、斗拱。斗拱与斗拱之间各设佛像一尊，二层斗拱之间共设佛像64尊。各层每面转角倚柱上铸有盘龙两条。塔檐作羽状飞檐。瓦当作罗汉脸谱。塔基座为三层，呈须弥座，铸有人物、楼阁、动物、花卉和象征“九山八海”的山峰、海浪图案。除局部生锈外，塔仍乌黑发亮。它体现了吴越国匠人高超的铸造技艺。1990年迁至双林寺，并建石亭保护。[①]

灵芝塔，位于安吉县递铺街道马家村南永安禅院内，现寺毁塔存。塔建于五代吴越国时期，为八面十层叠涩檐仿楼阁式砖构实心塔，通高22.46米。塔身各层逐渐向上收分，结构相同，均由平座、塔壁、腰檐等组成，每面中部设壶门。塔刹相轮式。目前该塔保存完整，是浙江省境内现存最早的古塔

① 以上参见《浙江通志》卷九〇《文物志》，第191—192页。

之一，脊上用瓦条垒置陶脊兽较为罕见，为研究吴越国时期古塔建造艺术提供了重要案例。

灵石寺塔，位处黄岩灵石山下。根据塔砖“乾德三年”铭文，当建于吴越国晚期。该塔为砖木结构楼阁式塔，通高6层，平面六角形。塔身逐层收分。每面明间辟壶门形龛，内供佛像。龛旁有方形断面槏柱，将各面分为三间。转角处置六边形倚柱，柱头之间以阑额作联系构件。各层均有砖叠涩腰檐，层层挑出。腰檐之上，再用砖叠涩出平座。从第三层起，阑额上施补间栌斗，而无其他斗拱。每层塔身、腰檐、平座等结构形式基本一致。塔顶叠收、塔刹已毁。[①]

五代小石塔

上述现存佛塔，分别代表了吴越国各个时期的佛塔建筑，也反映了吴越国楼阁式塔建筑承唐开宋的历史传承。五代吴越国初期，出现了砖木混合结构的筒状楼阁式塔，平面方形，立面略呈梭形，并有木构腰檐和平座，其典型实例为临安功臣塔；往后，大约五代吴越国中期，出现了平面八边形楼阁式塔，其典型实例为义乌铁塔；再往后，到五代吴越国末期，砖木混合结构的八边形楼阁式塔处于完全成熟阶段，而且成为主流。其形制有单筒式和套筒式两种，前者如应天塔（保俶塔），后

① 浙江省文物局编：《文物考古资料》，第1册，第93—94页；台州地区文管会、黄岩市博物馆：《浙江黄岩灵石寺塔文物清理报告》，《东南文化》1991年第5期。

者以后周显德六年（959）所建苏州虎丘山云岩寺塔为最早，塔身八边七层，高 47.5 米，塔体分为外壁、回廊、内壁、塔心室数重，即套筒式回廊结构。浙江境内六和塔亦沿用其制；与砖木混合结构的八边形楼阁式塔成熟并流行的同时，小型楼阁式塔其平面开始采用六边形，典型实例如黄岩灵石寺塔。这种佛塔形制对后世产生了很大影响，并且在大约北宋中期的时候成为主流。[①]

此外，吴越国还兴建了许多经幢。浙江境内吴越国所建的经幢，至今尚存的有杭州梵天寺经幢、灵隐寺经幢等。这些吴越国经幢的建筑，形制繁复，雕造精密，不仅体现了佛教的庄严，同时也是难得的艺术珍品。

梵天寺经幢

灵隐寺大雄宝殿前的东西石塔

梵天寺塔位于杭州市上城区凤凰山麓的梵天寺，大约创建于后梁贞明二年（916）。宋代钱俨《吴越备史》载：后梁贞明二年（916）十二月，钱镠命惠州防御使弟铧率官吏、僧众诣明州鄮县阿育王寺，迎释迦舍利塔，归于

① 王士伦：《寺塔之建　倍于九国——兼谈喻皓》，《吴越首府杭州（修订版）》，第 122 页。

府城，仍建浮图于城南以致之。浮图凡九层八面，高三百七十尺，中外皆通旋绕，其制度形势皆出王之心匠焉。[①]后周显德五年（958），该塔毁于城南火灾。北宋乾德三年（965），钱俶重建南塔寺，并建造了石经幢两座。治平年间（1064—1067），南塔寺改梵天寺，经幢由此得名。双幢南北对峙，相距13米，南幢高14.99米，北幢高14.87米，形式、结构近同。经幢由基座、幢身、腰檐、短柱层及幢顶五部分组成。基座为须弥座式，雕九山八海、覆莲、蟠龙、菩萨造像等。其上八角幢身，南幢身刻“大随求即得大自在陀罗尼神咒经”，北幢身刻“大佛顶陀罗尼经”，南、北幢均刻吴越国王钱俶《建幢记》。经幢碑文开首云“窃以奉空王之大教，尊阿育王之灵纵，崇雁塔于九层”，末署“乾德三年乙丑六月庚子十五日立，天下大元帅吴越国王钱俶建”。碑文“空王”乃佛之异名，《圆觉经》有云：“佛为万法之王，又曰空王。”幢身上覆置幡盖、腰檐，檐下施七铺作双抄双下昂偷心造转角铺作，单补间为六铺作双抄单下昂偷心造。腰檐上依次叠置山花蕉叶、宝珠、四隅抹角的方形短柱，柱体四正面雕壶门形龛，内设造像。再上为三层短柱层，每层雕有幡盖、山花蕉叶、宝珠、佛教人物造像等。顶部安花苞形幢顶。梵天寺经幢通体用太湖石凿就，幢身仿木结构，雕刻形象生动，总体保存较好。元代元统年间（1333—1335）塔毁，仅梵天寺及两梵天寺经幢至今犹存。2001年，梵天寺经幢公布为全国重点文物保护单位。[②]

（三）喻皓及其《木经》

1. 喻皓的生平事迹

吴越国建筑业的繁荣和建筑技术的发展，曾经造就了一大批技艺高超的建筑匠师，可惜青史垂名者唯有喻皓。因为其是一位民间工匠，乃至连名字书写也无定规，或作喻浩，或作俞皓，或作预浩，莫衷一是。又因其常为工程主持人——都料匠，或者就干脆称为“喻都料”。所处时代，仅知卒于北宋端拱二年（989）。籍贯所在，杨亿《杨文公谈苑》称作“浙东匠人”，文

① 《吴越备史》卷一《武肃王》，《五代史书汇编》，第6208—6209页。

② 以上参见《浙江通志》卷九〇《文物志》，第204页。

莹《玉壶清话》称作“浙匠”，未详浙江何地人氏。

喻皓虽为民间工匠，但是技艺过人，尤以建造木塔闻名，声望很高。他曾参加杭州梵天寺塔和开封开宝寺塔的建造。[①]沈括《梦溪笔谈》卷一八《木经》有一则喻皓解决杭州梵天寺木塔摇晃问题的故事云：

> 钱氏据两浙时，于杭州梵天寺建一木塔，方两三级，钱帅登之，患其塔动。匠师云：“未布瓦，上轻，故如此。”乃以瓦布之，而动如初。无可奈何，密使其妻见喻皓之妻，贻以金钗，问塔动之因。皓笑曰：“此易耳！但逐层布板讫，便实钉之，则不动矣。”匠师如其言，塔遂定。

沈括《梦溪笔谈》卷一八《木经》又说：“盖钉板上下弥束，六幕相联如胠箧，人履其板，六幕相持，自不能动。人皆伏其精练。”意思是说：在佛塔每层铺上木板，并且钉之结实，使上下楼板与四周塔身组成一个箱子式整体，佛塔自然稳固不动。喻皓笑谈之间，应用建筑学上“六幕相持”法解决了高层木塔建筑中的问题，所以为人所服。

据记载，北宋初年，喻皓还应宋太宗之召主持了开封开宝寺塔的建筑。杨亿《杨文公谈苑》云：“初造塔，得浙东匠人喻皓。皓不食荤茹，性绝巧，先作塔式以献。每建一级，外设帷帘，但闻锥凿之声，凡一月而一级成。其有梁柱龃龉未安者，皓周旋视之，持棰撞击数十，即皆牢整。自云‘此可七百年无倾动’。人或问其北面稍高，皓曰：‘京师多北风，而此数十步乃五丈河，润气津浃，经一百年则北隅微垫而塔正矣。’”又，欧阳修《归田录》卷一也载：“开宝寺塔，在京师诸塔中最高，而制度甚精。都料匠预浩所造也。塔初成，望之不正而势倾西北，人怪而问之。浩曰：‘京师地平无山，而多西北风。吹之不百年，当正也。’其用心之精盖如此，国朝以来木工，一人而已。至今木工皆以预都料为法，有《木经》三卷，今行于世者是也。世传

① 《十国春秋》卷八八《吴越十二·喻皓传》，第1272页。

浩惟一女，年十余岁，每卧则交手于胸为结构状，如此逾年撰成《木经》三卷，今行于世者是也。”开宝寺塔对后来的佛塔建筑影响很大。

杨亿所记，除了反映喻皓在开宝寺塔的建筑中继续运用“六幕相持”法，还反映了喻皓先做模型后实施实体建筑，注重施工现场的环境卫生等。杨亿、欧阳修所记又共同反映了喻皓根据风向、水分条件因地制宜地设计塔基和塔身倾斜度的科学理念。尤其是后者，按照实物考古资料，五代吴越国及宋初的技术水平已经能够处理塔基问题，而喻皓在开宝寺塔的设计和建筑中，着重考虑了北临大河及当地风向等特殊的地理环境，足见喻皓超乎一般的科学技术水平。

2.《木经》

喻皓是一位既有丰富的实践经验，又有建筑学理论的杰出建筑科学家，对我国古代建筑技术的发展，作出了卓越的贡献。宋晁公武《昭德先生读书后志》卷一《史类职官类》记载：世谓喻皓曾撰《木经》，极为精详。沈括《梦溪笔谈》卷一八《木经》说：“或云喻皓所撰。”欧阳修《归田录》卷一则说：“世传皓唯一女，年十余岁，每卧，则手交于胸为结构状，如此逾年，撰成《木经》三卷，今行于世者是也。”《木经》三卷，究竟是喻皓所撰，还是喻皓女儿所撰，现已无从知其确切。但是有一点可以肯定：《木经》一书与喻皓关系密不可分，是喻皓多年实践经验的科学总结，是当时建筑技术的理论总结。即使是其女儿所撰，也肯定得益于喻皓的指导和帮助。

《木经》一书已佚，只在沈括《梦溪笔谈》卷一八有片段引录。兹引述如下：“凡屋有三分，自梁以上为‘上分’，地以上为‘中分’，阶为‘下分’。”这是进行房屋建筑设计时，首先需要在剖面上确定的三个部分。“凡梁长几何，则配极几何，以为榱等。如梁长八尺，配极三尺五寸，则厅堂法也，此谓之‘上分’。”[①] 文中的“极”，有学者释为“平梁”，即架梁的上下两根梁的长度比例关系，梁长八尺，极三尺五寸，构成四分之一屋面坡度的梁架，与宋代

① 〔宋〕沈括：《梦溪笔谈》卷一八《技艺》，胡道静：《新校正梦溪笔谈》，中华书局香港分局 1975 年版，第 177—178、186—187 页。

建筑举高与前后檐之间的进深 1 ： 4—1 ： 3 比例正好吻合。也有学者释“极”为“脊高”，即“梁长几何，则配极几何”为梁长与脊高的比例关系，也就是举高。但是按此比例，举高未免过陡。又云：“楹若干尺，则配堂基若干尺，以为榱等。若楹一丈一尺，则阶基四尺五寸之类，以至承拱榱桷皆有定法，谓之中分。”此即檐柱高与下出檐的比例关系。柱高确定以后，檐深以及铺作、檐椽尺寸也就可以确定。

《木经》还说：“阶级有峻、平、慢三等。宫中则以御辇为法，凡自下而登，前竿垂尽臂，后竿展尽臂为‘峻道’；前竿平肘，后竿平肩为‘慢道’；前竿垂平，后竿平肩为‘平道’，此谓之为‘下分’。”荷辇 12 人，其中前 2 人为前竿，末后 2 人为后竿。以最前 2 人与最后 2 人荷辇姿势及人体关节位置作为比较尺度，作为区分阶级峻、平、慢依据，进行设计施工。喻皓的这一以人体尺度为依据的建筑设计思想，要比欧洲人早四五百年。[①]

《木经》成书以后一度广为流传，并为世人所重。直到北宋末年，李荐在《洛阳名园记·刘氏园》中还说：“刘给事园凉堂，高卑制度适惬可人意。有知《木经》者见之，且云：近世建造，率务峻立，故居者不便而易坏，唯此堂正与法合。”宋代的《营造法式》就是以《木经》为依据撰写而成的，此亦可见《木经》的影响之大，所以有人称赞喻皓为鲁班第二人。

四、丘光庭的海潮理论

浙江地处东海之滨，这里的人民在长期的海上劳作、航海实践中，积累了关于海洋、潮汐的丰富知识。东汉王充已在《论衡》中论述了潮汐涨落与月亮盈亏的关系，以及涌潮现象与河床的关系。三国时的吴国，已有关于潮汐的著作《潮水论》问世（惜已散佚）。隋唐时期，随着天文学和航海业的发展，对潮汐的认识也达到了一个新的水平，并产生了窦叔蒙论述海潮的专著《海涛

① 王士伦：《寺塔之建，倍于九国——兼谈喻皓》，《吴越首府杭州（修订版）》，第 114—134 页。

志》。到了五代，丘光庭通过进一步悉心观察，潜心研究，又在他们的潮汐理论基础上，“辄以管见自立一家之言”，写成《潮汐十论》，名曰《潮汐论》。

丘光庭（907—960），吴兴乌程（今浙江湖州南下菰城）人。吴越国时官任国子博士。有集3卷，今存诗7首，有《兼明书》《唐教论》等。

在《潮汐论》一书中，丘光庭借助东海渔翁与西山隐者一问一答的形式阐述自己的观点，在前人的基础上提出了自己独到的潮汐理论。书中共列有40个问答，分为10篇，广泛地阐述了潮汐成因及其变化规律。在《论潮汐由来大略》《论地浮于大海中》《论地有动息上下》《论潮汐名义》《论潮有大小》《论潮候渐差》中，丘光庭认为，海洋里的潮汐现象，并不是水本身造成的，也不是像前人所说那样，是海水的扩张和收缩造成的，而主要是陆地作用所造成的。陆地处于大海的环抱和浮托之中，又随着“气”出入而上下移动。当“气”从陆地内部放出来时，陆地就要下降；当“气”进入陆地时，陆地则因此而上升。陆地下降，致使一部分海水流进江河，原来流进江河的水，又流回大海。水流入江湖，即是“潮”，流回大海，即是“汐”。人感觉不到陆地的升降运动，就像人坐在船上感觉不到船在行进一样。每年的二月和八月（阴历）是阴阳之气相互交替的时候，而每月的初一和十五是阴阳二气发生变化的时候。阴阳之“气”在相互交变的时期，即每年的二月、八月，每月的初一、十五，非常强盛。这样，从地下散发的“气”必然多，“气”出得较多，陆地的下降幅度也就较大，地下降得大，潮水也来得大。这就是每年二、八月与每月朔望潮水特别大的原因。当然，由于一切事物的运动，总是先有感觉，再有反应，先微弱而后强烈。初一、十五的时候，“气”的变化虽已发生，但地的感应还较为微弱，所以真正的大潮往往要在初一、十五之后都能来到。[①] 虽然丘光庭所持的“地浮于大海之中”以及“浑天”之说仍不免陈旧，但其“地有动息上下”的地球自动（自转）说、“气水相周日月行运”的潮汐与日月天体运行相关说等，都不乏科学性。

① 中国古潮汐史料整理研究组：《中国古代潮汐论著选译》，科学出版社1980年版。

丘光庭在《论浙潮》中指出“浙江之潮特大”的原因，是“诸江淮河，发源皆远，其水多（按楚江出岷山，淮出桐柏山，河出昆仑山）。江水既多，则海水入少。水入既少，其潮皆小也。而浙江发源独近，其水少（浙江之源，近者三四百里，远者不过千里）。江水既少，则海水入多。水入既多，故其潮特大也”；浙江“潮来有头”，是因为浙江（钱塘江）河口“地势广远，垂入海中（今人见海岸谓之海际，非也。殊不知地势渐低，为海水所漫，其际不可见也）。地下则潮生，潮湿生于地际，自际涌，涌则蹙，蹙则奔，奔则有头，水之常势也”；又说“浙江之潮或东或西”的变化，是因为泥沙沉积变化的缘故：“夫水之性，攻其盈而流其虚，沙随其流而积其虚，积而不已，变虚为盈，盈则受攻，终而复始，所以或东或西也”[①]；又解释“何故浙江之水，独能攻其盈乎？”他说：“大川皆然，非独浙江也。凡水之回折之处，涯岸皆迭盈迭虚，或三十五十年而一变，水势使之然也（今黄河及诸大川之岸皆有移易是也）。《易》曰‘地道变盈而流谦’，此之谓也。”

根据现代科学考察，钱江潮的产生与变化，确实受到钱塘江河口和杭州湾一带天文、地理、水文、气象等多种因素的制约。钱塘江河口和杭州湾位于北纬 30° 至 31° 之间，就天文因素而言，除南岸湾口附近属非正规半日潮以外，其余部位的潮汐均属半日潮，即一日有两次潮汐涨落，每次涨落历时 12 小时 25 分，两次涨落的幅度略有差别。阴历每月有两次大潮汛，分别在朔日（初一）之后两三天和望日（十五）之后两三天，而上弦（初七、初八）、下弦（廿二、廿三）之后的两三天则分别为小潮汛。每年阴历三月下半月至九月上半月太阳偏向地球北半球时，朔汛大潮大于望汛大潮，而且大潮期间日潮总是大于夜潮；而九月下半月至次年三月上半月太阳偏向地球南半球时，情况正好相反，朔汛大潮小于望汛大潮，大潮期间的日潮也总是小于夜潮。越接近春分和秋分，这种差异越小；越接近夏至和冬至，这种差异越大。就全年而言，则以春分和秋分前后的大潮较大。至于这个大潮的大小，

① 《全唐文》卷八九九，第 4158—4162 页。

则有196年的周期变化，其中一半时间春分大潮大，另一半时间秋分大潮大，大小的程度则是由小逐渐增大，然后由大逐渐减小。

钱塘江流域的降雨主要集中在梅雨季节和台风季节。4月至8月降雨量约占全年雨量的54.4%，其时山水径流量也较大，河口河床处于冲刷状态；10月至次年2月降雨量仅占全年雨量的25.8%，其时山水径流量小，河口河床处于淤积状态。由于上述原因，钱江潮的秋潮往往比春潮大。但是如果冬春雨水较多，该年份的春潮有时就不比秋潮逊色；而如果夏季干旱，该年份的秋潮可能就不那么壮观。

此外，风向和风力对钱江潮也有很大影响。钱塘江涌潮如果恰遇东风或东南风，在东风和东南风的推波助澜之下，钱江潮会更加雄伟。如果遇到西风或西南风，钱江潮就会大大逊色。[①]

由上述可见，丘光庭关于潮汐的论述、关于钱江潮的论述，有许多都与当前的科学测定和观察相符合。千余年前丘光庭能有如此见地，实属难能可贵。丘光庭的潮汐理论对后人有深刻影响，如宋人徐兢在《宣和奉使高丽图经》卷三四《海道一》中有关潮汐的理论，即从丘光庭继承而来。

五、其他科学技术成就

吴越国时期，在其他科学技术成就方面较为突出的尚有：

（一）医学

眼科医生胡某，“累世疗内外障眼，铖法独神”。钱镠晚年患眼疾，召胡某医治。胡某曰：“目易治耳。然大王非常人，殆天所以为大王患者，若疗之，是违天也，恐无益于寿。”钱镠曰：“吾起身行伍，跨有方面，富贵极矣。但得两眼见物，为鬼不亦快乎！”胡某于是为钱镠施医，“应手豁然”[②]。

明州（今宁波）人日华子（一说姓大名明，一说姓田）精通医学，洞察

① 周潮生、钱旭中：《天下奇观钱江潮》，水利电力出版社1993年版，第17—19页。

② 《十国春秋》卷八八《目医传》，第1274页。

药性，收集诸家本草及应用药物，撰成《大明本草》（或作《日华子本草》）20卷，以药物寒温、性味、华实、虫兽为分类，自成一家，并撰有眼科医书《鸿飞集七十二问》。[①]

（二）园艺学

钱镠第八子钱元瓘，在东府时“酷好植牡丹，成丛列树者，颜色葩芳，率皆绝异，人号为‘花精’”。或说钱弘俶从兄钱仁杰，酷好种花，人号为“花精”[②]。睦州人陆仁章，“树艺有智”，曾为武肃王钱镠“园卒”，后历官至保大军节度使。[③]

（三）气象学

叶简“善占候，尤精风角”[④]，即对气象规律，尤其是“风”有较深入的研究。此外，还有“少习星纬黄白家言”的苏州人吴仁璧。“精于天官之学”的吴仁璧之女，曾告诫父亲慎出入等。吴仁璧为唐大顺间（890—891）进士，后入浙，钱镠闻其名，待之客礼。[⑤]

（四）彩色套版技术的使用

五代吴越国在雕版印刷中已经使用彩色。王国维《观堂别集补遗·晋开运刻毗沙门天王像跋》云：

> 又见日本久原文库藏彼国玄澄所募吴越国印造应现观音像，中画观世音菩萨，其手持莲花与足下莲座，旁注赤字，皆印成后复加彩者。旁画二十四种应观，下录真言共二十四行。末云：“天下大元帅吴越国钱俶印造。”以摹本度之，原本刻画颇极工致。

① 〔清〕嵇曾筠等：雍正《浙江通志》卷二四七《经籍七》，中华书局2001年版，第6860页；朱德明：《浙江医药史》，人民军医出版社1999年版，第120页。

② 《十国春秋》卷八三《钱传瓘传》，第1199页。钱元瓘即钱传瓘。

③ 《十国春秋》卷八六《陆仁章传》，第1249页。

④ 《十国春秋》卷八八《叶简传》，第1272页。

⑤ 《十国春秋》卷八八《吴仁璧传》，第1267页。

其时钱俶赐钱千贯，延寿于甲戌年（宋开宝七年，974）开版，用素绢印二万本，用本版墨印后再加彩色。这是版刻图像加彩绘的早期作品，也是宋代彩色套版的前身。

（五）火器、火药等的使用

吴越国已经掌握了“火油”（石油）的使用。《吴越备史》卷二记载，后梁贞明五年（919），吴越国在与吴国的狼山江（今江苏南通东南狼山附近的长江）之战当中，吴越国钱镠子钱元瓘率兵“纵火油”焚烧敌舰，大败吴国彭彦章水军。文献注云：“火油得之海南大食国，以铁筒发之，水沃，其焰弥盛。”[①]

宋太祖开宝九年（976）八月一日，钱俶向宋进射火箭军士六十四人。[②]火箭是由中国人发明的。早在三国时期的公元228年，当时蜀国丞相诸葛亮率蜀国大军进攻陈仓（今陕西宝鸡东），蜀军在陈仓城墙上架起了攻城的云梯，魏国守将郝昭急中生智，让守城的将士在弓箭后部绑上浸满油脂的麻布等易燃物，点燃后用弓弩射至敌方云梯，将其焚烧，从而守住了陈仓。自此，“火箭”一词出现了。吴越国进一步发展了这一火箭技术，使用了燃烧效能更好的火药，但仍是把火药绑在箭头上，用引线点着后射向敌人，从而出现了人类历史上最早、最原始的“火药箭”。此后，北宋的军官冯继升、岳义方、唐福等向朝廷献过火箭及火箭制造方法，就可能受到了吴越国的影响。后来许多西方人都据此认为，火箭是由中国人于公元10世纪前发明的。

吴越国已能运用硫黄制作“发烛”引火。明人田汝成《西湖游览志余》卷二五《委巷丛谈》载有一则关于“发烛”的故事云：

> 杭人削松木为小片，其薄如纸，熔硫黄涂其锐，名曰发烛，亦曰焠儿，盖以发火代灯烛用也。史载周建德六年，齐后妃贫者，以发烛为业，岂即杭人所制欤？陶学士《清异录》云：“夜有急，苦于作灯

① 《吴越备史》卷二《文穆王》，《五代史书汇编》，第6223页。

② 《宋史》卷三《太祖本纪三》，第48页。

〔唐〕韩滉（或五代周文矩）《文苑图》（局部），表现了当时文人雅集的情景

之缓，批杉染硫黄，遇火即焰，呼为引光奴，今遂有货者，其名颇新。”

根据所载发烛（焠儿，引火奴）的特性，发烛即后人所说的“火柴”。如果田汝成的推测不误，那么火柴的发明者可能就是吴越国时杭州人。

第七节　语言

一、吴语方言

古今任何语言，除了使用地域很小、使用人数很少者外，都存在具有地域差异的方言。包括浙江在内的广大江南地区，春秋战国时主要是古越人的居住区，使用的是古越语（即吴越方言。春秋战国时期的吴越方言应该有所

金华出土的吴越国铜龙

五代金龙（引自《吴越胜览：唐宋之间的东南乐国》）

差异，但基本属于同一种语言，所以伍子胥说吴国、越国“言语通”。南迁的于越移民大约从今杭嘉湖平原及绍兴一带出发，越走越远，其方言也与古越地方言越来越生歧异，再加上与土著百越语言的融合就形成一些新的方言）。

秦汉以后，随着南北政治、经济、文化联系的加强，尤其是永嘉之乱、安史之乱以后大批北人南下，正如张籍《永嘉行》诗中写的“北人避胡多在南，南人至今能晋语”，给南方不同地域注入了不同时期不同地区的北方古汉语，从而形成南方各种不同汉语方言。大致西晋末年以前，江南是清一色的吴语区（即越语区。大概后人为了区别越语与粤语的不同，因为越、粤二字毕竟发音相同意相属，所以改称越语为吴语）。其后，与浙江地域相邻，与古越语关系密切的南方其他方言进一步发生变化，吴语区域逐渐缩小。大体唐朝时期，浙江以南，“福佬”（闽人）民系的概念开始出现。其时科举盛行，为了适应考试的需要，闽中读书人从北方话中借来文读音（闽语字音有文读、白读之别），文读音的流布使闽语逐渐趋于一致，并由此而形成闽语方言；浙江以西，至德（756—758）以后到达湘资流域下游地带的由北方移民所带来的北方方言，逐渐与原有的湘语相接触和交融，奠定了新湘语的最初基础（湘语东界一直可以到达江西西部）。于是，吴语方言地域逐渐以浙江全省、江苏宁镇以外的苏南地区以及苏北通州、海门，江西婺源、玉山、上饶、永丰，福建浦城等地为范围。①

“吴语”一词至迟在南朝刘宋时已经出现。刘义庆（403—444）所著《世说新语》卷二五《排调》“刘真长（惔）见王丞相（导）……出，人问云何？答曰：‘未见他异，惟作吴语耳’”，即此。吴语虽然受到了北方汉语的强大影响，但毕竟以原吴语为基础，两者仍有很大的不同。例如在语词方面，北人称“河”，南人称“江”（音港）；北人称以物质钱为“解库”，南人称为“质库”；北人曰“曾经”，南人曰“经”；南人以名人胜士为“名胜”（指人而不指地），称仆役、差役为“手力”，以“随事”表示随时、随即，

① 周振鹤、游汝杰：《方言与中国文化》第四章，上海人民出版社 1986 年版，第 93、94、100、102 页。

以“问”表示“向”义，谓舅为“官”，谓姑为“家”，等等，不一而足。毕竟乡音（方言）难改，而且外来的影响有其时间的渐进过程，所以隋唐五代时期浙江仍普遍使用吴语。不但隋唐时人陆德明“《经典释文》……多用吴音”[①]，唐朝前期的越州永兴（今萧山）人贺知章也感叹“少小离家老大回，乡音无改鬓毛衰”（《回乡偶书》）。自幼读书，长期在外为官的陆德明、贺知章尚且如此，更何况广大的百姓了，所以不能互通语言的情况依然存在。例如唐张守节在解释《史记·货殖列传》“楚越之地……果隋蠃蛤”时说：“隋，今为‘穜’……果穜犹穜叠包裹也，今楚越之俗尚有‘裹穜’之语。楚越水乡，足螺鱼鳖，民多采捕积聚，穜叠包裹，煮而食之。班固不晓‘裹穜’之方言，修《太史公书》述《地志》，乃改云‘果蓏蠃蛤’，非太史公意，班氏失之也。”[②]自汉至唐，乃至以后，许多人一直没有明白何为“果隋”。

反之也一样。如宋代释文莹《湘山野录》卷中载有一首五代发生在临安的吴歌，其文曰：“开平元年，梁太祖即位，封钱武肃镠为吴越王……是年（钱镠）省茔垄，延故老……镠起，执爵于席，自唱《还乡歌》以娱宾”，曰：“三节还乡兮挂锦衣，吴越一王驷马归。临安道上列旌旗，碧天明明兮爱日辉。父老远近来相随，家山乡眷兮会时稀，斗牛光起兮天无欺。”[③]

当时的父老虽闻歌进酒，但都不知晓钱镠所唱之歌的意思，钱镠也感觉到大家“欢意不甚浃洽”，于是他再次酌酒，大声唱起吴语山歌以见词意，词曰：

> 你辈见侬底欢喜，别是一般滋味子，永在我侬心子里。

这首通俗易懂的山歌一唱罢，大家都听懂钱镠的心意，遂一致叫好，酒席上

① 〔宋〕沈括：《梦溪笔谈·补笔谈》卷一，上海书店出版社 2003 年版，第 239 页。

② 〔汉〕司马迁：《史记》卷一二九《货殖列传》正义，中华书局 1959 年版，第 3270 页。

③ 此处文献多有错误，据钱俨《吴越备史》卷一《武肃王》记载，其歌词应为：“三节还乡兮挂锦衣，碧天朗朗兮爱日晖。功臣道上兮列旌旗，父老远来兮相追随。家山乡眷兮会时稀，今朝设宴兮觥散飞。斗牛无孛兮民无欺，吴越一王兮驷马归。”详见傅璇琮等主编：《五代史书汇编》，杭州出版社 2004 年版，第 6205 页。

的气氛起来了，于是“叫笑振席，欢感闾里。今山民尚有能歌者”。作者注云：“止吴人谓侬为我，呼味为寐。”可见吴语在民间使用的广泛，以及吴语与北方汉语的差距。

《湘山野录》所载的这首吴歌是见于记载的一首较早的吴歌，从这首吴歌及有关记载至少还可以看出当时吴语四个方面的重要事实：

第一，吴语和雅言（即北方汉语）相差很大，所以钱镠首次用雅言唱《还乡歌》时，父老“都不之晓”，听不懂。而随后改用吴音唱山歌时，大家则“合声赓赞，叫笑振席，欢感闾里”，不仅听懂了歌词内容，还因为听到了乡音而倍觉亲切。

第二，吴语的第一人称单数为“侬”“我侬”。

第三，吴语的名词可以带“子”字。“滋味子”和“心子里”中的两个“子”字，都是名词后缀。

第四，吴语的微母有读双唇音［m］的，所以“呼味为寐”，今天的吴语依然如此。[①]

此外，一些含有句、姑、乌、余、浦、罗（古越语“山”之意）字等源于古越语的地名，句章城（今鄞县西鄞江镇）、句余山（今余姚市东南车厩乡境），姑蔑、姑末（今龙游），乌程（今湖州）、乌伤（今义乌），余杭、余暨（今萧山）、余姚，石浦（今象山半岛东南端）、回浦（今椒江章安镇）、渔浦（今萧山南）、罗浮山（在今永嘉境）、罗阳江（今飞云江）、苎萝山（在今诸暨境，一说萧山境）等，不但依然广为存在，甚至还在继续产生。虽然有些产生于隋唐五代以后，然而这却更说明隋唐五代时期浙江仍然流行吴语。

北方汉语对于吴语的影响不但有着时间的渐进过程，而且也有着地域的渐进过程。以仙霞岭、括苍山一线为界，苏南、浙北与浙南、福建显然分属两种类型。苏南和浙北常见的地名用字如姑、于、余、无、乌等，在浙南和闽北几乎没有；反过来礤、垟、嶂等地名用字在苏南和浙北也很难找到。[②]例

① 周振鹤、游汝杰：《方言与中国文化》第八章，第 194 页。

② 周振鹤、游汝杰：《方言与中国文化》第六章，第 158 页。

如“垟”字地名，1991 年出版的《浙江古今地名辞典》搜集了 48 个，全部都在温州、丽水境内。由此推测，隋唐五代时期，仙霞岭、括苍山一线以南受闽越族的影响，与浙北在语言上的差别也是存在的。

二、避讳词和吉利词

语言上历来都存在着避讳和吉利用词。吴越国避讳和吉利词使用之广泛堪称其语言的一个特点。吴越国避讳和吉利词涉及物名、地名、姓氏等方面。如为了避讳钱镠名字，石榴改称“金樱”，“留住”改曰“驻下”，又改刘氏为金氏，留氏为田氏。又如钱镠有子跛足，浙人称“跛”为“瘸”，于是茄子改名为“落苏”等。《枫窗小牍》卷下载有吴越国境内流行的一个谚语：

> 临安有谚语，凡见人不下礼，呼曰“强团练”。余不知其所自来。后得之长老云：钱氏有国时，攻常州，执其团练使赵仁泽以归，见王不拜。王怒，命以刀抉其口至耳。丞相元德昭救解云：“此强团练，宥之足以劝忠也。”遂以药附创，送归于唐，故至今以为美谚。[①]

地名避讳更多。不少地名如苏州的虎疁，唐讳虎，改为浒疁，吴越国讳疁（与镠同音），又改为浒墅。萧山的西陵，“吴越武肃王以陵非吉语，遂改曰西兴”[②]。

县名改名尤多。如钱镠在接受后梁所授吴越王封号以后，因后梁太祖朱温（晃）曾祖名茂琳，遂将明州鄮县改为鄞县。又因朱温其父名诚，而将杭州新城县改为新登县，湖州长城县改为长兴县，婺州武城县改为武义县，温州乐城县改为乐清县。又改杭州钱塘县为钱江县。还将杭州唐山县改为吴昌县（也作金昌县），台州唐兴县也改名曰天台县。李存勗灭后梁建后唐以后，

① 《宋元笔记小说大观》，第 4783 页。

② 〔清〕徐承烈：《越中杂识》卷下《古迹》，浙江人民出版社 1983 年版，第 15 页。

吴越国旋即恢复唐山、唐兴二县名。后晋取代后唐以后，为避石敬瑭名讳，吴越国又改唐山县为横山县，改唐兴县为台兴县，等等。吴越国素与杨氏吴国不和，钱镠为了发泄对杨吴的不满，遂上疏梁太祖，请改诸县名阳者，以表示“淮寇未平，耻闻逆姓”[①]。因而将杭州富阳县改为富春县，越州暨阳县改为诸暨县，处州松阳县改为长松县，婺州浦阳县改为浦江县，东阳县改为东场县。又将温州横阳县改为平阳县。此外，钱镠还以“丘为墓，不祥”，改衢州龙丘县为龙游县。钱元瓘又以“剡”字不祥，而改越州剡县为赡县。

在祈求吉利方面，如唐天复三年（903），因有白鸟栖于温州安固县之集云阁，钱镠以为祥瑞之兆，奏改安固县为瑞安县。后梁开平二年（908），钱镠将故土临安县改为安国县，以示安国平天下。开平三年（909），将明州望海县改为定海县，以祈求“海波永定”。后唐长兴元年（930），吴越国于台州乐安县治盂溪水患，并改县名为永安县，希望从此永保平安。长兴二年（931），封杭州巨石山（今宝石山）为寿星宝石山。又以衢州须江县江郎山五色石日照炫耀，遂以江郎山为名，改须江县为江山县，寓意江山永固。后晋天福四年（939）秋，岁旱，处州长松县令祈雨于百仞山，据说有“白龙”现身，其时吴越国王钱元瓘遂改长松县为白龙县。

吴越国因避讳、求吉利而改的物名、地名不少，仅县名就有28个县次之多，由此而派生的地名如乐清湾、江山港、永安溪等更不计其数。[②]吴越国频频使用避讳、吉利词，给吴越国的语言印记了明显的时代性特征，而且产生了深远的影响。许多地名以及“金樱”“落苏”等物名和“驻下”等词，至今还为人们所使用。

① 〔宋〕欧阳忞：《舆地广记》卷二三《处州·松阳县》，四川大学出版社2003年版，第663页。

② 吕以春：《试论五代吴越国的基本国策与县名更改》，《杭州大学学报》1985年第2期。

三、民谚与民谣

吴越国也流行民谚和民谣。当时的一首民谣《没了期》反映了吴越国初期的民生状况。宋代陶岳《五代史补》卷一《钱镠弭谤》载，钱镠被封为吴越国王以后，大兴府署，于是建筑房子、城墙的斤斧之声昼夜不绝。当时百姓的徭役非常繁重，参加劳动的士卒和百姓怨嗟。有一个胆子大的人在半夜偷偷用白土在城中府署大门上书写了这样一句话："没了期，没了期，侵早起抵暮归（一作"营基才了又仓基""修城才了又开池"）。"钱镠一见，非常高兴，马上命书吏亦以白土在其侧书写了十数字："没了期，没了期，春衣才罢又冬衣。"意思是，不论兴修水利还是造营城墙、建粮仓等等，都是为了保命谋生。在这样的战乱年代和社会环境之下，只有未雨绸缪，大家才能安居乐业。时人看了执政者的回复，都认为回答得好，于是大家的怨嗟顿息了。